DER WAHRE UND LEBENDIGE *GLAUBE*

Wie man Gott im eigenen Herzen findet

Eine Aufklärung über die neue Bibel und das neue Wort Gottes an die Menschheit des 3. Jahrtausends

Zusammengestellt & bearbeitet von

Hanno Herbst

Titelbild von Kunstmaler

Silvian Sternhagel

Hanno Herbst - Musik & Buch

Der Herr:

„Mir liegt wenig daran, ob ihr diese Meine Worte schön oder nicht schön findet, — aber es liegt Mir alles daran, dass ihr danach handelt; denn nicht der Bewunderung wegen, sondern eures ewigen Heiles willen gebe Ich sie euch!“

[Schrft. Kap. 11, 28]

Zur Buchreihe

„Die großen Lebens- und Kirchenfragen“

Viele Inhalte der Bibel wurden mit den Jahren durch im Geiste *nicht*-erweckte Theologen verändert und falsch ausgelegt, so dass es den Gläubigen unserer Zeit immer schwerer fallen muss, den inneren Sinn des Wortes Gottes zu erfassen und selbst Erleuchtung zu erfahren. Wie zu allen Zeiten der Menschheitsgeschichte leitet der Herr gerade dann Sein reines Wort zur Erde herab, wenn Finsternis und Wirrnisse am größten sind. Wir leben inmitten der verheißenen Zeit der Wiederkunft Christi, doch darunter, wie auch unter dem gesamten Glaubensleben, stellt sich der moderne Mensch heute etwas anderes vor als es in Wahrheit ist und sein sollte. Viel zu materiell sind die Begriffe vom Dasein geworden, als dass ein geistiges Verständnis vom Leben überhaupt noch möglich wäre. Bildung und Erkenntnis sind schon die Grundpfeiler des zeitlichen Lebens. Der Herr möchte in uns, durch die Erkenntnis der Wahrheit des Lebens, Seinen Geist erwecken und unsere Gemüter ausbilden zur Liebe und damit zum ewigen Leben unserer Seelen. Der Glaube an das Wort Christi und dessen Befolgung bilden dafür die Grundlage, jetzt und in Ewigkeit. Gott Selbst, in Seiner Wiederkunft als der Christus, dem

Geist der Wahrheit aus Seinem Ur-Lebenszentrum der Liebe, lehrt uns hier persönlich in Seinem wiedergekommenen Wort der Neuoffenbarung.

„Der wahre und lebendige Glaube“

beschreibt, was ein von Gott gewünschtes Glaubensleben in Wahrheit ist und sein soll. Wir erfahren hier, wie der wahre und lebendige Glaube beschaffen sein muss, damit dieser echte Glaube tatsächlich „Berge versetzen“ und die Verbindung mit Gott im Menschen herstellen kann und sich so die Verheißungen Jesu alle erfüllen müssen. Aber auch, wie der heutige Glaube in der Welt zumeist ein toter und blinder Glaube ist, geprägt von Traditionen, Riten und Gebräuchen, von Institutionen, Irrlehren, Verführungen und Aberglauben.

Der Glaube ohne die Werke der Liebe ist tot. Jesus Selbst hat zu öfteren Malen gesagt: „Seid nicht bloße Hörer, sondern Täter Meines Wortes!“ (z.B. in Jakobus 1:22 oder Matthäus 7:24). Dadurch ist ja offensichtlich, dass der Glaube allein nichts nützt, sondern das Werk, denn wann auch immer der Herr vom Glauben sprach, so verstand Er darunter den lebendigen, also mit Liebe gepaarten Glauben, aber einen Glauben für sich allein verwarf Er allzeit.

Dieses Buch macht den Unterschied zwischen einem toten und einem lebendigen Glauben noch einmal besonders deutlich und verhilft dem ernsthaft nach Gott strebenden Menschen, frei zu werden von Glaubenszwängen und falschen Lehrmeinungen. Es gibt Anleitung und Hilfe, Gott in sich selbst zu finden und von Ihm persönlich gelehrt zu werden.

Der wahre und lebendige Glaube

Wie man Gott im eigenen Herzen findet

von Johannes Wilhelm

2. Auflage
Taschenbuchausgabe von 2019
Hanno Herbst Medien

ISBN: 978-3-947465-22-4

Inhaltsverzeichnis

Einleitendes

Vorbemerkung

Glauben tut doch jeder Mensch. Als Kinder glauben wir den Eltern, dann den Lehrern und später der Wissenschaft. Glaube ist auch der Antrieb der Forscher und Wissenschaftler, Antworten auf ihre Fragen zu finden, denn – mal ehrlich – ein denkender, mit Vernunft begabter Mensch hat doch sicher auch Fragen, auf die er noch keine Antwort gefunden hat.

Der Wissenschaftler glaubt zunächst einer Hypothese, die theoretisch ist, doch nur durch den Glauben daran wird er tätig, in eine Richtung zu forschen, um den Beweis für seine Annahme zu finden... Der Mensch am Bahnhof glaubt dem Fahrplan, doch ob dieser Glaube gerechtfertigt ist, und er zum dort angegebenen Zeitpunkt am angegebenen Ziel ankommt, das wird sich nur im Tun nach dem Geglaubten beweisen...

So ist also ein Glaube nur dann als ein solcher ernstzunehmen, wenn danach gehandelt und geforscht wird. Selbst der Atheist, der an keinen Sich selbst bewussten, intelligenten Schöpfer und an keine geistige Welt hinter der Materiellen glaubt, ist ein Gläubiger seiner Zunft, nur mit dem Unterschied, dass er keinen Fahrplan hat, an dem er seinen Glauben prüfen kann. Er braucht bloß eine ablehnende Haltung einnehmen und weder das Für noch das Wider zu erforschen. Frage: Ist das besonders vernünftig? …

Nur wer sucht und forscht, der kann auch finden was er sucht. Nur wer einen Wahrheitsdrang in sich hat, ein Ziel, das es zu erreichen gilt, der gräbt auch tiefer. So verhält der Mensch sich doch auch mit den Edelmetallen dieser Erde: Das Gold liegt nicht an der Oberfläche, es muss zutage befördert werden, was Kraft und Mühe kostet, oft auch Mut, Zuversicht, Ausdauer und Geduld.... und ebenso ist es mit den tiefen, geistigen Wahrheiten des Lebens, welche eben geistig sind, nicht materiell.

„Der Geist ist das Reale, Wahre, Wirkliche, denn die Materie bestünde nicht ohne den Geist“... solches sagte schon der Physik-Nobelpreisträger Max Planck nach der Erforschung des Atoms, denn: „Der Geist ist die Kraft, welche die Teilchen (im Mikrokosmos), bzw. die Teile (im Makrokosmos) in Schwingung versetzt“. Er erforschte sogar weiter, dass dieser Geist ein sich selbst allerhöchst bewusster und intelligenter sein muss, und dass es somit keine wirkende Kraft im Universum aus sich selbst heraus geben kann, sondern einem Schöpfungs- und Erhaltungsprozess untergeordnet ist.

Kurz: Wissenschaft und Glaube gehören eng zusammen.

So gibt es auch keinen Tod im klassischen Verständnis von „Auslöschung“, denn wir sind nicht Wesen körperlicher, sondern geistiger Art, die einen Avatar in Bewegung versetzen, der nur eine Körpermaschine ist... und Geist unterliegt nicht den Gesetzen von Raum und Zeit.

Für unseren Verstand gibt es nur 2 mögliche Erklärung für das Dasein:

1. Der Mensch ist Zufallsprodukt
2. Der Mensch ist Schöpferprodukt

Das Erstere kann man ausschließen wenn man die Ordnung in allen Dingen betrachtet und weiß, dass es eine Kraft aus sich selbst nicht geben kann. Bleibt also nur das Letztere. Wenn aber so, dann muss es dem Geschöpf möglich sein, seinen Schöpfer zu finden und zu erkennen, denn man ist in dem Fall ja ein aus Ihm Selbst herausgestellter Teil.

Also fängt es zunächst an, sich selbst zu erkennen,

um dann nach und nach auch Ihn zu finden... inwendig in sich... nicht irgendwo außerhalb, denn das Leben ist geistig und der Geist ist das inwendige und zugleich alles durchdringende Ganze eines jeden Dinges.

Es ist also nur logisch, dass man an die Existenz eines übergeordneten Geistwesens erst zu glauben anfangen muss, bevor man nach Diesem forschen und Es auch finden kann, und da versteht es sich von selbst, dass sich Geistiges nicht materiell erforschen, sondern nur mit geistigen Mitteln finden lässt. Welche das sind und wie man diese anwendet, das wird jeder selbst herausfinden, der es ernsthaft wünscht.

Daher es sich jeder nur selbst zuzuschreiben hat wenn er keine tieferen Erkenntnisse in allen Geheimnissen des Lebens besitzt, denn die Mittel, Möglichkeiten und Gelegenheiten dazu sind einem jeden Menschen von Natur aus gegeben.

Jesus Christus hat uns den Fahrplan gezeigt um an das große Ziel zu gelangen und unterwegs dort hin mehr und mehr in das geistige Schauen zu kommen, und es gibt immer einen sicheren Weg für jeden selbst es herauszufinden, ob eine Lehre wahr oder falsch ist:

1. An eine Lehre oder Hypothese glauben
2. nach dem Geglaubten handeln und tätig werden

Nicht beim bloßen Glauben verharren, und nicht nur das tun, was Andere sagen, also passiv sein - das verursacht nur Streit und Spaltungen und Kriege und Verwüstungen - sondern selbst tätig werden. Dann wird die Folge schon zeigen, welche Früchte das Handeln nach dem Geglaubten hervorbringen wird und ob es Wahrheit oder ein Irrtum ist.

Ein Slogan der Wissenschaft lautet: „Wir irren uns empor“... weil man immer wieder dem Irrtum Glauben schenkt, und sich so in der Materie empor irren muss zu mehr Verstandeswissen, was nur immer noch mehr Fragen aufwirft.

Jesus Christus spricht: „Ich bin der Weg, die Wahrheit und das Leben.“... warum denn will man Seinen Worten nicht glauben und danach handeln? Mehr als einmal mehr irren ginge ja schließlich nicht, und Irren gehört doch zur Wissenschaft dazu. Der Grund für die ablehnende Haltung kann demnach nur sein, die Wahrheit ohne Gott finden zu wollen, um keinen Schöpfer über sich annehmen zu müssen, ja, Ihn am liebsten als nicht existierend zu beweisen und sich selbst zum Herrscher zu ernennen.

Wenn es also heißt: „Dem Demütigen nur schenkt Gott Seine Gnade“, so wissen wir jetzt, dass dies keinen Willkür-Akt Gottes meint, sondern das Prinzip von Ursache und Wirkung ist, da es auch heißen könnte: „Der Hochmütige möchte kein Wesen über sich und keine Belehrung annehmen.“ …

So irrt sich die Wissenschaft zwar empor, jedoch niemals über die Schwelle von Raum- und Zeit hinaus, welche die gerichtete Materie ist, denn den Geist kann unser Verstand, der nur Raum- und Zeitbegriffe kennt, nicht fassen. Das ist allein dem Geist in uns vorbehalten, welcher ist die Liebe mit all seiner Vorstellungs- und Wirkungskraft. Sie ist der Urgrund alles geistigen, ewigen, unendlichen Lebens, Jenseits von Raum und Zeit, welche auch das Diesseits hervorbringt, vollkommen durchdringt und in Entsprechung mit diesem steht, welche nur mit dem Gemüt, dem geistigen Organ, nicht aber mit dem Verstand des Menschen korrespondieren kann.

Die Wahrheit liegt hinter dem Vorhang der Materie. Dies zu glauben wäre ein großer Schritt, doch es erfordert auch eine Entmachtung des so hochtrabenden Menschenverstandes und die Rückkehr in die Einfalt des Glaubens und kindlichen Gemüts.

Glauben wir richtig? Was ist Glaube? Wie verstehen wir ihn?

Der GLAUBE bedingt die LIEBE und ist ohne diese nichts wert

> Johannes 11:25 „Wer an mich glaubt, wird leben, auch wenn er stirbt“

Wer an Jesus glaubt, der wird leben in Ewigkeit....

Dies sind Seine Worte, die auch Anlass gaben zu Spaltungen, weil der geistige Sinn nicht richtig erkannt wurde. Jesus fordert den Glauben an Ihn ein, um uns ein ewiges Leben geben zu können. Was aber ist unter Glauben zu verstehen?

Nicht das Bekennen mit dem Mund, nicht das verstandesmäßige Anerkennen Seines Erlösungswerkes, sondern die tiefe, innere Überzeugung von der Wahrheit alles dessen, was Er uns Menschen lehrte auf Erden, ist unter "Glaube" zu verstehen, und diese innere Überzeugung ist nur zu gewinnen durch die Liebe. *Also bedingt der Glaube auch die Liebe, und so ist doch die Liebe das Erste!* Sie wird aber auch erfüllt von denen, die so an Jesus glauben, dass Er ihnen das ewige Leben schenken kann.

Der rechte Glaube also ist darum Leben verheißend, weil er die Liebe in sich schließt.

Der Verstandesglaube aber führt nicht zum ewigen Leben, und dieser Verstandesglauben ist es, der notfalls noch unter den Menschen anzutreffen ist, den Gott aber nicht so bewerten kann, dass er dem Menschen das ewige Leben einträgt. Er will einen lebendigen Glauben, der aber nur gewonnen werden kann durch die Liebe. Denn es lebt der Mensch erst, so er durch die Liebe eine Sicherheit in sich empfindet, einen Glauben, der wahrhaft beglückend ist, der nun sein ganzes Wollen und Denken bestimmt und einen Lebenswandel hervorruft, der ihm ein ewiges Leben einträgt.

Verstandesmäßig glauben ist kein Beweis einer Seelenreife, denn es kann ein Mensch durch Erziehung auf einen christlichen Boden gedrängt worden sein, er kann also nicht mit Überzeugung Jesus Selbst, Sein Erdenleben als Mensch und Sein Erlösungswerk ablehnen, er hält alles für wahr.... und doch braucht sein Herz nicht davon berührt zu sein, es ist für ihn eine geschichtliche Begebenheit, die er nicht leugnen kann, es wird aber nicht von ihm empfunden als das, was es ist. Es berührt nicht sein Herz, *das erst dann beeindruckt wird, wenn in ihm die Liebe zur Entfaltung kommt.*

Dann wird der Glaube daran in ihm eine Seligkeit auslösen, dann wird etwas in ihm lebendig, dann fühlt sich der Mensch erst inmitten Jesu Wirkens an der Menschheit, dann erst kann er von dem Glauben sprechen, der zum ewigen Leben führt.

Wohl fordert Jesus als erstes den Glauben an Ihn, den göttlichen Erlöser, weil nur über Jesus Christus der Weg zum ewigen Leben ist, weil der Glaube an Gott allein nicht genügt, durch die Sündenbelastung, die nicht ohne Christus getilgt werden kann.... Darum sprach Er die Worte: "Wer an Mich glaubt, der wird leben in Ewigkeit...."

Also: Jesus, als Erlöser der Welt, verlangte den Glauben, aber immer ist unter "Glaube" nur der durch die Liebe lebendige Glaube zu verstehen, weshalb wir also als erstes die Gebote der Liebe erfüllen müssen, die Er den Menschen gab, um ihnen den Weg zu zeigen, der zur ewigen Seligkeit führt. Dann aber werden wir auch glauben können und in diesem Glauben eingehen zum ewigen Leben!

Warum der Glaube allein nicht genügt um bei Gott zu sein

Das Leben ist ein inwendiges, geistiges Geschehen, welches im Außen, also in Raum und Zeit, nur einen entsprechenden Ausdruck, nicht aber seinen Grund hat. Alles äußere Leben, das wir mit unserem Verstand begreifen, ist nur ein Trug- oder Scheinleben. Wir müssen den Grund aller Er(schein)ung fassen, und dieser ist immer von geistiger Art und hat nichts mit Raum- und Zeitbegriffen zu tun.

Die Grundursache alles Seins ist Geist, und Gott ist eben dieser Geist. Daher sagt Jesus, dass wir Ihn nur im Geist und somit aller Grundwahrheit des Seins anbeten sollen. Der Grund alles Geistigen, und somit der Urgrund Gottes ist ein Feuer, das Gott "Liebe" nennt. Diese Liebe zeugt die Wahrheit, wie die Wärme das Licht zeugt, daher die Liebe Gottes auch der VATER und die Wahrheit der SOHN (das Wort) heißt, und beides zusammen in der Wirkungskraft der HEILIGE GEIST ist.

Das bedeutet also, dass wir in den Zustand der Liebe gelangen müssen um in Gott zu gelangen, bzw. Sein Geist in uns zur Ausbreitung gelangt. Es bedarf dazu nichts weiter, als die freie Willensentscheidung des Menschen zur wahren Demut, denn diese ist der Schlüssel.

Wahre Demut heißt, seinen Eigenwillen unter den Gotteswillen zu stellen und nach dem erkannten Willen Gottes tätig zu werden. Um diesen Gotteswillen vollgültig zu erkennen, ist eine wahre Offenbarung Gottes aus den Himmeln (Himmel = Geistleben Gottes) unbedingt notwendig. Jesus ist dazu wiedergekommen in Seinem Wort.

(Siehe Jesaja 2. Kapitel: Das Himmlische Jerusalem, das vom Himmel auf die Erde kommen wird, sprich: Die reine, unverhüllte Lehre Jesu Christi an die Menschheit unserer Zeit!)

Diese Neuoffenbarung oder "Wiederkunft Christi im Wort" (denn Christus ist die Wahrheit und das Wort Gottes Selbst) ist namentlich zu finden in den Niederschriften Lorbers, des Schreibknechtes Gottes. Diese Neuoffenbarung enthüllt den geistigen Entsprechungs-Sinn der Bibel und vertieft diese ins unendlich Geistige. Wir bekommen Licht in Fülle. Dieses Licht lässt uns Gott erkennen, was zur Folge hat, dass die Liebe zu Ihm wächst. Diese unsere Liebe zu Gott gebiert wiederum Wahrheit in unserem Herzen, (wie die Wärme das Licht gebiert und das Licht wieder die Wärme), und so entsteht ein Strahlen und Widerstrahlen, und solches bedeutet "von Gott Selbst gelehrt zu werden".

Dass der Lebensfeind Satan diesem entgegenwirkt, versteht sich von selbst. Er will es unter allen Umständen verhindern, dass wir in das Erkennen Gottes gelangen. Dazu braucht er die Gläubigen bloß daran hindern, durch alle denkbaren Ablehnungsgründe gegen neue Offenbarungen Gottes, solche auch zu lesen. Die wahren Schatzsucher aber, also jene, denen es um Wahrheit geht, werden sich davon nicht abbringen lassen. Solche aber, die nur um irgendeines Lohnes wegen Glauben wollen, diese wird er Ihm abringen können!

(z.B. um vermeintlich errettet zu sein oder Gaben zu empfangen, weil man schließlich ein "Königskind" sei... Königskinder sind wir aber erst, wenn wir in der Liebe vollendet sind! Dann aber werden wir niemals mehr Ansprüche stellen, sondern sind karg gegen uns selbst, aber dafür um so freigiebiger gegenüber Anderen. Jesus sagt: „Wenn ihr aber alles getan habt, da bekennt, dass ihr faule und unnütze Knechte seid“ Lk. 17,10).

Wir brauchen Gottes reinstes Wort aus Seinen Himmeln (die Neuoffenbarung des wiedergekommenen Jesus, siehe letztes Kapitel), damit alle Zweifel und Ängste verschwinden, wir uns nicht über andere erheben und Gottes Geist der Liebe in uns Nahrung erhält und angefacht wird!

Die Bibel ist heute leider wieder all zu sehr mit dem Verstand der Schriftgelehrtheit durchsetzt (der Sauerteig der Pharisäer) und voller Widersprüche. Und wie es zu allen Zeiten der Fall war, dass Gott gerade dann Sein reines Wort der Verunreinigung entgegenstellt, so ist dies auch heute wieder der untrügliche Fall!

Einem Nichtsuchenden aber nützt das reinste Wort Gottes ebenso wenig, wie es einem Schlafenden etwas nützt wenn man ihm predigt. Denn wer nicht sucht hat kein Bedürfnis, und wer schläft fühlt keinen Mangel, und das ist der eigentliche geistige Tod, wenn wir keinen Hunger nach der Wahrheit mehr in uns fühlen und lau sind, weil wir der irrigen Meinung sind, dass der Glaube allein genügt um bei Gott zu sein!

Nur die Werke der Liebe haben Lebenswirkung

Jesus Christus folgen bedeutet: Überwinden! All das überwinden, wo unser Herz noch an Dingen hängt, die uns von Ihm trennen. Wohlleben macht träge und in der Trägheit liegt der Keim des Übels. Das Kreuz, weltliche Not und seelische Drangsal, schickt nicht die Welt (respektive der „Feind“, wie es immer so einfach heißt), sondern es ist dies auch ein Gnadenakt Gottes, denn die Not ist ein Gefäß des Lebens.

Wir sind nicht zum weltlichen, zeitlichen Wohlleben bestimmt, sondern dazu, frei zu werden in allem und Gottes Geistleben in uns zur Entfaltung zu bringen, um ewig Teil Dessen zu werden, was die Wiedergeburt in Wahrheit bedeutet! Der Geist Gottes kann sich um so mehr in uns ausbreiten, je weniger unser Herz in irgendeiner Form noch Teil der Welt ist... daher die Zulassung des Kreuzes, denn im Kreuz liegt die Erlösung für uns. (Siehe Band 2 „Errettung & Versöhnung“)

Ich weiß, dass die Charismatiker lehren, durch die bloße Annahme des Kreuzestodes Jesu und den Glauben an Ihn errettet zu sein. Das ist eine Irrlehre und bedeutet ebenso viel oder wenig, als dass der Glaube an ein gutes Essen allein uns schon satt macht.

Jesus lehrt uns das Leben verstehen. Es ist wie eine Gleichung, Ursache und Wirkung. Liebe gebiert Wahrheit, wie die Wärme das Licht gebiert. Die Kraft aus Liebe und Wahrheit in der Wirkung ist der Heilige Geist, wie die Kraft aus Wärme und Licht in ihrer Wirkung die Flamme ist. Gott ist Geist, und Sein

Urgrundwesen ist die Liebe. Aus Ihr geht die Wahrheit hervor, sie zeugt also die Wahrheit. Daher ist die Liebe der VATER (der Zeuger) und die Wahrheit der SOHN (der Gezeugte) und ihr Wirken der Heilige Geist (die Schaffenskraft).

Jesus ist der Sohn, weil Er das Wort, die Wahrheit und die Erkenntnis des Vaters ist. Deshalb kommt niemand zum Vater, denn durch Ihn. Im Klartext: Leben wir die reine Liebe, welche die Jesusliebe meint, Die aufopfernd und dienend ist... die für sich selbst nichts fordert, aber um so mehr für andere einsteht... die nicht nimmt, sondern gibt, die von allen der Geringste und jedermanns Diener sein möchte... dann gebiert dieser Liebegeist in uns die Wahrheit. Wir erlangen Erleuchtung und nun erst wirkt der Heilige Geist in uns als der Kraft aus Liebe und Wahrheit!

Wir können also den Heiligen Geist weder magisch herauf-beschwören, noch durch ein Leben im alleinigen Glauben einfach so empfangen, sondern Dieser ist die natürliche Folge aus Liebe und Wahrheit.

Es hat also niemand den Heiligen Geist, der nicht auch im selben Maße voller göttlicher Liebe ist. Die Liebe ist aber arm für sich und reich für andere... das bedeutet: Wer den Heiligen Geist hat, der führt ein weltlich überaus bescheidenes Leben. Er ist arm für die Welt und er hat auch kein Streben in sich nach irgendeinem Weltwohlstand, sondern flieht diesen wie die Pest, denn dieser trägt den (geistigen) Tod in sich.

Er hat in allen Dingen Erkenntnis, auch in solchen, wovon die Bibel nicht berichtet, wie: vollkommene Begriffe vom Jenseits und von der Welt des Geistes. Er durchschaut die Materie tiefer als die schärfsten Mikroskope und weiter als die größten Teleskope. Er kennt das große Warum und den Aufbau der materiellen Schöpfung ebenso, wie der eigentlichen und dieser vorangestellten Geistigen. Es gibt nichts Verborgenes mehr für ihn, denn der Geist Gottes Selbst lehrt und zeigt ihm all dies inwendig im Herzen... alles nur die Folge aus der aufopfernden, dienenden, für sich armen Jesusliebe... dem „Trinken Seines Blutes", dem lebendigen Glauben durch die Tat nach dem „Essen Seines Fleisches", was die Aufnahme Seiner reinen Lehre ist. Der Glaube an Jesus allein nützt da wenig, das tut selbst der Satan, es ist dies nur die Bedingung zur Aufnahme Seiner Lehre, sondern nur die Werke der Liebe haben da echte Lebenswirkung.

Markus 10 - Der reiche Jüngling

> 17 Und als er auf den Weg hinausging, lief einer
> herzu, fiel vor ihm auf die Knie und fragte ihn:
> Guter Meister, was soll ich tun, um das ewige
> Leben zu erben? 18 Jesus aber sprach zu ihm:
> Was nennst du mich gut? Niemand ist gut als
> Gott allein! 19 Du kennst die Gebote: »Du sollst
> nicht ehebrechen! Du sollst nicht töten! Du sollst
> nicht stehlen! Du sollst nicht falsches Zeugnis
> reden! Du sollst nicht rauben! Du sollst deinen
> Vater und deine Mutter ehren!« 20 Er aber ant-
> wortete und sprach zu ihm: Meister, das alles
> habe ich gehalten von meiner Jugend an.

Der Reiche Jüngling glaubte an Gott und hielt Seine Gebote, er befolgte also das Gesetz aus seinem Glauben heraus (nicht aus Liebe, sondern aus Angst und Erwartung eines Lohnes), und dennoch hatte er kein ewiges Leben? Aber da Jesus doch auch Gott Selbst ist (Joh. 10,30: "Ich und der Vater sind eins.") und Gott immer Derselbe war, ist und ewig sein wird, wie könnte dann Christus etwas anderes sein als der ewige Gott Selbst? Welcher Unterschied liegt dann in dem Glauben an Gott ohne Christus und in dem Glauben an Gott in Christus, welcher das ewige Leben ausmachen soll?..

Ein reiner Bekenntnisglaube kann also ebenso wenig richtig sein, wie ein Glaube aus purer Gewinnabsicht (z.B. nur der Errettung wegen)

Jesus gibt die Antwort:

> 21 Da blickte ihn Jesus an und gewann ihn lieb und sprach zu ihm: Eines fehlt dir! Geh hin, verkaufe alles, was du hast, und gib es den Armen, so wirst du einen Schatz im Himmel haben; und komm, nimm das Kreuz auf dich und folge mir nach!

Nach irriger Meinung, aufgrund falscher Bibelauslegungen, ist man heutzutage vermeintlich errettet zum ewigen Leben allein durch den Glauben an Christus, und man stützt dieses durch folgende Bibelstellen:

> Joh. 3.16: "Denn so hat Gott die Welt geliebt, dass er seinen eingeborenen Sohn gab, damit jeder, der an ihn glaubt, nicht verlorengeht, sondern ewiges Leben hat." 18: "Wer an ihn glaubt, wird nicht gerichtet; wer aber nicht glaubt, der ist schon gerichtet, weil er nicht an den Namen des eingeborenen Sohnes Gottes geglaubt hat." 36: "Wer an den Sohn glaubt, der hat ewiges Leben; wer aber dem Sohn nicht glaubt, der wird das Leben nicht sehen, sondern der Zorn Gottes bleibt auf ihm."

Warum sagte der Herr zu dem reichen Jüngling

dann nicht, dass dieser allein nur an Ihn glauben müsse um das ewige Leben zu haben? Stattdessen fordert Er große Opfer von ihm für das Erbe!

Übrigens: Sind wir, die wir im heutigen Wohlstand leben, nicht vielfach als "Reiche" zu bezeichnen, verglichen mit den damaligen Verhältnissen? Wie lässt sich solches mit den oben genannten Bibelstellen im Johannes dann vereinbaren?

Die Lösung liegt allein im *lebendigen* Glauben:

Der Glaube an Christus ist nur die Vorbedingung zur Annahme Seiner Lehre, doch muss dieser Glaube ein Lebendiger werden durch die kompromisslose Annahme und *Tat* nach der Glaubenslehre, die an keine anderen Bedingungen geknüpft sein darf, außer an die, sie aus Liebe zu Gott und zu den Menschen auszuführen! Auch in der Bereitschaft des Kreuztragens: Sich also um der Wahrheit willen weltliche Armut, Verachtung und unter Umständen auch körperliche Leiden gefallen zu lassen, und seelisch die Selbstverleugnung unguter Neigungen, des Eigenwillens und der Demütigung seines Egos. Nur so kann Gottes Geist in uns zur Ausbreitung gelangen, was zur Wiedergeburt des Gottesgeistes im Menschen, und somit zum ewigen Leben in Gott führt!

> 22 Er aber wurde traurig über dieses Wort und
> ging betrübt davon; denn er hatte viele Güter. 23

Da blickte Jesus umher und sprach zu seinen
Jüngern: Wie schwer werden die Reichen in das
Reich Gottes eingehen! 24 Die Jünger aber
erstaunten über seine Worte. Da begann Jesus
wiederum und sprach zu ihnen: Kinder, wie
schwer ist es für die, welche ihr Vertrauen auf
Reichtum setzen, in das Reich Gottes hineinzu-
kommen! 25 Es ist leichter, dass ein Kamel
durch das Nadelöhr geht, als dass ein Reicher in
das Reich Gottes hineinkommt. 26 Sie aber entsetzten sich sehr und sprachen untereinander:
Wer kann dann überhaupt errettet werden? 27
Jesus aber blickte sie an und sprach: Bei den
Menschen ist es unmöglich, aber nicht bei Gott!
Denn bei Gott sind alle Dinge möglich.

Ein Rat und ein Trostwort an die Gläubigen

Es kommen viele Menschen oft mit Bitten zu Jesus, dass Er ihnen doch Gelegenheit geben soll, mehr für Ihn und Sein Reich tun zu können, und klagen dabei gleichzeitig ihre Verhältnisse an, die ihnen dabei hinderlich seien, und zwar teils die Armut, teils zu wenig Ansehen, das sie von Geburt aus eben nicht haben u.s.w.

Aber gerade weil wir berufen sind und uns als Berufene auch betrachten, setzt Jesus uns in solche Verhältnisse, weil Er am besten es weiß, was sich für uns eignet Seinen Geboten nachzukommen. Z.B. wie könnten wir uns denn im Vertrauen zu Ihm üben, wenn wir keine Sorgen hätten, und uns nicht in vielen Fällen unsere Ohnmacht klar würde, wo bloß Gott helfen kann und kein fleischlicher Arm! Wie könnten wir unsere Zufriedenheit mit Jesus und unsere Liebe zu Ihm besser an den Tag legen, als wenn wir auch in misslichen Lagen ruhig und ergeben bleiben, und unseren Mitmenschen zeigen, dass wir unseren Gott zugleich auch als behütenden Vater verehren, Dessen Führungen nur Liebe beinhalten?

Wie können wir Geduld und Frieden anwenden, wenn wir uns selbst von der Geduld Anderer anhängig machen, und mehr Liebe von unserer Umgebung oft einfordern, als wir selbst ihr geben wollen? (Lukas 12, 26): "So ihr das Geringe nicht vermöget, warum sorget ihr euch um das Andere?" So wir es nicht schaffen uns selbst zu beherrschen, oft bei ganz kleinen Vorkommnissen in unserem täglichen Leben, wissend, dass Sein Reich des Friedens in uns Wurzel fassen soll durch Liebe und Geduld, wie könnten wir dann Gott in Jesus als unseren Regenten repräsentieren, Der nur Liebe und Nachsicht ist, und von uns verlangt diese göttlichen Eigenschaften uns immer mehr anzueignen?

Oft bitten Manche, sie von diesem oder jenem zu befreien, weil sie zu wenig Willen haben solche Lasten zu tragen und zu untersuchen, was ihr Druck bezwecken soll und welch geistigen Fortschritt sie dabei machen könnten? Solche Bitten sind so ähnlich, als ob man einen Fisch aus lauter liebevoller Fürsorge, dass er nicht nass werden soll, aufs trockene Land legen wollte, um ihm Gutes zu tun, während er sich doch nur im Wasser entwickeln kann und seine Wesensbeschaffenheit dieses Element erfordert...

So setzt Gott jedes Seiner Geschöpfe an den rechten Platz!

Solches müssen wir erkennen und nicht meinen, dass Er die Menschen als Seine geschaffenen Kinder dabei weniger bedacht habe!

Wenn wir das aber richtigerweise nicht annehmen, warum zweifeln wir dann so oft an Seiner Liebe, und klagen über die Aufgabe, die Er jedem von uns aufgibt! Gehen wir lieber zu Jesus und bringen als Klage unseren Eigenwillen vor und lassen uns dort helfen, wozu Sein heiliger Geist immer bereit ist uns die Wahrheit ganz aufzudecken!

Ist dieses geschehen, so kann Er Seine Zwecke an uns dabei erreichen, und wird die äußeren Hilfsmittel weniger dazu brauchen, sondern diese, wie es Seine

Weisheit für gut findet, beseitigen.

Darum wenn wir beten: "Zu uns komme Dein Reich!" so schlagen wir uns an die Brust, damit uns der Geist hilft aussprechen: "Dein Wille geschehe!" Und wenn wir diese Worte aussprechen, so werden wir von selbst angetrieben werden, um Nachsicht und Vergebung für unsere Schwachheit zu bitten, und werden in allem mehr einsehen, wie viel uns noch fehlt, bis wir als Mithelfer nach Außen tüchtig sind!

Seid Täter des Wortes – Sammlung von Kernaussagen aus der Neuoffenbarung

Es folgt eine Reihe von kurzen Ausschnitten zum Thema, welche den großen Neuoffenbarungen Jesu entnommen wurden, die Jakob Lorber von 1840 bis 1845 empfing:

Jesus: „Eine freie, innere Sittenreinheit mit der wahren, alles opfernden Nächstenliebe gilt bei Mir über alles, aber die des hartherzigen Klausners ist bei

Mir nicht einen Stater wert! Wer rein ist, der soll rein sein im Herzen vor Gott, aber vor der Welt sich dessen nicht rühmen, sonst wird er von Mir wenig Lob zu erwarten haben. — Am besten ist es, wenn der Mensch stets sagt: „O Herr, sei mir Sünder gnädig!‘, urteilt über niemand Arges, betet für seine Feinde und tut sogar denen Gutes, die Übles von ihm reden und ihm zufügen. — Wahrlich, wer das tut, der ist nicht nur rein vor Mir, und beginge er auch noch so manche Fleischessünde, sondern er ist vollauf Mein Bruder und mit Mir ein König der Himmel und ihrer Herrlichkeiten!“

[Ev. Bd. 2, Kap. 209, 2-5]

Jesus: „Die an Mich wohl glauben und ‚Herr, Herr‘ sagen, aber im Tun lau sind und nachlässig in der Liebe zum Nächsten, in denen werde Ich nicht wohnen und Mich ihnen nicht offenbaren, und Meine Kraft und Weisheit wird ihre Seele nicht erfüllen. Denn Ich will, dass jeder Mensch durch das Tun nach Meinem Willen frei zu Mir komme, und Ich werde dann auch zu ihm kommen, Mich ihm offenbaren und ihn durch den heiligen Geist Meiner ewigen, all-waltenden Liebe mit Meiner Weisheit und Macht erfüllen!“

[Ev. Bd. 9, Kap. 158, 6]

Jesus: „Es wird dereinst viele geben, die zu Mir ‚Herr, Herr' rufen, aber Ich werde zu ihnen in ihren Herzen sagen: ‚Ihr Fremden, Ich kenne euch nicht! Wusstet ihr, dass Ich der Herr bin, und kanntet ihr Meinen Willen, — warum tatet ihr nicht danach?' — Es ist nicht genug, dass man Mich erkennt und glaubt, dass Ich der Herr bin, sondern man muss auch tun, was Ich lehre! Durch die Tat erst wird der Mensch zur Gottähnlichkeit gelangen."

[Ev. Bd. 7, Kap. 140, 10-11]

Jesus: „Wer nicht im Herzen beten kann, der bete lieber gar nicht! Dennoch kann jeder Mensch auch mit den Füßen beten, wenn er hingeht zu den Armen, um ihnen Hilfe und Trost zu bringen; mit den Händen, wenn er den Notleidenden unter die Arme greift; mit den Augen, wenn er gern und freundlich die Armen ansieht; mit den Ohren, wenn er gern und tatwillig Gottes Wort anhört und sie vor den Bitten der Armen nicht verschließt; und am Ende mit den Lippen, wenn er sich gern tröstend mit den armen, verlassenen Witwen und Waisen bespricht und für die Gefangenen ein gutes Wörtlein einlegt. Das alles ist dann auch ein Gott wohlgefälliges Gebet und heißt: Gott im Geiste und in aller Wahrheit anbeten."

[Ev. Bd. 2, Kap. 111, 5-8]

Der Herr: „Was soll Ich denn von einer Sekte sagen, die nichts als den Glauben lehrt und die Werke verwirft!? Es steht doch klar und offen geschrieben, dass ein Glaube ohne Werke tot ist, und Ich selbst habe offenkundig und zu öfteren Malen gesagt: ‚Seid nicht eitle Hörer, sondern Täter Meines Wortes!' Dadurch ist ja offenbar angezeigt, dass der Glaube allein nichts nützt, sondern das Werk!"

[Ed. Kap. 73, 6]

Jesus: „Seid nicht nur Hörer, sondern vielmehr Täter Meines Wortes! Aus der Tat erst werdet ihr erkennen, ob die Worte, die Ich zu euch gesprochen habe, aus dem Munde eines Menschen oder aus dem Munde Gottes gekommen sind."

[Ev. Bd. 1, Kap. 140, 8-9]

Jesus: „Nur Tätigkeit über Tätigkeit zum allgemeinen Wohle der Menschen führt zum ewigen Lebensziel! Denn alles Leben ist eine Frucht der beständigen, nie ermüdenden Tätigkeit Gottes und kann daher nur durch die wahre Tätigkeit erhalten und für eine ewige Dauer bewahrt werden, während aus der Untätigkeit nichts als der Tod zum Vorschein kommt.“

[Ev. Bd. 1, Kap. 221, 6]

Der Engel Ahbel zu Kisehel, einem Sendboten des Herrn in der Urzeit: „Sorge dich nicht um den Ausgang unserer Sache, sondern handle geduldigst nach dem dir wohlbekannten Willen Gottes, so wird sich am Ende alles dem rechten Ziele zuwenden und es auch unfehlbar erreichen! Darum achte allzeit genauest auf den Zug des göttlichen Willens in dir und handle streng danach, so gehst du den geradesten, kürzesten und liebe gerechtesten Weg. Denn wir tun alles recht, wenn wir nur Seinen Willen erfüllen und Ihn, den allerliebevollsten, heiligsten Vater über alles lieben!“

[H. Bd. 2, Kap. 182, 9, 11 und 13]

Auf die Frage eines Lichtsuchers in der Urzeit nach dem Zweck der menschlichen Tätigkeit angesichts der all-waltenden Macht Gottes antwortet der weise Gottesbote Kisehel: „Die Tätigkeit ist die Erhaltung und stete Stärkung des Lebens, darum sind alle Wesen tätig, und der Mensch soll darum überaus tätig sein, weil er am meisten von Gott mit dem Leben beteilt ist. Da aber der Mensch vorzugsweise ein geistiges Leben hat, so soll er dieses auch vorzugsweise üben in der Liebe zu Gott, damit er es nicht verliere! Siehe, darum lässt der allmächtige Gott uns arbeiten!"

[H. Bd. 2, Kap. 210, 21-23]

Der Herr: „Wer seine Knie beugen will vor Mir, der beuge sie im Geiste der Wahrheit und Demut, — aber nicht die Knie seines Leibes! Denn was soll das Kniebeugen und das Auf-der-Erde-liegen Mir bedeuten von euch Kindern, denen Ich gegeben habe einen lebendigen Geist?! Wenn ihr aber schon auch euren Leib samt eurem Geiste zu Mir erheben wollt, da gebraucht eure Glieder aus Meiner Liebe in euch zum Mir allein wohlgefälligen Bruderdienste, und Ich werde da die Werke eures Leibes ansehen als Werke der Liebe eures Geistes!"

[H. Bd. 2, Kap. 66, 9, 11 und 17]

Der Herr in der Urzeit zu dem liebetateifrigen Erzvater Seth: „Wer das tut, was Ich ihm auferlege, der ist ein treuer Knecht; wer mit seinem Herzen stets zu Mir gewendet ist, der ist Mir ein rechtes Kind, ein rechter Sohn und eine rechte Tochter; wer aus dem Geiste handelt, einen Abscheu vor der Welt und stets alle Sinne nach Mir gerichtet hat, der ist ein Engel und

Mir ein Bruder im Geiste! — Wer aber wie du die Hungernden speist und die Dürstenden tränkt, wahrlich, der ist mehr; denn er ist Mir ein Bruder in der Liebe, — und das ist das Allerhöchste!“

[H. Bd. 2, Kap. 93, 10-11]

Der hohe Abedam zu dem freigiebigen Seth, einem Erzvater der Urzeit: „Wahrlich, Ich sage dir, das ist das Größte, was jemand tun kann, wenn er den armen Bruder und die arme Schwester versorgt und liebevollst unterstützt das Alter und die Kleinen! Wer solches tut aus reiner Liebe zu Mir und zu den Brüdern und Schwestern, — Ich sage dir, und hätte er Sünden, soviel da ist des Sandes im Meere, wahrlich, sie sollen ihm alle erlassen werden!“

[H. Bd. 2, Kap. 93, 6-7]

Henoch, der erste Hohepriester der Urzeit, zu den erfolgreichen Bauführern des Königs Lamech von Hanoch: „Freut euch nicht zu sehr des vollendeten Werkes und auch nicht des Lohnes wegen, sondern freut euch vielmehr der großen Gnade und Erbarmung Gottes! Erkennt eure Mängel, reinigt eure Herzen, seid eifrige Täter des Willens Gottes und liebt Ihn über alles und euch untereinander wie jeder sein eigenes

Leben, so werdet ihr in solcher Liebe erst den größten Lohn finden, welcher da heißt: das ewige Leben in Gott!“

[H. Bd. 2, Kap. 221, 18]

Jesus zu Neubekehrten: „Es sind Meine Worte wohl Kraft und Leben aus Gott selbst, aber sie werden erst zu eurem Lebensanteil durch euer Handeln danach. Seid darum allezeit wahre Täter und nicht nur Hörer des Wortes, so werden euch alle eure vielen Sünden vergeben auch im Himmel, und Ich werde euch dann auch allzeit helfen können!“

[Ev. Bd. 8, Kap. 194, 11]

Jesus: „Wer zu Mir nur sagt: ‚Herr, Herr!‘, der ist noch fern von dem Reiche Gottes; wer aber an Mich glaubt und das tut, was Ich ihn gelehrt habe, der wird erreichen, was ihm verheißen ist. Er wird durch das Tun in sich gewahr werden, dass die Worte, die Ich geredet habe, nicht Menschen-, sondern wahrhaft Gottesworte sind! Denn Meine Worte sind in sich selbst Liebe, Licht, Kraft und Leben und tun euch offen kund Meinen Willen. Wer Meinen Willen in sich aufnimmt, der wird in sich das ewige Leben haben, wenn er auch dem Leibe nach stürbe!“

[Ev. Bd. 7, Kap. 157, 1]

Jesus zu einem reumütigen Schriftgelehrten, der um Stärkung seines Glaubens bittet: „Der Glaube allein wird nicht selig machen, sondern die Tat nach dem Lichte des Glaubens, auf dass der Glaube lebendig werde. Mache aber auch das Unrecht, das du an deinen Mitmenschen begangen hast, soviel wie möglich gut, so werden dir deine Sünden vergeben; denn solange jemand nicht den letzten ungerechten Stater an seinem Mitmenschen berichtigt hat, solange wird er ins Reich Gottes nicht eingehen!"

[Ev. Bd. 8, Kap. 66, 6]

Jesus: „Wenn ihr nur glaubt, aber den Glauben nicht zur Tat erhebt, so ist der Glaube noch tot und kann der Seele kein wahres Leben geben; aber durch die Tat wird der Glaube lebendig und somit auch die Seele durch ihren lebendigen Glauben. Darum sage Ich euch: Seid nicht nur Gläubige dessen, was ihr von Mir hört, sondern liebewillige, eifrige Täter, so werdet ihr in euch das wahre, ewige Leben überkommen."

[Ev. Bd. 8, Kap. 183, 6]

Jesus zu Petrus: „In deinen guten Werken nach dem

erkannten Willen Gottes wirst du deinen Gott schauen, weil nur die Werke es sind, die einer Seele den Adel vor Gott verleihen. — Das reine Denken nach der reinen Wissenschaft und das keusche Verhalten allein ohne Werke der Nächstenliebe verschaffen der Seele noch keine Anschauung Gottes.“

[Ev. Bd. 5, Kap. 238, 3]

Jesus: „Das Wissen um Meine Lehre allein macht nicht selig, sondern das Handeln danach. — Es gibt aber ein zweifaches Handeln: das für die Welt aus Eigennutz und ein rechtes Handeln in der Welt aus wahrer Liebe zu Gott und zum Nächsten. Aus dem ersten Handeln gewinnt der Mensch das Gericht und leicht den ewigen Tod, aus dem zweiten aber die Liebe und Gnade Gottes und das ewige Leben der Seele!“

[Ev. Bd. 6, Kap. 227, 5-6]

Jesus: „Wollt ihr Gott, der ein reinster Geist ist, wahrhaft anbeten, so müsst ihr Ihn durch die Liebe in euren Herzen im Geiste und in der Wahrheit anbeten, und zwar in der Tat durch allerlei gute Werke. Denn wahrlich, was ihr den Armen tut aus Liebe zu Gott, das tut ihr Gott.“

[Ev. Bd. 6, Kap. 57, 21]

Jesus zu einem begnadeten Harfensänger, der eine sehr reiche Geldspende bescheiden zurückweist: „Nimm du nur an, was man dir mit Freuden gibt; denn du hast ein gutes Herz und teilst gerne mit den Armen auch von dem wenigen, was du dir mit deiner Kunst erwirbst. Den Armen wohltun ist Gott wohlgefällig und für die Armen arbeiten und sammeln ist herrlich vor Gott und wird allzeit schon in diesem und noch mehr im anderen Leben belohnt!"

[Ev. Bd. 9, Kap. 9, 5]

Zwei dienende Engel zu gutwilligen Anhängern Jesu: „Wollt ihr uns gleich werden, so nehmt des Herrn lebendiges Wort auf in euer Herz und tut willig danach, so werdet ihr dadurch gleich uns Seines Wortes allmächtige Kraft in euch haben, und so Er euch dann berufen wird, zu handeln in Seinem Willen, dann werden euch alle Dinge möglich sein, und ihr werdet mehr tun können als wir, da ihr aus Seiner Liebe seid, während wir Seiner Weisheit entstammen."

[Ev. Bd. 2, Kap. 38, 1]

Der Jüngling Jesus zu einem römischen Ratsherrn:

„Da die Menschen so vieles wagen zum Vorteil ihres Leibes, der sterben wird in kurzer Zeit, - warum wagen sie denn nicht mehr für die Seele, die ewig zu leben bestimmt ist?! Sei auch du in Zukunft tätiger für die Wohlfahrt deiner Seele als für die deines Leibes, und es wird dann schon heller in dir werden!“

[Ev. Bd. 7, Kap. 220, 5]

Jesus kennzeichnet den Dünkel des Judas Ischariot, der sich als Schriftgelehrter vor allen anderen Jüngern brüstet, und fährt fort: „Mir ist ein Mensch, der nur weniges aus der Schrift weiß und danach gläubig lebt und tut, sehr viel lieber als ein Mensch voll Schriftgelehrtheit, der die Schrift nur kritisiert, an sie einen schwachen oder gar keinen Glauben hat und darum auch nicht nach ihr lebt und handelt, sondern nur nach dem Rate seiner Weltvernunft.“

[Ev. Bd. 9, Kap. 99, 3]

Jesus: „Die Seligkeit des Lebens besteht hauptsächlich in der Tätigkeit, und es ist der Seele nützlicher, dass sie sich in aller Tätigkeit übt, als dass sie sich bei aller Klarheit des inneren Wahrnehmens gleichfort untätig verhält.“

[Ev. Bd. 9, Kap. 141, 9-10]

Jesus: „Wer Mein lebendiges Wort, dies zu euch gesprochene Evangelium, nur beifällig anhört, aber nicht danach handelt, dem nützt es nichts. Er bleibt der alte Weltnarr und kommt nie auf einen grünen Lebenszweig."

[Ev. Bd. 5, Kap. 167, 11]

Jesus: „Die Seligkeit einer Seele und ihre Klarheit steigern sich nach den Graden ihrer Liebetätigkeit und nicht nach den Graden ihrer Klarheit, zu der sie ohne Liebetätigkeit ohnehin niemals gelangen kann; denn es ist dies schon von Ewigkeit her von Gott so verordnet, dass kein Geist und keine Menschenseele ohne entsprechende Tätigkeit je zum Lichte gelangen!"

[Ev. Bd. 9, Kap. 142, 3]

Jesus zu den lichtsuchenden Bürgern von Golan: „Wohl jedem, der zu Mir kommt und Mich erkennt wie ihr nun! Denn wer Mich erkennt, der hat schon ein Licht dazu überkommen, dass er dann auch an Mich lebendig glauben kann! Aber es ist dies Licht jetzt nur ein kleines Flämmchen in eurer Seele; doch wenn ihr Meine Lehre und mit ihr Meinen Willen werdet überkommen haben und danach handelt und lebt, so wird euer nunmaliges kleines Licht zu einer Sonne werden, und ihr gelangt dann erst in die volle Wahrheit alles Lebens und Seins und erweckt in euch selbst das ewige Leben!“

[Ev. Bd. 10, Kap. 88, 11-12]

Der Herr zu einem neuen Himmelsbürger: „Würdest du hier nur in Untätigkeit die himmlischen Herrlichkeiten genießen, so würdest du mit der Länge der Dauer übersättigt werden. Darum habe Ich für die stets wachsende Seligkeit dadurch schon von Ewigkeit vorgesorgt, dass jedes Meiner Kinder hier fortwährend eine wohl angemessene Tätigkeit und einen guten Wirkungskreis überkommt.“

[GS. Bd. 2, Kap. 3, 11]

Der Herr: „Es ist nicht vonnöten, dass jemand die ganze Bibel im Kopfe habe, um damit Mein Reich und Mich zu finden. Sondern dazu genügen wenige Texte und ein genaues Beachten und Leben danach. Wer also tut, zu dem wird sich das Gottesreich bald so kehren und vernehmen lassen, wie es im Evangelium steht und lautet: Ei, du getreuer Knecht, dieweil du im Kleinen getreu warst, so sollst du nun über Vieles und

Großes gesetzt werden!“

[Hi. Bd. 2, S. 376, 9. 10]

Der Herr: „Der festeste Glaube ohne Werke ist gleich einem törichten Menschen, der sich im kalten Zimmer nur mit einem warmen Gedanken zudecken will, um sich zu erwärmen. So wie diese Gedankendecke nichts nützt, also nützt auch der Glaube ohne die Werke nichts. Der Glaube ist nur das Aufnahmeorgan für eine Lehre, die zu einer gewissen Tätigkeit anleitet.“

[Ed. Kap. 73, Abs. 10-11]

Der Herr: „Mein Reich ist ein Reich der höchsten Tatkraft; Ich sagte zu den Aposteln nicht: ‚Bleibt daheim, denkt, brütet und grübelt über Meine Lehre nach!‘, sondern: ‚Geht hinaus in alle Welt!‘ Dasselbe sage Ich auch zu allen Seligen. Da heißt es tätig sein; denn immer ist die Ernte größer als die Zahl der Arbeiter. Darum ist es auch besser, in irgendeiner Ordnung tätig als nur des reinsten Glaubens zu sein. Tätig zu sein nach Meiner Lehre ist sicher unendlich besser, als die ganze Bibel auswendig zu wissen und zu glauben.“

[Ed. Kap. 73, Abs. 17-18]

Jesus: „Es ist wohl sehr löblich und gut, sich von Mir und Meinem Reich zu besprechen, aber noch löblicher und besser ist es, sich in den Geschäften der Himmel recht wacker zu üben! Das Wissen geht natürlich dem Geschäfte voraus. Weiß man aber einmal, was man zu tun hat, dann muss man handeln. Und es ist dann schon eine kleine, gute Handlung besser als ein großes Wissen ohne Handlung."

[Rbl. Bd. 2, Kap. 280, 4]

Jesus im Jenseits zu einem tat-eifrigen, erleuchteten Geist: „Die Tätigkeit ist zwar das eigentliche Hauptwesen des Geistes, aber dann und wann ist es auch gut, dass der Mensch ein wenig ruhe! Denn in der Ruhe sammeln sich wieder zu neuer Tätigkeit die erschöpften Kräfte der Seele, die da ist ein Organ des Geistes!"

[Rbl. Bd. 2, Kap. 281, 2]

Der Herr: „Der bloße Glaubensmensch ist dem gleich, der sein Talent vergrub; wenn aber jemand aus der Schrift nur wenig weiß, aber danach tut, der ist dem gleich, der über das wenige eine treue Haushaltung führte und dann über vieles gesetzt wird."

[Ed. Kap. 73, 19]

Kapitel 1: Glaube und Werke

Offenbarungen des Herrn

Gläubige im Wohlstand wollen Jesu Worte nicht in die Tat umsetzen

Jesus:

„Die Pharisäer erkannten Mich nicht und verwarfen Mein Zeugnis, weil sie durch äußere Weltgüter, als da waren Reichtum und Ehre, so befriedigt waren, dass sie nach keiner Verbesserung ihrer Lage sich sehnten, denn sie waren ganz materiell, und suchten alles zu entfernen, was sie an weitere Aufgaben und Sorgen mahnen konnte. Daher wollten sie auch von der Frage, was die Seele nach dem Tode erwarte, nichts wissen. Sie betrogen sich mit dem blinden Glauben, der nicht grübeln soll, und sich nachher mit Unwissenheit entschuldigen will.

Diese Richtung gaben sie auch ihren Laien, weshalb diese auch keine Schuld traf, ob ihres angewöhnten Glaubens, welcher oft mehr Aufopferung und Gehorsam verlangte, als Meine Gebote.

Ich musste diese Richtung so lange mit Geduld tragen, bis Ich selbst zu Meinem Volke kam, um dasselbe anders zu belehren, und Ich musste auch da noch Mich nach dem freien Willen der Menschen richten, daher Ich bloß Wunder tat, um mehr wohltätig gegen sie zu sein, und sie von Meiner rettenden Liebe zu überzeugen.

Darum ist auch das Wachstum der christlichen Religion im Vergleich zu Meiner Macht ein sehr schwaches und langsames, sogar auch bei der einzelnen Seele, welche durch die Kirchenlehre nicht weiter gebracht wird, als Mich als den Richter anzuflehen, von Dem ihre Seligkeit abhängt, und zu hoffen, dass Ich ihr gnädig sei; alle weitere Ausbildung aber wird auf das Jenseits verschoben; nur wenige Seelen gibt es, an denen Mein heiliger Geist noch mitwirken und durch seine Erleuchtung Mir wahre Kinder erziehen kann.

Dies ist nun abermals der Standpunkt Meines Volkes, wo aber Ich auch wiederum Mich herablasse, um Meine Menschenkinder aus dieser dicken Finsternis des Unglaubens und der Unwissenheit zu retten; denn gar Wenige wissen was der Mensch ist, und daher auch noch Wenige, Wer Ich bin!

Auf dass diese Wahrheit nicht ans Licht gebracht werden solle, stellt der Satan alles ihm nur Mögliche entgegen, weil er weiß, dass sonst seine Niederlage erfolgt. Wundert euch daher nicht, wenn euch noch Viele schmähen und verfolgen werden, weil Ich nicht mit Gewalt Mein Reich einnehmen oder vielmehr die Seelen ziehen will, sondern die eigene Wahl sie beglücken soll, ansonsten dieses Glück wenig Wert hat; dagegen Mein Gegner (Satan) stürmisch für sich anzuwerben sucht, und deshalb oft große aber keine sichere Beute macht; denn immer wieder geht Meine Liebe auch solchen nach, die von ihm sich haben überrumpeln lassen, und deckt denselben ihre Blindheit auf.

Gerade solche Seelen wollen oft in ihrer Unwissenheit etwas für Mich tun, und dienen durch ihren ungeprüften Eifer Meiner Gegner, weil sie sich zu wenig an Meine Gebote halten, und den Glauben nur in der Erkenntnis suchen und nicht in der Liebe; dadurch handeln sie nicht nach Meinem Willen, entfernen sich von Mir und verlieren den Einfluss des heiligen Geistes!

Dieser Einfluss ist ihnen eine Torheit geworden, weil sie für denselben nicht zeugen können, um aber ihnen hierzu zu verhelfen, sollen Meine Kinder sich Solcher durch herzliche Fürbitte und Gebet annehmen, und daher hat das Rufen zu Mir aus einem Herzen, das Mir ähnlich werden will in der Liebe zu den Mitmenschen, so großen Wert.

„Komm o Jesu, komme bald!“ Diese Bitte sollte immer mehr verstärkt werden, damit Ich einziehen kann in Gestalt des heiligen Geistes, um die Leuchte von Innen anzuzünden, weil alles Äußere in dieser Nacht des finsteren Unglaubens zu wenig Wirkung mehr hat.

Darum seid stets treue Hüter, und übergebt Mir eure noch unwissenden Mitmenschen in wahrer Bruderliebe.“

J.La., Vaterbriefe, Band 2, 301. Von der Geduld der göttlichen Liebe

„Weichet von mir, Ich kenne euch nicht“ - Der Glaube allein genügt nicht!

„Von dem an, wenn der Hauswirt aufgestanden ist, und die Tür verschlossen hat, da werdet ihr dann anfangen draußen zu stehen, an die Türe zu klopfen und zu sagen: Herr, Herr, tue uns auf“. Und Er wird antworten und zu euch sagen: „Ich kenne euch nicht, wo ihr her seid!“ So werdet ihr dann anfangen zu sagen: „wir haben von Dir gesessen und getrunken, und auf den Gassen hast Du uns gelehrt“, u.s.w. (Luk. 13, 25.)

Jesus:

„Es enthält dieses Kapitel Gleichnisse von den Zuständen des Reiches Gottes; wie solches die Fähigkeit in sich hat, sich auszubreiten und sich zu vergrößern, gleich einem Senfkorn, oder gleich einem Sauerteig. Das (unscheinbare) Senfkörnlein fängt unbemerkt an zu keimen und sich einzuwurzeln, und wird so zur reifen Pflanze, die ihre Frucht bringt.

Wie aber dieser kleine Anfang in der Liebe gemacht werden muss, *und zwar in der Tat*, denn der Mann brachte das Senfkorn selbst in den Gartenboden, oder – er nahm die Worte der Gnade in seinen Herzensgarten auf, und ließ sie darin wuchern, so wird Mein Wort für jeden der es in sich aufnimmt von großem Nutzen sein, und noch für Viele, welche dadurch ebenfalls zur Wahrheit geleitet werden.

Ebenso nimmt das Reich Gottes einen gar kleinen Anfang, oft bei einer einzelnen Seele, und dennoch kann dadurch Großes bewirkt werden; aber solches Wachstum muss durch stete Wachsamkeit und treues Kämpfen errungen werden, und es ist also nicht wie Viele meinen, dass das Reich des Friedens ihnen geschenkt werden könne, auf ihr bloßes Verlangen oder Hoffen danach, oder durch ihr bloßes „Herr, Herr“ sagen.

Das richtige Erkennen Meines Wesens, und das Ergreifen Meiner Liebe und Gnade muss bei einer Seele stattfinden, wodurch sie sich überzeugt, dass Ich sie nur dann beglücken kann, wenn sie Mir folgt, und an ihren Mitmenschen die Liebe auszuüben strebt, welche Ich gebiete.

Es sind gar Viele unter den Christen, welche Meinen heiligen Namen zu Allem anrufen, und ihn nennen, um dabei äußere Vorteile und Gewinn zu erreichen, und irdischen Gewinn zu machen; z. B. auch zur Heilung von Kranken wird derselbe oft durch allerlei Zeremoniensprüche missbraucht, wobei solche Menschen in ihrem Herzen oft nicht einmal daran denken, dass ich nur durch Meine Liebe und Meinen Segen helfe, sondern sie machen eine Art Beschwörungsformel gegen den Satan daraus, und solche Seelen berufen sich dabei noch auf ihren starken Glauben...

Seht, Solchen gilt auch das Wort: „Weichet von Mir ihr Übeltäter!“ Denn nur im Vertrauen zu Mir, welches durch die Liebe erweckt wird, liegt der Segen und die Gebetserhörung bei solchen Heilkuren.

Auch in der Zeit Meines Erdenlebens waren die Juden sehr darauf bedacht, zu ihren selbstsüchtigen Zwecken Meinen Namen anzurufen, und Viele folgten Mir eben nur in diesem Sinne nach; darum Ich oft stark dagegen lehren musste, mit solchen Worten, welche leider später Mir missdeutet und anders ausgelegt wurden, und zwar abermals von Solchen, die nicht in der Liebe mit Mir verbunden sind, und darum die Wahrheit nicht erkennen.“

J.La., Vaterbriefe, Band 3, 455. - 17. Mai 1885 „Weichet von mir, Ich kenne euch nicht“

Die Wichtigkeit des Tat-Christentums

Der Herr:

»Ihr möget sie (die Lehre des Evangeliums, d. Hg.) von Wort zu Wort mit eisernen Buchstaben für alle Zeiten der Zeiten aufzeichnen, so dass kein Häkchen davon abgeht, und könnt sie so predigen und vorlesen allen Völkern, und alle Völker sollen aus vollem Halse rufen: »Ah, siehe da, das ist eine gar sehr vortreffliche Lehre und ist eines Gottesmundes würdig!«, aber es will dennoch niemand Hand ans Werk legen und vollauf nach ihren Grundsätzen, und Forderungen tätig werden, - nützt da dann diese Meine noch so rein aufbewahrte Lehre jemandem etwas? Ich sage es euch: Gar nichts nützt das! Oder nützt jemandem, der krank ist, eine Arznei etwas, wenn er sie nicht einnimmt und gebraucht nach der Vorschrift des erfahrenen Arztes?!

So aber jemand nur einiges Wenige weiß von dieser Meiner Lehre und tut aber sogleich danach, so wird er davon schon offenbar einen größeren und lebendigeren Nutzen haben als der andere, der zwar mit aller

Ehrfurcht von Mir und Meiner Lehre spricht, aber nie bei sich selbst sich zur Tat danach entschließen kann. Denn der erstere wird durchs Handeln nach dem Wenigen, das er vernommen hat, eben das Vernommene in seiner Seele beleben, und es wird aus dem kleinen Samenkorn bald eine große Ernte aus dem lebendigen Geiste erfolgen, die keine böse Macht je mehr zu zerstören imstande sein wird, während der zweite Lobredner und treue Aufbewahrer Meiner Lehre, vom geistigen Hunger geplagt, auch alle andern Lehren zusammenscharen und dabei dennoch des geistigen Hungers sterben wird. Wird Mich dann drüben seine Seele erkennen, wenn sie hier durch ihre Tätigkeit sich den wahren Geist Meiner Worte nicht in aller Wahrheitsfülle zu eigen gemacht hat?

Ich setze nun den Fall, es wüsste jemand von Meiner Lehre nicht mehr als das nur, dass man Gott über alles und seinen Nächsten wie sich selbst lieben soll, und dächte darüber also ganz ernstlich: »Sieh, das ist eine gute Lehre! Es muss ein allerhöchstes Gottwesen geben, das nach allem dem, was da von Ihm erschaffen ist, als sehr gut und überaus weise dasteht, lebt und sich bewegt. Dieses sonach überaus gute, weise und allmächtige Wesen muss man also auch mehr achten, schätzen, ehren und lieben als alles andere in der Welt. Mein Nebenmensch ist so gut wie ich ein Mensch und vom Schöpfer mit den gleichen Rechten in diese Welt gesetzt. Er darf daher nicht geringer geschätzt werden, sondern ich bin durch die Vernunft sogar genötigt, ihm das zu erweisen, was ich mir selbst erweise. Denn geringschätze ich ihn, so geringschätze ich auch mich, weil ich auch nur ein Mensch und nichts Weiteres mehr bin. Ich erkenne das als einen obersten Lebensgrundsatz und will ihn daher auch vorerst für mich selbst streng tatsächlich beachten!«

Dieser Mensch tut nun das und sucht auch seine Umgebung dazu zu bewegen, teils durch sein Beispiel und teils durch seine ganz einfache und schlichte Lehre, und bildet so sein Haus zu einem wahren Muster wahrer und gottergebener Menschen aus. Was sind aber in Kürze die Früchte solch eines löblichsten Unternehmens? Die Menschen leben in Frieden. Keiner erhebt sich über den andern. Der Verständige gibt sich in aller Geduld die ernste und mit aller Liebe erfüllte Mühe, den Unverständigen zu sich heraufzubilden, und macht ihn auf alle die ihm bekannten Wunder in der Schöpfung aufmerksam und freut sich, den Schwächeren gestärkt zu haben.

Weil solches alles aber da in der Tat geschieht, so wird das auch ins Leben der Seele aufgenommen; die Seele wird dadurch dann offenbar stets tätiger und lebenskräftiger.«

J.L., Das Große Evangelium Johannes - Band 5 / 122. Kapitel

Was soll ich tun, dass ich das ewige Leben erbe?

„Und da Er hinausgegangen war auf den Weg, lief Einer vorne vor, kniete vor Ihn und fragte Ihn: guter Meister, was soll ich tun, dass ich das ewige Leben erbe?“ (Mk.10.17)

Jesus:

„Dieser Akt, wo eine Seele durch irgend ein Vorkommnis, sei es eine Predigt oder sonst ein Fall mehr angeregt wird, sich an Mich zu wenden, mit der Frage: Was soll ich tun, dass ich selig werde? Findet bei vielen Seelen statt. Es kommt solches von Meinem starken Anklopfen her; denn sie hören Meine Stimme und sind willens derselben zu folgen: aber lieber durch Verehrung, als *durch Liebe, welche sich tätig beweisen soll.*

Ich sah den inneren Zustand dieses Mannes, welcher von Mir ein Lob zu erhalten hoffte über seinen bisherigen, vor den Menschen strengen Lebenswandel; denn er liebte das Gesetz und hielt es; darum sah Ich denselben auch an und liebte ihn mit den Worten: „Eines fehlt dir!“ (Mk.10.21) Und so muss Ich gar vielen suchenden Seelen sagen: „Eines fehlt dir!“ Es ist die tätige Liebe, wie sie in diesen Versen beschrieben ist, und das Vertrauen zu Mir, dass, wer in Meine Nachfolge mit voller Verleugnung seiner selbst eintritt, dennoch - sowohl äußerlich als geistig - keinen Mangel leidet.

Obschon viele Seelen es glauben, dass sie geistig dabei gewinnen, wenn sie sich auf Mich verlassen, so ist doch die Selbstsorge im Äußeren so tief bei denselben eingewurzelt, dass sie stets ihre Opfer auf Meinen Liebesaltar mehr mit dem Verstand als mit dem Herzen geben.

Seht, solches war auch bei diesem Jünglinge der Fall; er nahm Ärgernis an diesen Worten, weil sein Vertrauen noch zu schwach war; ebenso war auch für Meine übrigen Jünger diese Probe des Vertrauens vor ihren Augen zu groß, „sie entsetzten sich aber noch viel mehr, und sprachen untereinander: „Wer kann dann selig werden?“ Und Ich antwortete: „Solche, die ihre ganze Kraft aus Meiner Hand nehmen."

Leider gibt es aber gar wenige Seelen, welche so fest im Glauben stehen, dass auch diese Meine Worte der Verheißung sie tüchtig machen, im Fall es Not tut, ihre ganze zeitliche Habe aus Liebe zu Mir aufzuopfern. Obgleich Ich Mich an den Wenigen, die es um Meinetwillen schon getan haben, als einen starken, reichen und allmächtigen Gott beweise, wie die Geschichte ausweist, dass Ich alle Unternehmungen im Glauben an Meine Hilfe reichlich segne, so schleicht sich doch bei allen Unternehmungen auch viel Schwäche ein.

Die Triebfeder dazu oder die völlige Übergabe an Mich bewirkt allein den rechten Segen. Hat eine unbedingte Übergabe stattgefunden, so gehört das Herz Mein oder der freie Wille, und dann wird derselbe von Mir so geleitet, dass der Verstand schweigt, wenn es gilt im Glauben und Vertrauen zu handeln. So lest dieses Kapitel als eine wahre Antwort auf die Frage: „guter Meister, was soll ich tun, dass ich das ewige Leben ererbe?"

J.La., Vaterbriefe, Bd 3, 393. - 20. April 1884 „Eines fehlt dir!"

Glaube und Verstand – Wahrheit soll verstanden, nicht blind geglaubt werden

Der Herr:

»Darum soll ein rechter Jünger Meiner Lehre niemals etwas leichtfertig ohne eine vorangegangene genaue Prüfung annehmen. Erst wenn er von allem, was darin vorkommt, sich eine gründliche Einsicht und Überzeugung verschafft hat, soll er dann das Gute und Wahre als lebenswahr annehmen und darauf klug und weise danach handeln; und er wird dadurch ganz sicher zu jenen Resultaten gelangen, die man mit allem Fug und Recht als aus den Himmeln herab gesegnet anpreisen kann.

Ich bin doch der Herr und der Meister von Ewigkeit, und ihr erkennt Mich als solchen nun vollkommen. Ich könnte zu euch nun sagen dies und jenes, krumm oder gerade, weiß oder schwarz, und ihr würdet es Mir glauben, da ihr nun lebens-innerlichst überzeugt seid, wer Ich bin. Da wäre sonach ein sogenannter Autoritätsglaube sicher am rechten Platze!?

Aber wer von euch kann sagen, dass Ich solchen von Jemandem verlange oder je verlangt habe?!

Ja, Ich verlange Glauben, aber keinen blinden und keinen toten, sondern einen vollauf lebendigen!

Ich lehre euch Wahrheiten, von denen der Welt nie etwas in den Sinn gekommen ist; aber Ich sage dabei nicht: "Glaubst du das?", sondern: "Hast du das wohl verstanden?" Und so du sagst: "Herr, dies und jenes ist mir dabei noch unklar!", da erkläre Ich dir die Sache durch alle Mir zu Gebote stehenden Mittel so lange, bis du es vom tiefsten Grunde aus völlig begriffen hast, und gehe dann erst wieder um einen Schritt weiter.

Ich könnte jedem wohl gleich anfänglich eine solche Erklärung geben, dass er eine von Mir neu vorgetragene Lehre sogleich vollauf begreifen müsste; aber Ich kenne auch, was und wie viel er auf einmal zu ertragen fähig ist, und gebe auf einmal nur so viel, als es jemand von euch zu ertragen imstande ist, und lasse dem Samen Zeit, zu keimen und Wurzeln zu fassen, und binde Mich Selbst darauf, nicht eher etwas Neues zu bringen, als bis das eine auf den Grund begriffen worden ist. Ich lasse euch Zeit zur Prüfung des Vorgetragenen und Gezeigten!

Ich Selbst sage zu euch: "Prüft alles und behaltet das Gute und somit auch Wahre!" Tue Ich Selbst aber das, um wie viel mehr ihr, die ihr der Menschen Gedanken nimmer zu durchschauen vermöget gleich Mir!

Verlangt ja von niemandem einen blinden Glauben, sondern zeigt jedem den Grund! Und sollte er nicht fähig sein, solchen zu erfassen mit seinem Verstand, so lasst es euch der Mühe nicht gereuen, ihn von Stufe zu Stufe hineinzuleiten mit aller Liebe und Geduld, bis er fähig wird, eure gute Lehre vom Grunde aus zu begreifen; denn mit einem finsteren Verstand soll niemand euer Jünger sein in Meinem Namen! Denn Ich gebe euch ein helles Licht und Leben, und ihr sollt darum keine Apostel der Finsternis und des Todes sein!

Wer da sucht, der soll es finden; wer da bittet und fragt, dem werde eine rechte Antwort gegeben, und wer da pocht an die verschlossene Pforte, dem werde sie völlig aufgetan!

Es gibt nichts Undienlicheres als eine halbe Antwort auf eine gestellte Frage; da ist gar keine Antwort geben besser um vieles! Und es gibt nichts Unpraktischeres als eine halbe Erklärung über eine Sache, von deren genauer Erkenntnis oft eine große Lebenswichtigkeit abhängt.

Daher soll derjenige, der ein Lehrer sein will, dasjenige überaus gründlich erkennen in allen Wurzel- und Urkeimstiefen, was er seinen Bruder lehren möchte, da ansonsten ein Blinder den andern führt, und kommen sie an einen Graben, so fallen dann beide, Führer und Geführter, hinein.«

J.L., Großes Evangelium Johannes, Band 5, Kap.88

Es hält sich der alleinige Glaube nie, wenn er nicht durch die Tat belebt wird

Der Herr:

„Was ferner noch „das Himmelreich“ betrifft, so ist es gleich dieser eurer gegenwärtigen Zeit, welche wieder gleich ist dem Sämann im Evangelium, der da guten Samen ausstreute, von dem ein Teil auf den Weg, ein Teil ins Gebüsch, ein Teil auf Steinboden und nur ein Teil auf gutes Erdreich fiel.

Seht eure Zeit an, ob sie nicht dem Sämann und dem Himmelreich gleicht?

Das Wort wird allenthalben ausgesät; allerorts leben

noch geweckte Menschen, die das Wort aus dem inneren Grunde erläutern. Allein die Bedürfnisse der Menschheit in der gegenwärtigen Zeit sind gleich geworden dem Weg, auf den der Same fällt, oder: sie sind rein weltlich geworden. Daher macht das Wort bei ihnen gerade solch einen Eindruck, als würfe man Erbsen an die Wand, da keine hängen bleiben wird und noch weniger Wurzeln schlagen in dem harten, steilen und glatten Grund.

Daher dürfte Ich alle Engel des Himmels herab senden und von ihnen das Wort des Lebens allerorts verkünden lassen auf die wunderbarste Weise – heute, morgen und übermorgen werden es die Menschen erschüttert anhören und annehmen, aber dann werden sie anfangen, das Wunder ganz gleichgültig zu betrachten und werden dabei ihren Weltgeschäften nachrennen wie zuvor.

Das sind die industriellen Menschen und deren nimmer zu sättigenden Bedürfnisse. Sie gleichen dem Gebüsch und den Dornen. Geht anfangs das Wort auch auf, so wird es aber dennoch bald erstickt, und die Menschen werden danach gleichgültiger gegen dasselbe als zuvor. Denn erst sprachen sie: So wir es auf einem wirklich wunderbaren Weg erhielten, da wollten wir ja glauben und darnach tun. Ich aber willfahre auch diesem Wunsche. Fast an allen Orten spende Ich es nun, wie hier, wunderbar aus. Welche Wirkungen aber macht es? Höchstens hie und da politische Bedenklichkeiten; das ist aber auch schon das meiste. Dass sich aber jemand daran kehren möchte – dieses gute Erdreich – wo ist es?

Ich sage: Wo hundert Millionen Menschen leben, da ist viel zu viel mit tausend gesagt, die sich daran wahrhaft lebendig kehren möchten. Was nützen darunter zehn oder hundert Tausende, die das wohl recht gläubig anhören, wenn es aber aufs Tun ankommt, so lassen sie sich von einem Tage bis zum andern Zeit; denn sie sagen: Warum sollte man sich denn gar so anstrengen, um ein ewiges Leben zu erlangen? Gibt es ein ewiges Leben, wie sie es glauben, so wird es wohl nicht schwer sein, dasselbe zu erlangen; daher nur lustig gelebt und am Ende dennoch selig gestorben! Was braucht man darüber mehr?

Da haben wir aber auch zugleich den steinigen und sandigen Grund. Dieser nimmt wohl den Samen an, und er geht auch bis zur Hälfte auf; aber der Boden hat keine Feuchtigkeit, und so geht am Ende noch das was aufgegangen ist zugrunde!

Also hält sich der alleinige Glaube nie, wenn er nicht durch die Tat belebt wird; gleich wie durch die pure Theorie ohne tatsächliche Übung und Anwendung derselben niemand ein praktischer

Mensch wird.

So könnt ihr jetzt auch eine Legion um die andere moralischer und religiöser Plauderer finden. Aber alle diese Plauderer wollen an sich keine Probe machen und nicht ein Steinchen mit einem Finger anrühren. Ein jeder glaubt schon damit etwas außerordentlich Verdienstliches geleistet zu haben, wenn er nur gut gepredigt und durch sein moralisches und religiöses Geplauder allenfalls einige dumme Andächtler und Schwärmer zuwege gebracht hat.

Niemand aber will im Ernst die Wege versuchen, durch welche er unmittelbar dahin gelangen möchte, wo er mit Mir Selbst in Verbindung träte und dann aus Meinem Mund eine lebendige Lehre bekäme, die ihn erst zu einem guten Erdreich umgestalten könnte.

Es gibt zwar eine Menge Gottesgelehrte und Theosophen, darunter aber kaum einen, der nach dem Evangelium Johannis wirklich von Gott gelehrt wäre, das da kündet, dass alle sollen von Gott gelehrt sein!

Fürwahr, so Ich nicht aus Meiner großen Erbarmung heraus hier und da jemanden aufrütteln möchte, gleichwie ein emsiger Hausherr sein träges und faules Gesinde aufrüttelt, so wüsste von den Zeiten der Apostel angefangen bis jetzt beinahe kein Mensch, was „das lebendige Wort" ist und was es heißt „von Gott gelehrt sein".

Die derzeitigen Gottesgelehrten stellen Mich lieber ganz geheimnisvoll über alle Sterne und lassen Mich da in einem völlig unzugänglichen Lichte sitzen. Warum aber tun sie das? Sie tun das aus verschiedenen Gründen. Der erste wäre z.B. der: Weit weg ist gut vor dem Schuss. Der zweite möchte so lauten: Keinem Menschen ist es sonach möglich, sich Gott so zu nähern, dass er von Ihm gelehrt würde. Und noch ein Grund, der sich auf den vorigen stützt, lautet: Gott hat dem Menschen Vernunft und Verstand gegeben; das ist das lebendige Wort Gottes im Menschen. Wer sich darnach kehrt, der lebt nach dem Willen Gottes, und wer seinen Verstand und seine Vernunft ausbildet, der ist schon von Gott gelehrt; denn niemand kann von Gott unmittelbar, sondern nur mittelbar gelehrt werden, indem Gott ja über allen Sternen im unzugänglichen Lichte wohnt.

Wenn dann gegenüber diesen geheimnisvollen theosophischen Thesen Ich dennoch hie und da jemanden erwecke, der dann unmittelbar von Mir ein lebendiges Wort empfängt, so wird er vom größten Teil der gegenwärtigen Menschheit als ein Narr und Schwärmer erklärt, mitunter auch als ein Betrüger und Scharlatan, der sich einige Fähigkeiten seines Verstandes zugute zu machen versteht. Sagt, ob es nicht so ist?

Es werden euch verschiedene Männer nicht unbekannt sein, die das lebendige Wort hatten, und das aus der neuen Zeit, vom achtzehnten und neunzehnten Jahrhundert wie auch manche aus früheren Jahrhunderten. Was aber ist ihr Los? Die stumme Vergessenheit. Der gelehrten Welt genügt, dass sie ihre Namen kennt. Was aber diese Männer aus Mir gelehrt haben, das geht sie nichts an. Und wenn es auch noch hier und da einen oder den andern gibt, der ein solches Buch liest, so kommt er aber bald auf Sätze, die mit seiner Vernunft nicht übereinstimmen. Er verwirft daher auch bald das Ganze und lässt sonach unseren von Mir gelehrten Mann ruhen.

Wenn es gut geht, so lässt man höchstens Mir allein noch einige Gerechtigkeit widerfahren; aber Meine Boten sind lauter Narren und Betrüger.

Ist nicht eure Zeit so beschaffen? Ich meine, das kann ein jeder mit der Hand greifen.

Da aber das Himmelreich keine irgendwo vorhandene Örtlichkeit ist, sondern nur vollkommen ein Zustand des Lebens, so ist das Himmelreich auch vollkommen gleich eurer Zeit, und zwar dieser Zeit, nämlich karg, armselig, klein, selten.

Und wo es noch ist, daselbst ist es nicht rein. Wird aber das wohl ein Himmelreich sein, so es nicht ganz rein ist? Ich sage euch: Das Himmelreich ist in dieser

Beziehung sehr relativ, und das darum, weil einem jeden Narren seine Kappe am besten gefällt.

Ein jeder findet in seiner Dummheit sein Himmelreich. Ob das wahre aus Mir, das ist eine andere Frage. Dieses ist wahrlich selten, karg und spärlich geworden. Warum? Weil bei den Menschen das gute Erdreich ausgegangen ist! Daher mag Ich nun auch den allerbesten und reinsten Samen säen, wie Ich will, so fällt er dennoch auf lauter Wege, zwischen Dornen und auf steinigen Boden, hie und da zwischen eine Ritze am Wege. So gehen auch zwischen einer Steinkluft aus einer Million Körner etwa tausend auf und hundert erreichen die Reife. Und das ist dann die ganze Ernte und das ganze Himmelreich! Das ist doch sicher karg, selten und spärlich!

Aus dem könnt ihr abermals ersehen, dass alles bisher Gesagte seinen guten Grund hat, dass an der oberflächlichen Erscheinlichkeit des Geistigen ebenso wenig gelegen ist wie an den Erscheinungen der Zeit. Sie sind taub und hohl, aber für den Weisen sind sie eine Schrift, aus deren Grundzügen er mit leichter Mühe die innere Wahrheit findet; denn einer jeden Erscheinlichkeit geht ein wirkender Grund voraus. Ist die Erscheinlichkeit edel und gut, so wird es auch in gleichem Maße der Grund sein; ist die Erscheinlichkeit aber unedel, das heißt weltlich, materiell und schlecht, so wird auch ihr Grund gleichen Maßes sein.

Wer denn alles Geistige in seiner wahren Gestalt erschauen will, der binde sich nicht an das Erscheinliche, sondern er bediene sich dessen nur zur Erforschung des geistigen Grundes. Hat er diesen, so hat er das ganze Wesen aller Geisterwelt."

J.L., Die geistige Sonne, Band 2, 125

Der Glaube allein wird dich nicht selig machen. Die Sündenvergebung

Der im Wort wiedergekommene Herr berichtet von einer Begebenheit zurzeit Seines Erdenwandels:

Es trat aber alsbald mit ganz ernster Miene der Römer Agrikola zu Mir und sagte: »O Herr und Meister, ist es möglich, dass es unter den Juden gar so elendste Kreaturen geben sollte, die so etwas gegen Dich geheim im Herzen tragen können? (Den Wunsch nach Jesu ewigem Tod, d. Hg.) O Du großer Gott! Hast Du für sie denn kein verzehrendes Feuer mehr? Von solchen elendsten Kreaturen verdient ja doch ein jeder tausend Male gekreuzigt zu werden! Wahrlich, ich habe schon manches Böseste über das vernommen, wie die Templer gegen Dich gesinnt sind, aber das habe ich noch nicht gehört!«

Sagte Ich: »Freund, wundere dich dessen ja nicht gar besonders; denn es wird bald die Zeit kommen, in der du noch ganz anderes von dieser argen Art über Mich hören wirst! Denn sie wird nicht eher ruhen in ihrem geheimen Grimm gegen Mich, als bis Ich Selbst, wie Ich es euch schon zum voraus angedeutet habe, es zulassen werde, dass sie an Mir Selbst das Maß ihrer Gräuel vollmachen werden; dann aber wird auch kommen das große Gericht über sie, von dem der Prophet Daniel geweissagt hat, als er stand an der geheiligten Stätte, und von dem Ich dir auch schon zum voraus eine Wahrkunde gab!«

Sagte Agrikola: »O Herr und Meister, es ist ganz gut, dass Du mir solches geoffenbart hast; denn dadurch werden wir Römer dann schon am klarsten wissen, was wir nachher zu tun haben werden!«

Sagte Ich: »Ihr werdet handeln, so ihr dazu berufen werdet! - Aber nun lassen wir das: es wird nun bald etwas anderes zum Vorschein kommen!«

Als der Schriftgelehrte solches alles vernommen hatte, da fing er an, in sich zu gehen, und sagte nach einer Weile: »Herr und Meister, nun erkenne ich, dass Du mehr als der Sohn Josephs, des Zimmermanns, bist, der vor drei Jahren das Zeitliche gesegnet hat! Denn so Du weißt, was im Herzen eines Menschen vor sich geht, so musst Du ein Gott sein! Und siehe, weil Du vermochtest, solches hell und der Wahrheit getreust uns ins Gesicht zu sagen, was keinem sterblichen Menschen je möglich wäre, so fange ich nun an zu glauben, dass Du sicherlichst der Messias bist! Herr und Meister, stärke mich in meinem Glauben!«

Sagte Ich: »Der Glaube allein wird dich nicht selig machen, sondern die Tat nach dem Licht des Glaubens, auf dass der Glaube lebendig werde. Mache aber auch das Unrecht, das du vielfach an deinen Nebenmenschen begangen hast, soviel es möglich ist, wieder gut, so werden dir deine Sünden vergeben werden; denn solange jemand nicht den letzten ungerechten Stater an seinem Nebenmenschen berichtigt hat, wird er ins Reich Gottes nicht eingehen!«

Sagte der Schriftgelehrte: »Herr und Meister, da werden wenige ins Reich Gottes eingehen! Denn wie häufig ist dass der Fall, dass man selbst beim besten Willen das an jemand wissentlich verübte Unrecht gar nicht mehr wieder gutmachen kann, und solcher

Verhinderungsfälle gibt es eine Menge. Was soll man da tun, um zur Vergebung der Sünden zu gelangen?«

Sagte Ich: »Wo ein Mensch, der sein Unrecht erkannt und bereut hat, das unmöglich an seinem Nebenmenschen mehr gutmachen kann, was er ihm geschadet hat, so bekenne er sein Unrecht reuig und wahr im Herzen vor Gott und bitte Ihn um Vergebung und dass Er, dem alle Dinge möglich sind, an dem Geschädigten den ihm zugefügten Schaden gutmachen wolle und möge, so wird Gott solch eine aufrichtige Bitte auch allzeit sicher erhören und dem ernst gutwilligen und reuigen Bittsteller die Sünde vergeben, besonders wenn derselbe durch Liebewerke an anderen wieder gutzumachen bemüht ist, was er an denen, die für ihn nicht mehr da sind, hätte gutmachen sollen.

Wer aber auch das nicht mehr könnte, dem solle durch eine rechte Reue und durch seinen wahrhaft guten Willen von Gott aus geholfen sein. Aber solange die Gelegenheit noch da ist, dass du das deinem Nebenmenschen angetane Unrecht selbst noch gutmachen kannst, da nützt dir der pure gute Wille, Reue und Bitte wenig oder nichts, sondern allein die Tat. Nach dieser erst sollst du auch Gott um Vergebung deiner Sünden bitten, und sie werden dir auch von Gott aus vergeben werden, so du dir den wahren und ernsten Vorsatz im Herzen gemacht hast, keine Sünde mehr zu begehen, und den gemachten Vorsatz auch aus allen deinen Lebenskräften, die unter der Herrschaft deines freien Willens stehen, hältst.

Fällst du aber wieder in deine alten Sünden von neuem, so bleiben dir auch alle die begangenen auf der Rechnung. Denn hast du an deinem Nächsten ein begangenes Unrecht einmal gutgemacht, dass ihr dann Freunde geworden seid, begehst aber bald darauf entweder an demselben Freunde oder an einem andern ein neues Unrecht, so kommt dir auch das schon gutgemachte vor dem Gericht als ein erschwerender Beweis für deine neu begangene Sünde entgegen, und du wirst von dem Gerichte auch doppelt so stark bestraft werden, als du für deine erste Untat wärst bestraft worden. Wenn aber schon die weltlichen Richter so ihre Urteile fällen, und das mit Recht, so wird Gott sicher mit einem verstockten Sünder, der sich wohl manchmal bessert und sein Unrecht sühnt, aber bald wieder von neuem zu sündigen anfängt, nicht milder verfahren.

Der Mensch kann also nur dadurch die wahre und volle Vergebung seiner begangenen Sünden erlangen, so er erstens seine Sünden als ein Unrecht gegen seine Nebenmenschen erkennt, sie bereut und nach Möglichkeit wiedergutmacht, und zweitens aber dann auch Gott um Vergebung bittet mit dem ernsten

Vorsatz, die Sünden nicht mehr zu begehen und dem gemachten guten Vorsatz auch treu zu bleiben. So ihr das in euren Herzen euch treu und wahr vornehmen und dann aber auch nach der Vornahme handeln werdet, so sage Ich es euch schon hier: Eure Sünden sind euch von Mir vergeben!«

Sagte der Schriftgelehrte: »Herr und Meister! Deine Lehre ist scharf, aber wahr, und ich werde nach aller Möglichkeit trachten, ihr in der Tat nachzukommen. Aber Du sagtest, dass Du uns die Sünden vergibst im voraus, so wir Deiner Lehre nachkommen werden. Hast Du denn auch an Gottes Stelle das Recht und die Macht, den Menschen ihre Sünden zu vergeben?«

Sagte Ich: »Mit euch Blinden ist schwer von der Pracht der Farben zu reden! Habe Ich denn nicht zuvor gesagt, dass Mir alle Macht und Gewalt im Himmel und auf Erden zukommt?«

J.L., Das Große Evangelium Johannes - Band 8 / 66. Kapitel

So ihr nur glaubt, aber den Glauben nicht zur Tat erhebt

Jesus:

»Es ist zwar keines Menschen Seele mit all ihrem Sterblichkeitsgefühl als völlig tot anzusehen, aber es ist das dennoch ein wahrer Tod der Seele, so sie in der stets wachsenden Furcht steht, das ihr so angenehm gewordene Leben bald zu verlieren oder dasselbe ewig in einem finsteren Kerker qualvollst zuzubringen ohne eine Hoffnung, je daraus erlöst zu werden.

Wisst ihr aber, was ein solches zumeist den materiellen, selbstliebigen und stolzen Heiden eigene Gefühl in ihren Seelen erzeugt, und sie darum auch nach allen möglichen Vergnügungen und Zerstreuungen haschen, um nur dieses ihnen über alles widerwärtige Gefühl soviel als möglich loszuwerden?

Seht, das erzeugt die Welt- und Materieliebe! Solange eine Seele an den Besitz- und Reichtümern dieser Welt hängt und sie als ein volles Eigentum von Rechts wegen betrachtet und darum auch jeden Menschen, der sich seiner Armut wegen an ihnen im

Notfall vergreifen könnte oder sich gar schon irgend einmal vergriffen hätte, straft, solange auch wird sie dieses Gefühles weder in dieser noch in der andern Welt je völlig ledig werden; denn alle Materie ist gerichtet und somit gegenüber dem freien Geiste tot. So aber eine Seele an der toten Materie klebt, so kann sie auch kein anderes Gefühl haben als nur das des Todes.

Kehrt sich aber eine Seele von der Materie ab durch den wahren und lebendigen Glauben an den Einen Gott und durch die Liebe zu Ihm und zum Nächsten in der Tat, dann wird sie solch eines Gefühles, wie das bei euch nun der Fall ist, auch bald vollends ledig werden, und das ist denn auch für jeden Menschen dann ein sicheres und untrügliches Zeichen, dass das Gericht und der Tod aus der Seele entwichen ist.

Es ist aber das für eine einmal mit der Weltliebe erfüllte Seele wahrlich keine leichte Arbeit, und es gibt gar viele Reiche und Mächtige in der Welt, für die es schwerer ist, sich von der Materie und ihrem eingebildeten Werte zu trennen, als wie schwer es für ein Kamel wäre, durch ein Nadelöhr zu gehen. Aber es ist dennoch auch das durch die Hilfe von Gott möglich, wie das nun bei euch Griechen der Fall ist und noch immer mehr der Fall sein wird, so ihr das, was Ich euch nun angeraten habe, freiwillig zur Tat erheben werdet!

So ihr nur glaubt, aber den Glauben nicht zur Tat erhebt, so ist der Glaube selbst noch tot und kann der Seele kein wahres Leben geben; aber durch die Tat wird der Glaube lebendig und somit auch die Seele durch ihren lebendigen Glauben. Darum sage Ich euch noch einmal: *Seid denn sonach nicht pure Gläubige dessen, was ihr von Mir hört, sondern liebwillige und eifrige Täter*, so werdet ihr in euch das wahre, ewige Leben überkommen!

Ich sehe nun wohl, dass ihr alle Mich als den Herrn und Meister anerkennt; aber das würde euch noch nicht das Gefühl der vollen Unsterblichkeit in euren Seelen erwecken, sondern das hat das Unsterblichkeitsgefühl in euren Seelen erweckt, dass ihr euch voll-ernstlich in euren Herzen entschlossen habt, das allzeit zu tun, was Ich euch angeraten habe.

Bleibt aber auch fortan gleich nach diesem Entschluss tätig in Meinem Namen, so wird auch das ewige Leben aus Mir in euch verbleiben, und ihr werdet in Ewigkeit keinen Tod mehr irgend fühlen noch schmecken!

Was nützte es aber einem Menschen, so er auch der Besitzer aller Schätze der Erde wäre und sich damit alle erdenklichen Lustbarkeiten verschaffen könnte, dadurch aber an seiner Seele Schaden litte? Werden alle diese Schätze aus den harten Fesseln des Todes zu erlösen wohl imstande sein?

Wahrlich! Der Tod kann dem Tode kein Leben geben; das kann nur die lebendige Tat nach Meiner Lehre, weil Ich Selbst gleichfort Liebe, Tat und Leben bin! Denn alles, was da ist in der ganzen Unendlichkeit, ist ja ein Werk Meiner Liebe und Meines Lebens. - Glaubt ihr das?«

Sagten alle: »Ja, größter Herr und Meister aus Dir Selbst von Ewigkeit, wir glauben nun alles, und wir werden unseren Glauben auch durch die Werke nach Deiner reinsten und wahrsten Lehre beleben, so wahr Du uns, so wir je schwach werden könnten, allzeit helfen wollest!«

J.L., Das Große Evangelium Johannes - Band 8 / 183. Kapitel

Vom Selbstmord und vom Glauben ohne Werke

Der Herr berichtet aus Seinen Erdentagen von dem weiteren Verlauf der Unterredung nach Seinem bekannten Satz »Von nun an aber wird es so sein, dass ein jeder, der sein Leben liebt, es verlieren wird; wer es aber verachtet und flieht, der wird es behalten für ewig!«

(Mt.10,39; 16,25 / Lk.09,24 / Mk.08,35)

„Nach dem Mahl aber erhob sich ein Ältester der gewissen Judgriechen und sagte zu Mir: »Herr, ich habe während des Essens viel darüber nachgedacht, wie man das Leibesleben gar nicht lieben, sondern vielmehr verachten und fliehen solle, um dadurch das Leben der Seele zu gewinnen und zu erhalten! Das ist mir nun schon so ziemlich klar geworden; aber es ist da dennoch ein Punkt, der mir noch nicht so recht einleuchten will. Es gibt unter den Menschen auch solche, die da wahre Erzfeinde ihres eigenen Lebens sind, und wenn sie dessen aus irgendeiner Veranlassung überdrüssig werden, so entleiben sie sich selbst. Diese müssten doch da vor allem das Leben der Seele gewinnen! - Was ist da Deine Meinung?«

Sagte Ich: »Hat ihnen Gott denn das Leibesleben darum gegeben, dass sie es vernichten sollen?! Das Leben des Leibes ist das dem Menschen von Gott gegebene Mittel, durch welches er das Leben der Seele für ewig gewinnen kann und soll. Nun, so er aber das Mittel zuvor vernichtet, womit soll er dann das Leben der Seele erhalten und eigentlich zuvor gewinnen? So ein Weber zuvor seinen Webstuhl zerstört und vernichtet, wie wird er auf demselben hernach seine Leinwand weben? Ich sage es dir: Die Selbstmörder - so sie nicht Irrsinnige sind - werden schwerlich je oder auch gar nie das Reich des ewigen Lebens besitzen! Denn wer einmal ein solcher Feind seines Lebens ist, in dem ist keine Liebe zum Leben; ein Leben ohne Liebe aber ist kein Leben, sondern der Tod. - Weißt du nun, wie du daran bist?«

Sagte der Judgrieche: »Ja, Herr und Meister, jetzt bin ich im klaren, und es soll das für mich auch ein Hauptteil Deiner Lehre sein, der den Menschen nicht genug vorgepredigt werden kann!«

Sagte Ich: »Ganz wohl, - aber vor allem muss der Prediger für sich selbst ganz in der Ordnung sein, bevor er jemand anderen lehrt; denn sonst ist die Lehre hohl und lässt auch den Lehrling hohl. So jemand selbst ein eifriger Befolger dessen ist, was er lehrt, so werden auch seine Jünger sich mit allem Eifer bestreben, so vollkommen zu werden, wie vollkommen da ihr Meister ist. So aber die Jünger hie und da Lücken und Unvollkommenheiten an ihrem Meister nur zu bald entdecken, so werden sie auch bald in ihrem Eifer nachlassen und am Ende sagen: »Der Meister ist selbst ein Stümper, - was soll aus uns werden?!« Und Ich sage euch: Die Jünger werden solch einem Meister bald den Rücken weisen; denn das Stümpern gehört stets unter das gemeine Handwerk und nie in die Sphäre der Künste, und noch weniger in die Sphäre der Weisheit. Darum müsst ihr zuvor selbst in allem vollkommen sein, das heißt, in der Lehre und in der Tat danach, ansonsten ihr nicht fähig wäret, wahre Ausbreiter Meines Evangeliums zu sein.

(Ein Beispiel:) Es bestünde irgendwo noch eine alte Heldenschule, in der die stärksten und mutigsten Menschen zu Kriegshelden herangebildet werden. Der Meister würde ihnen vor allem die Verachtung des Todes ans Herz legen und sagen, dass ein feiger Mensch, der den Tod fürchtet, nie ein wahrer Held werden kann. So es aber dann auf eine ernste Probe ankäme, in der der Heldenmeister seinen Jüngern zeigen sollte, wie man dem Tode kaltblütig entgegengehen muss, er aber dann zaudern würde und am Ende selbst die Flucht ergriff, - würde das seine Heldenjünger zum wahren Mut entflammen? Ganz sicher nicht; denn die Jünger werden sich denken: »Ach, der will uns nur durch wohlgewählte Worte die Todesverachtung einreden; in der Tat aber hat er hundertmal mehr Furcht vor dem Tod als der Zaghafteste unter uns! Der soll lieber eine Schule für Feiglinge als für Helden halten!«

Ganz etwas anderes aber wird ein Heldenmeister bewirken, so er vor seinen Jüngern den Kampf mit einem Löwen aufnimmt und ihn durch seine Kraft und Gewandtheit besiegt und zu Boden streckt. Da werden ihn seine Jünger bewundern und in sich stets mehr die Begierde beleben, auch sobald als möglich einen solchen Kampf durchzufechten. Und es bleibt der Spruch stets wahr, dass nur *der Geist der Tat belebt, der tote Wortbuchstabe aber tötet.* Denn was selbst tot ist, das kann nicht beleben für sich, sondern der Geist, der sich durch die lebendige Tat bekundet, macht alles lebendig.

Ich sage es euch: Es werden nicht die in das Reich Gottes eingehen, die da zu Mir sagen werden: »Herr, Herr!«, sondern nur die, welche den erkannten Willen Meines Vaters im Himmel tun werden (vgl. Mt.07,21)!

Es ist nicht genug, dass da jemand glaubt, dass Ich Christus, der Gesalbte Gottes bin, sondern er muss auch tun, was Ich gelehrt habe, sonst nützt ihm der Glaube nichts; *denn ohne die Werke ist der stärkste Glaube tot und gibt keiner Seele das ewige Leben.* - Das merkt euch alle wohl und tut danach, so werdet ihr leben!«

Nach dieser Meiner Lehre fragte niemand um etwas Weiteres; denn sie hatten da alle genug zu denken und untereinander zu besprechen."

J.L., Das Große Evangelium Johannes - Band 6 / 163. Kapitel

Dienen, die große Losung

Zentrale Kundgaben aus der Neuoffenbarung JESU

Jesus: „Dienen heißt die große Losung durch alle Sphären der Unendlichkeit, sowohl im großen Reiche der Natur als auch im endlosen Reiche der Geister."

[Ev. Bd. 4, Kap. 99, 1]

Der Herr im Liebehimmel zu vollendeten Geistern: „Nicht nur den Brüdern der Erde sollt ihr dienen, hier will Ich mit euch im weitergedehnten Sinne sprechen; denn Ich habe noch gar viele Herden, die nicht im Schafstall der Erde wohnen, sondern die da leben nach ihrer Art auf zahllos vielen anderen Weltkörpern. Sie alle müssen in Meinen Schafstall des ewigen Lebens geführt werden. Darum gebe Ich euch nun Meine Kraft in der Fülle, damit ihr durch diese allenthalben, wohin Ich euch senden werde, vollkommen so wirken könnt, als wirkte Ich selbst. Ich könnte wohl alles dieses selbst wirken, aber Ich teile euch solche Wirkung zu, damit sich dadurch eure Seligkeit an Meiner Seite fortwährend von Ewigkeit zu Ewigkeit mehre!“

[GS. Bd. 1, Kap. 61, 9-10]

Jesus verwirft das selbstsüchtige Himmelsstreben der Menschen, die dadurch die Ersten im Gottesreiche werden wollen. Nur ein auf wahre Liebe und Demut gegründetes Dienen gilt vor Gott.

[Ev. Bd. 2, Kap. 76, 6-7]

Jesus zu Seinen Freunden: „Was du auch immer in der Naturwelt ansehen magst, das wird alles von Geistern geleitet, die von Gott dazu die Befähigung erhalten. Und darin besteht jedes Geistes Seligkeit, dass er so, mit aller Kraft und Macht von Gott versehen, Gott dienend, tätig sein kann. — Ihr alle seid auf dieser Erde nur über ein Kleines gestellt; aber wer in diesem Kleinen treu ist, wird dereinst über Großes gestellt werden!"

[Ev. Bd. 6, Kap. 228, 7-8]

Jesus: „Ist das auf den Stufen der Naturreiche entwickelte Seelenleben in die Menschenform übergegangen, so ist Dienen seine erste Bestimmung. Hat der Mensch die naturgesetzmäßigen, die freieren und freiesten moralischen Dienste getreulichst verrichtet, so hat er dadurch sich selbst zur Vollendung des Lebens erhoben. Dies geschieht wohl bei einigen Menschen, die schon von Geburt an auf eine höhere Stufe gestellt wurden, bereits in ihrem Erdenleben; aber bei anderen Menschen, die noch an der Linie der Tiere stehen, geschieht ihre Vollendung erst jenseits, jedoch immer auf dem Grundwege des Dienens."

[Ev. Bd. 4, Kap. 94, 14]

Jesus: „Wie Gott der Mensch wegen auf dieser Erde eine so außerordentliche Mannigfaltigkeit in allen Reichen der Natur hervorgerufen hat, so hat Er auch die Menschen selbst in einer so außerordentlichen Verschiedenheit der Gestalt, des Charakters und der Fähigkeiten werden lassen, dass ihr unter Tausenden nicht zwei gleiche findet. Das aber bewirkte Gott auch aus dem Grunde, damit die Menschen einander mehr dienen und mehr Liebe bezeigen können."

[Ev. Bd. 6, Kap. 152, 11]

Jesu Abschiedsworte an den Zoll-obersten Zachäus, den Er von einem Maulbeerbaum herab an Seine Seite berufen hatte: „Ich habe dir nun ein Pfund geliehen; verwalte es gut und recht, auf dass Ich es, wenn Ich wiederkomme, von dir mit Zinsen zurückerhalte! Über Kleines bist du nun gestellt, und über Großes sollst du dann gestellt werden; denn wer im Kleinen treu ist, der wird auch im Großen treu bleiben!"

[Ev. Bd. 9, Kap. 30, 13]

Jesus zu Seinen Jüngern und Freunden: „Ich kam darum zu euch, um tüchtige Arbeiter für den großen Weinberg der Himmel zu erziehen. Meine Lehre ist deshalb dahin abgezielt, fürs erste euch selbst im

Gebiete eures inneren Lebens wahrhaft zu vollenden, und fürs zweite, dass ihr dann als selbst Lebensvollendete Mir schon hier und einst drüben in Meinem Reiche die tüchtigsten Arbeiter abgeben möget! — Ihr werdet wohl Gottes Herrlichkeiten ewig anzustaunen haben, aber nicht ohne Tätigkeit! Denn an eurer Tätigkeit wird es ja liegen, die Wunder der Himmel zu mehren und sie stets herrlicher zu gestalten."

[Ev. Bd. 4, Kap. 95, 5-6]

Jesus: „Durch das Dienen wird die Demut am meisten gefördert. Je untergeordneter ein Dienst erscheint, desto tauglicher ist er für die Ausbildung des wahren Lebens. — Im Hochmut hat alles Dienen ein Ende somit auch die Fortbildung des Lebens; da aber das Meiner ewigen Ordnung zuwider ist, muss jeder Mensch und Engel sich zum Dienen bequemen und am Ende im ewigen, stets ausgedehnteren Dienen die größte Wonne und Seligkeit finden."

[Ev. Bd. 4, Kap. 95, 1-2]

Jesus: „Ohne Dienen gibt es keine haltbare Lebensdauer, keine Glückseligkeit und keine Liebe, keine Weisheit und keine Wonne des Lebens, weder hier noch jenseits! Wer sich einen Himmel ohne Dienstleistung, voll Trägheit und Schwelgerei denkt, der irrt sich groß! — Eben darum bekommen die seligsten Geister der höchsten Himmel eine Mir nahezu gleiche Kraft und Macht, um Mir und allen Wesen desto gediegenere Dienste leisten zu können. Würde ihnen wohl zum Nichtstun eine solche schöpferische Macht und Weisheit dienlich sein?“

[Ev. Bd. 4, Kap. 95, 3-4]

Jesus: „Ich will es, dass von nun an alle Meine Gedanken und Ideen durch Meine Kindlein ins volle Werk gesetzt werden; hier schon für Seele, Herz und Geist eurer Brüder und Schwestern und jenseits in alle großen Wirklichkeiten von ihrer innersten geistigen Entstehung bis zu ihrer äußersten materiellen Ausbildung und von da an zur abermaligen Rückführung ins gemehrte, rein und selbständig geistige, vollendete Leben. Und dazu wird unendlich viel Geduld und eine große Tätigkeit erforderlich sein und eine allumfassende Weisheit und Kraft.“

[Ev. Bd. 4, Kap. 95, 7]

Der Herr: „Da in der ganzen Unendlichkeit kein Wesen vollkommen mit allen Talenten versorgt ist, so ist eben die Ermangelung an einem oder dem anderen

Talent ja das schönste und haltbarste Band der gegenseitigen Liebe, durch welches ein Bruder dem anderen notwendig wird und sich an ihn wenden muss, um sich des Talentes des Bruders bedienen zu können."

[Hi. 2, S. 96, 4]

Das Beweisen durch Taten zeigt, ob es den Menschen ernst ist

> Joh.14,23: „Wer mich liebt, der wird mein Wort halten; und mein Vater wird ihn lieben, und wir werden zu ihm kommen und Wohnung bei ihm machen."

Der im Wort wiedergekommene Herr, am 24. März 1872:

„Diesen Vers zu erklären genügen wenige Worte; denn es ist ganz natürlich, wenn jemand für einen anderen eine Zuneigung hat und dieser noch höher gestellt und weiser ist, dass dann der erste alles mögliche tun wird, um sich die Achtung und Liebe seines höhergestellten Freundes oder Herrn zu verdienen. Er wird seine Zuneigung und Liebe durch Taten zu beweisen suchen und genau nach den Lehren und Ratschlägen des höhergestellten Freundes oder Lehrers handeln. Wenn dieses der Fall ist, so wird die Zuneigung des einen durch die Liebe des andern erwidert, und es wird dadurch ein geistiges Einvernehmen hervorgerufen, wie bei in Eintracht lebenden Familiengliedern.

Das ist ungefähr der Sinn dieser Worte, die Ich einst zu Meinen Jüngern sagte, und die eine Mahnung waren, auch noch nach Meinem Hingang, nachdem kein sichtbarer Einfluss durch Meine Worte und Taten mehr möglich war, auf dieser einmal eingeschlagenen Bahn zu verharren und aus Liebe zu Mir Mein Wort zu halten und danach zu leben. Ich sagte dieses Meinen Jüngern wohlweislich im voraus, weil Ich wusste, welchen Versuchungen und Einflüssen der Welt sie bei Ausführung ihrer Mission entgegengingen.

Deswegen machte Ich sie auch auf einen Punkt aufmerksam, den sie noch nicht begriffen hatten, nämlich, dass Ich und der Vater eins sind, und dass derjenige, der Mich sah, auch den Vater gesehen hat; denn – wie Ich schon in einer früheren Texterklärung erwähnt habe – sie dachten noch immer zu menschlich. Sie konnten sich eine geistige Welt, einen geistigen Einfluss und ein geistiges, höheres Wesen, wie Ich eines bin, in körperlicher Hülle nicht recht vorstellen. Manchmal glaubten sie wohl, jetzt hätten sie diesen Begriff ganz richtig aufgefasst; doch blieb ihnen diese Stimmung nicht. Wenn sie Gefahr lief, sich ganz zu verlieren, so musste Ich sie auffrischen und wieder in ihrem Herzen rege machen, zumal in jener Zeit, in der die letzten Augenblicke heranrückten, die Mir die bittersten waren und auch ihnen die härtesten Schläge versetzten, da sie nie für möglich gehalten hätten, was nun vor ihren Augen geschah.

Deswegen versprach Ich ihnen einen Tröster und machte ihnen den Gedanken des Verlustes Meiner sichtbaren Person so leicht erträglich wie möglich.

Was Ich dort zu Meinen Jüngern sagte, das gilt auch in fernen Zeiten für alle diejenigen, die ebenfalls den rechten Weg des Glaubens und der Liebe einschlagen; denn alle Menschen, die Mich wahrhaft lieben wollen, bewahrheiten dieses eigentlich nur dann, wenn sie Meine Worte halten und befolgen.

Das Befolgen Meiner Worte, das Beweisen durch Taten ist erst der Probierstein, ob es den Menschen ernst ist, Mir auf dem Wege der Demütigung und Selbstverleugnung, den Ich selbst vorangegangen bin, zu folgen, indem sie, alle Annehmlichkeiten der materiellen Welt hinterlassend, den Blick nur nach dem geistigen, aber ewigen Weltreich richten.

Viele gibt es auf dieser Welt, die das Wort ‚Mich lieben' gar nicht verstehen oder es nur so deuten möchten, wie es ihnen bequem ist; mit diesen aber bin Ich nicht. Ich werde und kann nicht, weder als Sohn noch als Vater, in ihren Herzen Wohnung nehmen; denn darin ist der größte Platz den weltlichen Sorgen eingeräumt. Und es wird von ihnen Meiner und Meiner Lehre nur dann gedacht, wenn etwa ein kirchlicher Feiertag oder bittere Erfahrungen und Unglücksfälle sie daran erinnern, dass neben der materiellen Welt eine geistige, und dahinter der Regierer, Erhalter und Leiter von beiden steht, der sich trotz der Vernachlässigung von Seiten der Menschen als liebender Vater finden lässt

Solchen Menschen, die Mich nur so zur Not neben den Weltgeschäften herlaufen lassen, solchen Menschen kann Ich freilich nicht das Versprechen erfüllen, in ihrem Herzen zu wohnen; denn sie lieben Mich nicht, wie die Liebe zu Mir beschaffen sein sollte. Sie haben nur eine Art von Wohlwollen für Meine Lehre und für Meine Person übrig – wobei sie noch im Zweifel sind, ob diese besteht –, weil Ich durch Mein Wort ihnen nur Gutes rate und ihr Bestes will. Allein, sich ganz Mir hinzugeben, Mir und

Meinen Fügungen alles aufzuopfern, so weit wollen sie ihre Liebe nicht ausdehnen; denn da müssten sie gar vielen weltlichen Vergnügungen und Genüssen entsagen, was nach ihrer Meinung doch nicht angeht, da man einmal in dieser Welt sei und – wie sie sich entschuldigen – mit ihr leben müsse.

Diese Menschen – und es gibt deren Millionen – haben noch einen weiten Weg von herben Erfahrungen zu machen, bis sie zu der Einsicht gelangen werden, dass ihr so gleichsam nur Liebäugeln mit Mir von keinem Wert und Nutzen ist, sondern dass man entweder sich Mir ganz ergeben oder in der Folge der Welt verfallen muss.

Überall werden sie Ruhe und Frieden suchen, alles anklagen, Mich, die Natur, die Verhältnisse oder das Schicksal, wie sie es nennen werden; aber nur sich selbst werden sie als Urheber ihres eigenen Unglücks nie erkennen wollen. So wird ihr Schicksal sein: kein Tröster, kein Friedensstifter wird zu ihnen kommen können, weil sie nicht begreifen, dass er nicht von außen hinein, sondern nur von innen heraus den Frieden herstellen kann.

Wenn ihr jetzt die Welt stets ärger, stets schlechter werden seht, wenn die Menschen stets unzufriedener, stets missmutiger, stets grausamer, stets egoistischer werden, so ist überall der Grund der, dass niemand den eigentlichen Weg zum Frieden, zur Genügsamkeit und zum völligen Ergeben in Meine Führung mehr erkennt. Je mehr dieses Haschen nach flüchtigen Weltgütern und mächtigen Stellungen fortgeht, desto mehr entfernen sich die Menschen von dem eigentlichen Quell aller besseren Tugenden, und selbst das Wort ‚Liebe' ist ihnen nur insofern bekannt, als es sich auf ihre irdischen Genüsse bezieht, denen sie mit aller Hast nachjagen, und die sie um jeden Preis erringen wollen.

Hier seht ihr die Quelle vieler Selbstmorde, als Folge von Überdruss, weil das Erwünschte sich nicht erreichen ließ. Es ist dies auch der Beweis, wie wenig in solchen Herzen von Religion oder von dem Begriff eines ewigen, geistigen Lebens vorhanden ist, wo Vergeltung für Gutes und Böses den Dahingeschiedenen erwartet, indem er in solche Lagen versetzt wird, in denen er, auf sich selbst beschränkt, alles Schlechte und Falsche aus seinem Innern ausmerzen muss, bevor er eine bessere Stellung im Geisterreiche erhalten kann.

Unter solchen Menschen ist natürlich denjenigen, welche wirklich Mir leben, Mir folgen und durch Taten Mir beweisen wollen, dass sie Mich lieben, das Fortschreiten bedeutend erschwert, weil sie gegen die Meinung der Mehrzahl ankämpfen müssen und, wie einst Meine Jünger, für das Segen verbreiten nur Hass und Spott ernten.

Aber dieses Kämpfen, dieses Streiten gegen den mächtigen Strom der materiellen Welt, das auch Meiner Jünger Los war, dieses Kämpfen ist notwendig, um Meine Kindschaft zu erreichen. Denn wenn es nicht Gott, das höchste Wesen wäre, das euch zu Seinen Kindern erziehen will, so wäre es nach menschlichen Begriffen und Forderungen schon genügend, wenn ihr so wie die große Mehrzahl der Menschen lebtet, d.h. wenn ihr Mir die Ehre zollt, euch wohl die besten Lehren gegeben zu haben, es aber euch überlassen bliebe, wie und wann ihr diese bequem mit euren weltlichen Bedürfnissen vereinbaren wolltet.

Aber so habe Ich es nicht gemeint, als Ich damals Meinen Jüngern sagte: „Wer Mich liebt, der wird Mein Wort halten!", und wie Ich euch auch jetzt wieder zurufe: „Wer Mich liebt, der muss es durch Taten beweisen!"

Wie Meine Jünger in jener Zeit entweder Heiden oder fanatische Juden vor sich hatten, denen sie Mein Evangelium predigen mussten, so habt ihr jetzt ebenfalls Heiden, Ungläubige, fanatische Buchstabenausleger und beschränkte Zeremonienreiter vor euch, von denen die ersten gar nichts glauben, weil es ihnen so besser zusagt, und die andern mit dem Halten des Religionskultus alles getan zu haben glauben, was sie Mir schuldig sind.

Wie Ich einst Meinen Jüngern versprach, ihnen den Tröster zu schicken, der sie führen und leiten wird, wenn sie überall Schwierigkeiten und Hindernissen begegnen, so wird es auch jetzt denjenigen ergehen, welche Mich im wahren Sinne lieben und Mein Wort halten wollen.

Wäre dies nicht die Verheißung Gottes, der alles Erduldete reichlich vergelten will, so wäre es entschuldbar, wenn selbst die Eifrigsten in ihrer Mission scheiterten und die Hoffnung verlören, auch nur den kleinsten Teil der Menschheit vom gänzlichen Verderben zu retten. Da aber Ich als Schöpfer, Herr und Vater die Zügel der ganzen Welt in der Hand habe, so werde Ich auch, wie Ich es Meinen Jüngern versprach, bei denjenigen wohnen, die Mich lieben und Mein Wort halten, d.h. Ich werde ihr Ratgeber und Führer sein. Ich werde ihnen die reifen Seelen in den Weg führen, die durch bittere Schläge zugänglich und mürbe gemacht worden sind, welche die Vergänglichkeit der Welt gekostet haben, und sich nach Besserem sehnen.

Ich werde Meine jetzigen Jünger im Glauben und festen Vertrauen in Meine Fügungen stets mehr bestärken, werde ihnen durch Mein Wohnen in ihren Herzen Ersatz geben für alles, was sie Meinet- und Meiner Lehre wegen erdulden müssen, damit sie mitten im trüben Gewirr aller menschlichen Leidenschaften die klare Fernsicht behalten und das Ziel ihrer Aufgabe nicht aus den Augen verlieren. Daher folgt unverdrossen Meinen Worten und Meiner Lehre!

Wisst ihr, warum Ich selbst nun durch Meine Knechte und Schreiber euch Meinen Willen mitteile?

Der Grund, dass schon seit mehreren Jahren Meine direkten Mitteilungen reichlicher fließen als in früheren Zeiten, und dass Ich euch so viel Himmelsbrot gebe, wie es seit Meinem irdischen Lebenswandel nie geschehen ist, ist der, weil gerade jetzt der Zeitpunkt sich nähert, an dem die Welt ihren Gipfelpunkt in den Verirrungen und im Abweichen von Meinen Schöpfungszwecken erreichen wird. Damit nun – zumal dies Meine Wiederkunft bedingt – nicht alle Menschen verlorengehen, so habe Ich bestimmt, dass von nun an einzelnen, wie einst Meinen Jüngern, Mein Wort und Meine Lehre unverfälscht zukommen soll, nicht verschleiert wie in den Propheten, sondern klar und verständlich, wie Meine Jünger es einst die Völker lehrten.

Dort war das Verbreiten der Lehre schwieriger; heute aber ist durch eure Erfindung der Buchdruckerkunst das Verbreiten Meiner Lehre bei weitem leichter, so dass überallhin, wo die Finsternis der weltlichen Macht sich geltend machen will, der Schein Meines ewigen Liebe- und Gnadenlichts dringen kann.

Ich will jetzt den Ungläubigen die Augen öffnen und den Buchstabenauslegern Meiner Bibel den eigentlichen Sinn erklären, damit niemand sich entschuldigen könne, als hätte er nichts davon gewusst, und durch diese Ausrede Mich beschuldigen möchte, während doch die ganze Schuld auf ihn selbst fallen wird.

Daher seid stark, ihr wenigen, die ihr zerstreut in verschiedenen Gauen noch Meine Perlen im eigenen Herzen bewahrt! Vertraut auf Mich! Ich wohne bei und in euch, Ich werde euch führen und nicht verlassen, solange ihr Mich liebt und Mein Wort haltet. Euch habe Ich alles – Mein Ich, Meine Schöpfung und das Verhältnis des Menschen zu beiden – durch viele Worte klar gezeigt. Für euch gibt es keinen Entschuldigungsgrund, als hättet ihr es nicht gewusst. Nur das eine ist noch bei manchen von euch der Fall, dass sie Mein Wort nicht in der größten geistigen Tiefe auffassen. Doch dazu werde Ich euch schon Meinen Tröster und heiligen Geist in Form von bitteren Erfahrungen und Zweifeln schicken, um auch diese letzte Schattenseite aus den Herzen Meiner Ergebenen zu entfernen; denn wer berufen ist, einst auf andere zu wirken, der muss in sich selbst fest sein und genau wissen, was er zu tun und was er zu lassen hat.

Meine Worte sind einfach und klar, nur dürfen nicht die Selbstliebe der Dolmetscher und falsche Ausleger dabei sein; denn sonst würde von euch manches entschuldigt, was bei Mir nicht vergeben werden kann.

Daher prüft euch wohl! Bedenkt: Ich treibe keinen Scherz mit euch und will auch nicht, dass ihr mit Mir nur so gelegentlich verhandelt, wie es euch gerade genehm ist!

Ernst ist das Leben und heilig Meine Sache! Hinter diesem flüchtigen, irdischen Scheinleben steht ein ewiges, wahres Leben, in dem keine Ausflüchte, keine Entschuldigungen gelten können und dürfen; denn es ist das Reich des wahren Gottes, der nur eine Wahrheit und die Liebe zu ihr kennt.

Darum befleißigt euch, Mich zu lieben und Mein Wort zu halten! Ihr tut damit den größten Dienst euch selbst; denn ihr erkämpft euch durch diese Liebe das ruhige Bewusstsein der edlen Tat und eine bessere Stellung und ein leichteres Fortschreiten im Jenseits.

Ich bin kein strenger Richter, kein zürnender Gott und will auch keiner sein. Ich bin – wie Ich es euch oft gesagt habe – ein liebender Vater, ein voraussehender Hirte, der seine Schafe auf gute Weideplätze und weit weg von jenen Gegenden führen möchte, wo Abgründe oder sonstige Hindernisse ihrem geistigen Leben Gefahr bringen könnten.

Ich will nur das Gute, weil Ich die Güte selbst bin! Ich will nur die Liebe, weil Ich die Liebe selbst bin, und Ich will euch zu geistigen, höheren Wesen machen, weil Ich als das höchste geistige Wesen selbst nur solche Kinder um Mich haben möchte, die Mir und Meinem Reiche Ehre machen und ihren Frieden und ihre Freude nur in Mir suchen.

Dies bezeugt das Wort, das Ich einst Meinen Jüngern sagte: „Wer Mich liebt, der wird Mein Wort halten!“

Haltet also Mein Wort und macht euch Meiner Liebe würdig, und das Wort im Evangelium ist auch an euch erfüllt! Amen.“

G.M., Predigten des Herrn / 26. Predigt – Am Pfingstsonntage. Der Herr und Seine Kinder

Mit bloßem Glauben und Wissen ist nichts getan

Kleiner Einblick in den praktischen Unterricht der jenseitigen Schüler in der Nächstenliebe

Ein jenseitiger Lehrer:

„Ihr wisst, dass mit dem bloß theoretischen Wissen und Glauben nirgends etwas getan ist. Was nützt es jemanden, wenn er seinen Kopf mit tausend noch so richtigen Theorien angestopft hat? Was nützt es jemanden, wenn er alles für unbedingt wahr hält, was in dem Buch des Lebens geschrieben steht? Das alles nützt einem gerade soviel, als so sich jemand alle musikalischen Theorien buchstäblich zu eigen gemacht hätte und auch zu der Einsicht gelangt wäre, dass er, würde er sich der Theorien praktisch bedienen, im Ernst die eminentesten Kompositionen zustande brächte, oder wenigstens einen auserlesenen Virtuosen auf dem einen oder andern Instrumente abgeben würde. Frage: Wird er mittels aller dieser gründlichen theoretischen Kenntnisse ohne die geringste praktische Fertigkeit irgendein Stück von einigem Werte zu komponieren imstande sein? Oder wird er auch nur den leichtesten Takt einer Komposition entweder schlechthin zu singen oder auf einem Musikinstrument vorzutragen vermögen? Sicher nicht, denn ohne praktische Übung nützt keine Theorie etwas.

Es ist dasselbe, als so es irgendeinen törichten Vater gäbe, der da sein Kind zwar pflegen würde und seinen Verstand ausbilden, ihm aber die Füße stets verbunden hielte. Frage: Wird das Kind gehen können, wenngleich es andere gehen sah und alle Geh-arten und Fußbewegungen durch einen spanischen Tanzmeister theoretisch kennengelernt hätte? Der erste Schritt, den es wagt, wird schon so unsicher ausfallen, dass das nur theoretisch gebildete Kind sogleich am Boden liegen wird.

Es ist damit mehr als klar gezeigt, dass das alleinige Wissen ohne Praxis zu nichts taugt! denn es ist ein brennender Lüster in einem leeren Saal, dessen Licht für sich allein brennt und niemandem zugute kommt. Demnach ist die tatsächliche Ausübung dessen, was man erkannt hat und weiß, unfehlbar die alleinige Hauptsache. Und da es im Reich der reinsten Geister allzeit vorzugsweise aufs Tun ankommt und die Tätigkeit aus der Nächstenliebe der Hauptgrundsatz alles geistigen Wirkens ist, so wird eben dieses Gebot der Nächstenliebe hier auch mehr tatsächlich als theoretisch gelehrt.“

J.L., Die Geistige Sonne - Band 2 / 105. Kapitel

Die Heilung eines Aussätzigen und die Entsprechung für das Glaubensleben

Matthäus.8,1-4: Da er aber vom Berge herabging, folgte ihm viel Volk nach. Und siehe, ein Aussätziger kam und betete ihn an und sprach: „Herr, wenn du willst, kannst du mich wohl reinigen!“ Und Jesus streckte seine Hand aus, rührte ihn an und sprach: „Ich will es tun, sei gereinigt!“ Und alsbald ward er von seinem Aussatz rein. Und Jesus sprach zu ihm: „Siehe zu, sage es niemand, sondern gehe hin und zeige dich dem Priester und opfere die Gabe, die Mose befohlen hat, zu einem Zeugnis über sie.“

Jesus:

„Dieses Kapitel Meines Apostels Matthäus bespricht mehrere Heilungen und Wunder aus Meinen ersten Lehrjahren. Es sind dies Taten, welche notwendig waren, um den strenggläubigen Juden eine andere Idee von ihrer mosaischen Gesetzgebung und von ihrem Jehova-Zebaoth zu geben. Ich musste vor ihnen Taten vollbringen, weil Worte allein nicht ausgereicht hätten.

Hier ist angeführt, wie Ich durch bloße Berührung einen Aussätzigen heilte. Diese Art der Heilung ist jetzt nicht mehr möglich oder nicht in Meinem Willen gelegen; denn wenn ihr die Krankheit ‚Aussatz' im geistigen Sinn nehmen wollt, so müsste Ich viele Menschen, und zwar nicht die besten, auf einmal zu Engeln machen, welches aber weder für Mich und Mein Geisterreich, noch für den plötzlich verwandelten Geist- und Seelenmenschen von Nutzen wäre.

Was ist denn eigentlich der Aussatz für eine Krankheit? Woher kommt er, und wie kann er geheilt werden?

Diese Fragen müssen wir zuerst beantworten, ehe uns das geistig Entsprechende klar vor Augen treten kann. Aussatz ist jene Krankheit, bei der man – sei es durch Ausschweifung, sei es durch unnatürliche Lebensweise im Essen und Trinken, sei es durch Unreinlichkeit – so viele fremde, giftige Stoffe in seinen Organismus hineingeschafft hat, dass das ganze menschliche Uhrwerk nicht weitergehen kann. Um nun die normale und natürliche Tätigkeit und Geschäftsleitung in allen Teilen des Körpers wiederherzustellen, wirft die menschliche Natur alle seit Jahren aufgenommenen fremden Stoffe oder Gifte auf ihr größtes und auch sehr wichtiges Organ, auf die Haut, durch welche die größte und ausgebreitetste Verbindung mit der Außenwelt besteht, erstens um auf diese Weise sich ihrer fremden, lästigen Bürde zu entledigen, zweitens um selbst durch dieses giftige Reizmittel eben die Haut anzuregen, mit mehr Tätigkeit den ganzen Organismus zu unterstützen, und ihm so wieder zu seiner früheren Gesundheit zu verhelfen.

Geheilt wird diese Krankheit natürlich am besten auf demselben Wege, auf dem sie entstanden ist, d.h. der Aussatz kam von innen nach außen, und so muss auch die Heilung den nämlichen Weg gehen. Das verdorbene Blut, welches seine schlechten Bestandteile in der Haut abgesetzt hat, muss durch neues und gesundes ersetzt werden. Von außen gehört natürlich auch die Reinhaltung der Wunden dazu, damit das Zersetzte, dem Körper nicht mehr Taugliche, entfernt und dem allenfalls noch Nachkommenden Platz gemacht wird.

So erfolgt dann die Heilung, wodurch bei Beachtung einer naturgemäßen Lebensweise der Körper sich erneuert, seinem Organismus volle Kraft und dem Menschen ein langes, gesundes Leben sichert.

Hier habt ihr in kurzen Umrissen ein Bild vom Wesen des Aussatzes als körperliche Krankheit. Jetzt wollen wir dieselbe in ihrer geistigen Entsprechung betrachten, damit ihr auch dort die Krankheitserscheinung und die Heilmittel erkennen mögt. Nur der Wunderheiland, der diese Krankheit durch bloße Berührung oder durch ein Wort zu heilen vermag, der wird und muss hier wegbleiben; denn in geistiger Hinsicht muss jeder Aussätzige sich selbst heilen und so selbst sein Heiland werden.

Seht, ‚aussätzig', d.h. mit vielen giftigen Beulen behaftet, ist ein großer, ja der größte Teil der Menschen; aber eben, weil die Mehrzahl aussätzig ist, so nimmt man an dieser Krankheit keinen Anstoß. Denn die wenigen von ihr Gereinigten ziehen sich von den mit dieser Krankheit Behafteten nicht zurück, sondern pflegen sie mit der Liebe und Geduld des christlichen Glaubens, um die Kranken, wenn sie zu schwach sind, mittels Rat und Unterstützung zur Wiederherstellung ihrer verlorenen moralischen

Gesundheit zu führen.

Der Aussatz ist eine Krankheit, die niemand verbergen kann. Sie zeigt sich offen am menschlichen Körper. Das bedeutet in geistiger Hinsicht das Offen-zur-Schau-Tragen aller schlechten Eigenschaften, aller bösen Leidenschaften und Gewohnheiten, die das Resultat schlechter Ansichten und vernachlässigter Erziehung sind. Wenn, geistig genommen, eine Seele in ihrem Innersten so verdorben ist, dass sie beinahe ihren geistigen Wert eingebüßt hat, so treibt der Geist, Mein in sie gelegter göttlicher Funke, sie so weit, dass sie sich nicht mehr schämt, diese schmutzige Innenseite selbst nach außen öffentlich zu zeigen. Die Seele wird durch diesen Prozess gleichsam gezwungen, ihr Gewissen dem Nebenstehenden zu enthüllen und durch ihre Lebensart und Denkweise, die die Folge der eingesogenen falschen Grundsätze ist, sich an der Welt zu stoßen, bittere Erfahrungen zu machen, um am Ende doch zu der Einsicht zu kommen, dass ein besseres, höheres, moralisches Bestreben und Wirken erst zum rechten Frieden führt.

Um diese geistig Aussätzigen schneller zu heilen, lasse Ich Ereignisse in der Welt zu, durch welche der Ausscheidungsprozess schneller vor sich geht und auch zur Heilung Kräftigeres, Geistigeres ins Innere, ins Seelenleben, eindringt.

So wie die äußere Heilung von innen kommen muss, so muss auch die geistige Genesung von dort ausgehen. Dadurch, dass das Schlechte bis in die Öffentlichkeit gedrungen ist, durch das Zusammenleben mit andern zersetzt und von der Außenwelt aufgenommen wurde, wird im Innern das Leere durch moralisch-geistige Heilmittel wieder ergänzt und so der Mensch zu seinem Normalzustand, als Ebenbild seines Schöpfers, zurückgeführt und dem Geisterreiche wieder gewonnen.

Wie der materielle Aussatz ansteckend ist für den, der mit solchen Kranken in Berührung kommt, ebenso ist auch der geistige Aussatz ansteckend, weil er durch seine schlechten Grundsätze auch andere zu schlechten Handlungen verleitet. Und so entstand, indem einer den andern ansteckte, diese unmoralische Welt, wie ihr sie jetzt seht. Das, was Ich in jener Zeit getan habe, dass Ich durch Berührung einen Aussätzigen heilte, weil sein geistiges Inneres nicht seiner Haut entsprach, ist jetzt im Geistigen nicht möglich. Der Mensch muss sich geistig selbst heilen. Mein Berühren besteht oft nur darin, dass Ich ihn in Verhältnisse führe, durch die er schneller und mit Gewalt von seinen anklebenden Unreinigkeiten befreit wird; aber ihn auf einmal geistig rein herzustellen, würde ein Eingriff in die freie Würde des Menschen sein.

Wenn Ich aus Teufeln plötzlich Engel machen wollte und sie – ohne Kampf und Verleugnung zu ihrem Besten – umgewandelt würden, – wo bliebe dann ihr Verdienst?

Diese Art Wunderheilung bleibt also in jetziger und künftiger Zeit aus; wohl aber wiederholt und ereignet sich oft, was dem Hauptmann von Kapernaum begegnet ist, der mit starkem Glauben und fester Zuversicht der Macht Meines Wortes vertraute und durch seine Rede: „Herr, ich bin nicht wert, dass Du eingehst in mein Haus; sprich nur ein Wort, und mein Knecht wird gesund!“ zeigte, wie der eigentliche Christenmensch beschaffen sein sollte, der trotz allem widrigen Anschein auf Mich und Meine Führung vertraut, Meinen Worten glaubt und dabei – Meine Größe öffentlich bekennend – seine eigene Unwürdigkeit nicht vergisst

Solche Seelen, die so mit Mir reden, die bittend zu Mir kommen, sich selbst erniedrigend, die berühre Ich mit Meinem Finger und heile sie mit Meinem Wort, d.h. Ich sende ihnen Trost und Frieden ins Herz, die auf keine andere Weise zu erlangen sind. Bei solchen Seelen gilt auch, was Ich in Kapernaum sagte, dass solcher demütig Glaubenden das Himmelreich ist, – aber nicht denen, die sich noch mit ihrem Aussatz brüsten. Diese müssen sich zuerst läutern und reinigen lassen, oder sie werden die Finsternis ihres Herzens durch traurige Erfahrungen, erkennen müssen, und dass es besser gewesen wäre, die schlechten Eigenschaften (den geistigen Aussatz) auszumerzen, welche sie öffentlich zur Schau trugen und sich sogar mit denselben brüsteten, da dieses nicht der Weg zum Geistigen, nicht der Weg zum ewigen Leben, nicht der Weg zu Mir ist.

Solange sie nicht begreifen werden, dass Demut und Liebe, mit unbegrenztem Vertrauen verbunden, die Schlüssel sind, um bei Mir alles zu erreichen und sich selbst am schnellsten fortzuhelfen, solange werden Krankheiten und Misshelligkeiten aller Art auf sie einwirken, bis der Aussatz verschwunden und durch Lebens-, Glaubens- und Liebeselemente ersetzt wird.

Auch ihr habt noch so manche Aussatzbeulen an eurer Seelenhaut, welche oft im Außenleben deutlich zeigen, dass ihr noch lange nicht gereinigt seid, und noch lange nicht alle geistige Nahrung, die Ich seit Jahren zu euch sende, bis in euer Außenleben verwirklicht habt. Vieles ist es, das ihr wohl lest, manchmal auch glaubt, das aber an der Außenseite der Lebenshaut noch keine Spuren gezeigt hat, als wäre diese Gnaden- und Liebekost bis dorthin durchgedrungen. Nur wenige von euch erkennen ihre Unwürdigkeit wie der Hauptmann zu Kapernaum, auf dass auch sie ausrufen möchten: „Herr, ich bin so vieler Gnaden nicht würdig! Nur ein Wort des Trosts genügt, und auch dieses ist schon zuviel für mich armes, schwaches und wankelmütiges Kind!“

Die meisten von euch glauben, wie die Juden jener Zeit, alles getan zu haben, wenn sie sich buchstäblich an die Satzungen und Lehren Meiner Worte klammern. Sie sind aber noch weit entfernt von der praktischen Ausübung der Worte ihres Vaters. Wie die Juden oberflächlich nur das hielten, was ihnen materiell das Wichtigste zu sein schien, so ist es auch bei euch! Mit der Begeisterung für Mein Wort, mit dem Bekehrenwollen anderer, da seid ihr gleich bereit! Ihr wollt gleich helfen, den Unrat vor anderer Leute Türen aufzuräumen; nur den eigenen lasst ihr gemütlich liegen und wartet wie dieser im Evangelium genannte Aussätzige, dass Ich vielleicht komme und mit Meiner Berührung euch gleich zu höchst moralischen Wesen stempeln solle.

Hier liegt der große Fehler! Weil ihr eure Eiterbeulen nicht kennt, so sucht ihr sie auch nicht zu heilen.

Hier in diesem Wort ermahne Ich euch: Untersucht eure Lebens- und Seelenhaut! Und wenn ihr solche Aussatzgeschwüre entdeckt, so möge euch das ein Zeichen sein, dass ihr noch manches Fremde, nicht eurem geistigen Wesen Angehörige, in eurem Innern bergt. Trachtet danach, solches auszumerzen und durch neue, kräftige Lebenssubstanzen zu ersetzen, damit ihr nicht Meine direkte Berührung, sondern nur Mein Wort nötig habt, auf dass eure Seele gesund werde! Amen."

G.M., Predigten des Herrn / 9. Predigt – Die Heilung eines Aussätzigen

Berichtigung eines Bibel-Irrtums zum bloßen Glauben

Joh 7,38: „Wer an Mich glaubt, aus dessen Lenden werden Ströme des lebendigen Wassers fließen."

So spricht der Herr:

„Dieser Text ist gegeben wie eine Mausefalle und ist gemacht wie eine Grube, in die man Löwen, Panther und Tiger fängt; auch ist er wie ein Eckstein, über den gar viele in der Nacht stolpern und zerfallen sich gewaltig. Und Ich sage: Wer sich daran stößt und fällt, der wird viel Mühe haben, um wieder aufzustehen.

Warum das? Ich gebot ja doch hie und da den Glauben und predigte allenthalben die Liebe durch Tat und Worte. Ich sagte: „So ihr Glauben hättet, möget ihr Berge versetzen!"

Ich sagte auch, was der gegenwärtige Text anzeigt; und dennoch sage Ich wieder: Ich sagte nicht, was der Text anzeigt; denn Ich sagte: „Seid Täter und nicht alleinige Hörer Meines Wortes!"

Also sagte Ich auch, dass diejenigen, die zu Mir „Herr, Herr!" sagen, also an den Sohn Gottes glauben, nicht werden in das Himmelreich eingehen, sondern allein nur, die den Willen Meines Vaters tun!

Also sagte Ich auch: „Wer nach Meinem Wort lebt, der ist es, der Mich liebt; wer Mich aber liebt, zu dem werde Ich kommen in aller Fülle und werde Mich ihm Selbst offenbaren!"

Also sagte Ich auch: „Nur ein einziges Gebot gebe Ich euch, dass ihr euch untereinander liebt, so wie Ich euch liebe! Daran wird man erkennen, dass ihr wahrhaft Meine Jünger seid."

Nun frage Ich: Was soll denn der Mensch tun? Soll er sich einerseits bloß begnügen mit dem Glauben, der angeraten ist für sich, oder soll er bloß sich an die Liebe halten und nichts glauben, als was ihm die Liebe zu Mir gibt, die er sich durch die Tätigkeit nach Meinem Worte zu eigen gemacht hat?

Denn die Liebtätigkeit habe Ich ja Selbst als das einzig geltende Kriterium angeführt, dadurch man erkennen kann, ob Meine Lehre menschlich oder göttlich ist; denn Ich sagte es ja: „Wer nach Meinem Worte handeln wird, der wird es erkennen, ob Meine Lehre von den Menschen oder von Gott ist!"

Wie heißt es denn hernach hier: „Wer an Mich glaubt, aus dessen Leibe oder Lenden werden Ströme des lebendigen Wassers fließen!"? Das lebendige Wasser bezeichnet aber ja auch die lebendige Weisheit aus den Himmeln, welche doch auch als ein sicheres Kriterium über die Göttlichkeit Meines Wortes gelten muss!

Und so hätten wir hier zwei Prüfungsgründe vor uns, wo der eine immer in dem anderen seinen Gegner findet. Denn unter dem „Herr, Herr!"-Sagen wird auch der vollkommene Glaube an den Menschensohn verstanden; aber da heißt es, dass dieser Glaube das Himmelreich nicht erwirken wird, – und im vorliegenden Text werden auf den alleinigen Glauben Ströme des lebendigen Wassers verheißen.

Nun fragt es sich: War Ich ein Doppellehrer? Oder

war Ich einer, der bei jeder Gelegenheit den Mantel nach dem Winde gedreht hat, und habe bei Gelegenheit einer gläubigen Gesellschaft vom alleinigen Wert des Glaubens und bei einer tätigen Gesellschaft vom alleinigen Wert der Tätigkeit gepredigt? Auf diese Weise musste Ich ja in Mir Selbst im offenbarsten Widerspruch stehen.

Die Pharisäer glaubten ja eisenfest an die Satzungen Mosis, und das aus zeitlichen und einst auch geistigen Rücksichten, und dennoch wurden sie sämtlich von Mir ihres Unglaubens willen zu öfteren Malen auf das aller empfindlichste angegriffen.

Warum begnügte Ich Mich hier nicht mit ihrem ersten Glauben, und warum griff Ich sie an, dass sie an Mich nicht glauben wollten, und wurden von Mir ‚Täter des Übels' genannt, weil sie im buchstäblichen Sinne lebten nach dem Gesetz und wollten sich nicht kehren an Meine Lehre?

Warum ließ Ich den das Gesetz allzeit erfüllenden Pharisäer ungerechtfertigt und den mit Sünden belasteten Zöllner gerechtfertigt aus dem Tempel ziehen?

Warum überhaupt respektierte Ich denn nicht die Satzung Mosis, dass Ich darum nicht achtete des Sabbats? Warum ärgerte Ich Selbst dadurch die Pharisäer und lehrte Selbst: „Wehe dem, der seinen Nächsten ärgert!"?

Ja, Ich gab sogar eine Lehre, laut welcher ein Mensch ein Glied, das ihn ärgert, von sich entfernen solle und solle lieber verstümmelt ins Himmelreich als geraden Wesens in die Hölle eingehen. Sagt hier: Wie verhält sich alles dieses? Ein ganzer Haufen von Widersprüchen liegt vor euch; wie werdet ihr alle diese Widersprüche überein bringen?

Ich sage euch: Aus euch selbst möchtet ihr aus diesem Labyrinth wohl nimmer den Ausweg finden; Ich aber will hier, gleich dem Helden Mazedoniens, den Knoten mit einem leichten Hieb entwirren. Und so hört denn!

Es ist ein Unterschied zwischen dem, was Ich nur sagte, und dem, was Ich anbefohlen habe. Es liegt aber auch ein Unterschied zwischen dem Sagen und Sagen: das eine Sagen ist wie ein verneinendes und das andere wie ein bejahendes. Ein verneinendes ist gleich wie ein naturmäßiges, – ein bejahendes gleich wie ein geistiges. In dem naturmäßigen liegt kein Gebot, aber in dem geistigen liegt ein Gebot.

Darum, wenn es heißt: „Ich sagte nicht“, so heißt das soviel als: „Ich habe es nicht geboten“; und wenn es heißt: „Ich sagte es“, so heißt das soviel als: „Ich habe es geboten.“

Wenn Ich aber vom Glauben sprach, so verstand Ich darunter allzeit den lebendigen, also mit Liebe gepaarten Glauben; aber einen Glauben für sich allein verwarf Ich allzeit.

Darum sagte Ich euch auch letzthin: „Ich sagte nicht: ‚Wer glaubt an den Menschensohn, aus dessen Lenden werden Ströme des lebendigen Wassers fließen!'" Das ist soviel als: „Niemand wird durch den alleinigen Glauben zum Licht gelangen, sondern allein durch die Tat nach Meinem Wort!"

Wie Ich aber hier sage: „Wer an Mich glaubt, aus dessen Leibe werden Ströme des lebendigen Wassers fließen!", da sage Ich soviel als: „*Wer einen lebendigen, also mit Liebe gepaarten Glauben hat, der wird in die Weisheit der Himmel eingeführt werden*; und so ihr nur einigermaßen denken könnt, so werdet ihr leicht ersehen, dass damit nur der Himmel unterster Grad verheißen ist.

Dass aber auf den lediglichen Glauben gar kein Himmelsgrad verheißen ist, das lehrt euch eure eigene Erfahrung. Denn ihr habt ja auch von Kindheit an geglaubt an Mich; fragt euch aber selbst, wie viele Tropfen irgendeines lebendigen Wassers darum aus eurem Leibe geflossen sind. Habt ihr es durch euren vierzig Jahre alten Glauben dahin gebracht, dass ihr in euch zufolge irgendeines lebendigen Wassertropfens die Unsterblichkeit eures inneren Wesens vollkommen evident gefunden hättet?

Ich habe euch jetzt schon so viel des aller-echtesten lebendigen Wassers zukommen lassen, und noch seid ihr in so manchem über euer inneres Fortbestehen nach dem Tode des Leibes nicht im reinen. Ich aber bin doch kein Lügner; Ich habe auf den Glauben Ströme des lebendigen Wassers verheißen. Wo sind sie denn bei euch Gläubigen?

Aus dieser eurer eigenen Erfahrung aber könnt ihr ja hinreichend abnehmen, dass Ich als die ewige Wahrheit und Weisheit Selbst im vorliegenden Text unmöglich den alleinigen Glauben habe verstehen können, sondern nur den allen Meinen Jüngern wohlbekannten, *mit der Liebe zu Gott und dem Nächsten gepaarten.*

Denn der alleinige Glaube für sich kann ebenso wenig Ersprießliches zum ewigen Leben wirken, als wie wenig ein Ehegatte mit und aus sich selbst Kinder zu zeugen vermag. Er muss sich vermählen mit einer Gattin und kann erst im Brande seiner Liebe Kinder zeugen mit der Gattin.

Die Kinder sind in naturmäßiger Bedeutung gleich entsprechend den Strömen des lebendigen Wassers aus den Lenden des Leibes. Zudem besagt eben der ‚Leib' oder die ‚Lenden' in diesem Text als ein materielles Bild die Liebtätigkeit selbst, und der ganze Text lautet im enthüllten Zustand so:

„Wer in seinem Herzen auf Mich hält, dessen

Tätigkeit wird ersprießlich sein zum ewigen Leben!"

Aus dieser höchst klaren Bedeutung aber geht ja doch auch höchst klar hervor, dass Ich vom alleinigen Glauben allzeit nur verneinend, aber nie bejahend gesprochen habe; denn sonst hätte Ich Mir ja offenbar vor den Augen und Ohren aller Welt auf das allerschmählichste widersprochen.

Wenn demnach irgendwo in Meinem Wort vom Glauben die Rede ist, da ist derselbe allzeit so zu nehmen, als wenn ihr von einer (Geld)Börse redet. Wer da sagt: „Ich habe ihm meine Börse gegeben!", da versteht sich das ‚gefüllt' von selbst; denn mit einer leeren wird wohl niemand in etwas gedient sein. Also ist es auch, von Meiner Seite aus betrachtet, mit dem Glauben der Fall. *Ich verstehe darunter nie den leeren, sondern allzeit den mit Liebe gefüllten.*

Darum sage Ich noch einmal: Ich sagte nicht: „Wer an Mich glaubt, aus dessen Leibe oder Lenden werden Ströme des lebendigen Wassers fließen!", – sondern Ich sagte: „Wer an Mich glaubt, aus dessen Leibe oder Lenden werden Ströme des lebendigen Wassers fließen!"

Im ersten Verneinungsfall wird bloß der leere Glaube verstanden, der nie auch nur den kleinsten Tropfen des lebendigen Wassers gibt; im zweiten Fall aber wird der gefüllte Glaube verstanden, dem dann selbstverständlich die Ströme des lebendigen Wassers folgen, und es ist das, wo Ich darauf bejahend sage: „Wer den Willen Meines Vaters tut, der wird es erkennen, woher die Lehre ist!“

Der Vater aber ist die Liebe, und diese begnügt sich nie mit einem luftigen Schein, sondern ganz allein nur mit dem wirklichen Sein. Was nützt euch des alleinigen Glaubens mattester Laternenschimmer in dem unendlichen Schöpfungsgebiet? Du magst greifen hin und her und blicken auf und ab: matte Strahlen nur kommen dir entgegen; aber fern sind diejenigen Dinge, von denen du von weiter Ferne her nichts als matte Strahlen empfängst. Denn dem Schlafenden genügt wohl der Traum. Er hält ihn so lange für Wirklichkeit, als er schläft; wenn er aber erwacht, da sucht er Wirklichkeit und Bestimmtheit überall.

Wie aber, wenn der Mensch sein ganzes irdisches Leben hindurch schläft und hält die Traumgebilde für Wirklichkeiten? Was wird sein, wenn er nach der Ablegung seines Leibes aus solch einem irdischen Traumleben erwacht? Wonach wird er greifen? An was wird er sich halten? Von allen Seiten wird er mit Nacht umlagert sein; woher wird er das Licht nehmen, um die wirrste Nacht um sich zu erleuchten?

Ich sage darum: es ist besser für den, der sich hier

in allerlei Zweifel gefangengenommen fühlt, denn der bekundet, dass er einen wachen Geist hat, der sich aber noch in der Nacht befindet. Er hat die Nichtigkeit der Traumbilder frühzeitig erfahren und ruft mit großer Sehnsucht den Tag in sich.

Aber der Träumer weiß nichts von der eigenen Nacht; er ist ein Herr, tut, was er will, isst und trinkt und meint, alles das sei Wirklichkeit. Wenn er aber erwachen wird, dann erst wird er der großen Leere in sich gewahr werden; aber freilich leider zu spät. Denn wenn der Glaube, der gefüllte nämlich, nicht bei Leibesleben Ströme des lebendigen Wassers aus den Lenden bewirkt, wie soll er es hernach bewirken, wenn die Lenden abgefallen sind?

Oder so jemand kein Geld in der dazu geeigneten Börse erhalten kann, wie wird er es denn erhalten, wenn er keine Börse und kein Geld hat? Oder wenn jemand das Leben nicht erhalten kann, wenn er es hat samt dem dazu nötigen Lebenssack, wie wird er es denn erhalten, wenn er des Sackes samt dem Leben ledig wird?

Wer nicht sein kann, wenn er ist, – wie wird er denn sein, wenn er nicht ist? Es wird aber nur dem gegeben, der es hat, und der nichts hat, dem wird auch genommen, was er hat!

Ich meine, diese ziemlich gedehnte Erklärung

dürfte wohl klar genug sein. *Trachtet daher auch ihr nach dem gefüllten Glauben; denn der leere ist nichts als ein purer Traum. Wollt ihr Ströme des lebendigen Wassers aus euren Lenden fließen sehen, da muss euer Glaube durch die Werke der Liebe lebendig werden!* Amen."

J.L., Schrifttexterklärungen / 34. Kapitel- „Wer an Mich glaubt, aus dessen Leibe werden..." (Joh 7,38)

Jeder hat die mahnende Stimme im Herzen

Und hier noch ein Wort JESU aus Seiner Wiederkunft, welches Er damals bei Seiner Niederkunft sagte, bzgl. des neuen Gesetzes der Liebe. Es genügt der Glaube allein nicht, sondern es muss die Liebe gelebt und gebildet werden um zur Fülle des ewigen Lebens zu gelangen:

„Und nun nach so langer Vorbereitung bin erst

endlich Ich Selbst da und zeige den Menschen klar die Wege, die sie zu gehen haben aus ihrer höchst eigenen inneren Kraft, die bisher die möglichste Bildung für das Pro und Kontra (das Für und Wider) erhalten hatte. Mit diesem Meinem Hiersein wird dem Menschen erst die vollste Freitätigkeit zu seiner Lebensvollendung gegeben und mit ihr ein neues Gesetz der Liebe, das im rechten göttlichen Vollmaß alle andern Gesetze und alle Weisheit aus Gott in sich fasst.

Wird ein Mensch von nun an nach diesem neuen Gesetze leben, so wird er sein Leben auch unfehlbar völlig nach der göttlichen Ordnung ausbilden und darauf sogleich in die Fülle des wahren und freiesten ewigen Lebens eingehen können. Wird er aber solch ein neues Lebensgesetz nicht annehmen und sein Tun danach nicht wie aus sich selbst herausgehend einrichten, so wird er auch sicher den Zweck der wahren Lebensvollendung nicht erreichen.

Niemand aber wird dann sagen können: 'Ich habe es nicht gewusst, was ich hätte tun sollen!' Und würde ein Mensch, auch noch so weit von hier entfernt, dennoch sagen: 'Bis zu meinen Ohren ist der Gottesruf nicht gedrungen!', so wird ihm erwidert werden: 'Von dieser Stunde an gibt es keinen Menschen auf der ganzen Erde, der es nicht in sein Herz überkommen hätte, was da ist unter den Menschen vollends des Rechten.'

Einem jeden wird eine warnende Stimme in sein Herz gelegt werden, die ihm zeigen wird, was da gut und allein wahr ist. Wer diese Stimme hören und sich danach halten wird, der wird zum größeren Lichte gelangen, und dieses wird ihm alle Pfade der göttlichen Ordnung erleuchten.“

Aus: J.L., Das Große Evangelium Johannes - Band 2 / 230. Kapitel, Verse 8 -11 — Die Belehrung Luzifers und der Urgeister vor ihrem Fall

Vom rechten Gottsuchen - wo und wie man Gott findet

Der Herr berichtet aus Seinen Erdentagen:

„Nach diesen Worten begeben Ich, der Mathael und unsere Jarah, die nicht von Meiner Seite weicht, uns zu der Helena und zu ihrem Vater Ouran hin.

Als Helena Mich auf sich zukommen sieht, bricht sie in einen Strom von Freudentränen aus und sagt nach einer Weile: »Schon zweifelte ich sehr daran, dass mir diese Gnade zuteil werde, Dich, den Herrn meines Lebens, bei mir zu sehen und zu sprechen! Aber nun ist alles gut! Denn Du, den mein Herz und mein Verstand erst hier gut so endlos wunderbar hat kennengelernt, bist Selbst zu mir gekommen! Oh, nun juble, du mein sonst so armes Herz, laut auf, denn Der, dessen Geist dir deine Pulsschläge von der Wiege bis zum Grabe vorgezählt hat, steht vor dir und bringt dir jene heilige Stärkung, in der dir dereinst dein Tod süßer denn Honigseim schmecken wird!«

Darauf wird sie wieder still, und Ich sage zu ihr: »Helena! Herzen, die so lieben wie das deinige, haben ewig keinen Tod zu fürchten und werden solchen nie schmecken, weder süß noch bitter!

Denn sieh, Ich Selbst bin ja das Leben und die Auferstehung, und die an Mich glauben und Mich lieben wie du, werden den Tod in Ewigkeit nicht sehen, nicht fühlen und nicht schmecken!

Wohl wird dir dereinst der schwere Leib genommen werden; aber dich wird es nicht schmerzlich und wissentlich berühren, sondern in einem Augenblick wirst du verwandelt werden von diesem schweren, unfreien Leben in das hellste Leben deiner Seele durch Meinen Geist der Liebe, der in dir ist und wächst bis zur Vollähnlichkeit mit Meinem ewigen Geiste! -

Verstehst du, liebste Helena, solches nun schon?«

Helena aber kann vor lauter Ergriffensein kein Wort hervor bringen und weint nun in der lautesten Entzückung ihres Herzens. Es dauert eine geraume Weile, und immer noch ist Helena in ihrem Gemüte so ergriffen über die Freude, dass Ich zu ihr kam, dass sich stets von neuem wieder in Tränen der Freude ihre Zunge lähmt, sooft sie zu Mir weitere Worte des Dankes sprechen möchte.

Aber Ich sage darauf abermals zu ihr: »Meine liebste Tochter, mühe dich nicht zu reden; denn diese Sprache deines Herzens ist Mir lieber um vieles denn eine noch so gewählte deines Mundes!

Denn sieh, es gibt nun auf der Erde schon einige, und es wird in der Folge noch mehrere gehen, die zu Mir sagen werden: 'Herr, Herr!' Und Ich werde ihnen erwidern und sagen: 'Was ruft ihr, Fremdlinge?! Ich kenne euch nicht und habe euch noch nie erkannt! Denn ihr seid noch allzeit Kinder des Fürsten der Lüge, des Hochmuts, der Bosheit, der Nacht und aller Finsternis gewesen! Darum weicht von Mir, ihr allzeitigen Täter des Übels!' Und Ich sage es dir, dass dann unter ihnen viel Heulens und Zähneknirschens sein wird!

Sie werden ihren Gott suchen in endlosen, nie erreichbaren Fernen und Tiefen und werden Ihn nicht finden, weil sie es für sich zu einfältig fanden, Mich zu suchen in ihrer nächsten Nähe, nämlich im Herzen!

Wahrlich, wer Gott nicht sucht, wie du Ihn gesucht hast, der wird Ihn nicht finden, auch in alle Ewigkeit nicht!

Gott ist in Sich die reinste und höchst endlos mächtigste Liebe und kann darum nur durch die Liebe gefunden werden!

Dich trieb gleich anfangs die Liebe dazu, obschon du zu sündigen wähntest, so du Mich liebtest; und siehe, du fandest Mich. - Ich kam dir mehr denn auf dem halben Wege entgegen, so wie deinem Vater Ouran. Ebenso aber sollen Mich in der Zukunft auch alle, die Mich finden wollen, suchen, und sie werden Mich finden, wie du Mich gefunden hast.

Aber die Mich suchen werden mit ihrem hochmütigen Verstande, die werden Mich nicht finden in Ewigkeit!

Denn die Mich suchen mit dem Verstand, gleichen einem Menschen, der ein Haus kaufte, von dem er hörte, dass unter dessen Mauern ein großer Schatz verborgen liege. Als das Haus sein ward, fing er an, im selben zu graben bald hier und bald dort; aber er nahm sich keine rechte Mühe, grub ganz leicht nur und fand darum den Schatz nicht, der tief vergraben war. Da dachte er: 'Aha, ich weiß, was ich tun werde; von außen werde ich ums Haus zu graben anfangen und werde so sicher eher auf des vergrabenen Schatzes Spur kommen!'

Und so fing er an, außerhalb des Hauses zu graben, und fand natürlich den Schatz nicht, indem derselbe in der Mitte der Tiefe seines Hauses vergraben war; und je weiter vom Hause er des Schatzes wegen neue Gruben schlug, desto weniger fand er den Schatz, um dessentwillen er doch das ganze Haus gekauft hatte. Denn wer etwas dort sucht, wo es nicht ist und nie sein kann, der kann das Gesuchte auch unmöglich finden.

Wer da Fische fangen will, der muss mit dem Netz ins Wasser; denn in der Luft schwimmen keine Fische. Wer Gold graben will, der muss es nicht mit dem Netz im Meere suchen, sondern in der Tiefe der Berge.

Mit den Ohren kann man nicht sehen und mit den Augen nicht hören. Jeder Sinn hat seine eigentümliche Einrichtung und ist daher für eine gewisse Verrichtung bestimmt.

Ebenso hat das Herz des Menschen, das mit Gott am nächsten verwandt ist, allein die Bestimmung, Gott zu suchen und auch zu finden und dann aus dem gefundenen Gott zu nehmen ein neues, unverwüstliches Leben. Wer aber Gott mit einem andern Sinn sucht, der kann Ihn ebensowenig finden, als ein

Mensch, der sich die Augen fest verbindet, mit dem Ohr oder mit der Nase oder mit den Augen die Sonne finden und schauen kann.

Der rechte und lebendige Sinn des Herzens aber ist die Liebe. Wer demnach diesen innersten Lebenssinn recht erweckt und mit ihm Gott zu suchen beginnt, der muss Gott auch ebenso bestimmt und beschaulich finden, als ein jeder Mensch, so er nicht völlig blind ist, mit seinem Auge die Sonne sogleich finden muss und schauen ihre Lichtgestalt.

Wer aber ein weises Wort hören will, darf sich nicht die Ohren verstopfen und mit dem Auge hören wollen; denn das Auge sieht wohl das Licht und alle die erleuchteten Formen, aber die geistigere Form des Wortes lässt sich nicht beschauen, sondern nur anhören mit dem Ohr. - Verstehst du alles das wohl?«

J.L., Das Große Evangelium Johannes - Band 3 / 110. Kapitel — Das Suchen nach Gott

Werke der Liebe sind das wahre Verdienst vor Gott

Jesus:

„Sagte endlich Ich: »Ja, ja, da habt ihr ganz recht, und ihr möget darum wohl des Hauptmanns Antrag annehmen! Denn ob ihr euch nun noch länger oder kürzer an Meiner Seite herumtummelt, so gewinnt ihr darum nicht mehr an Licht, Liebe, Geist, Kraft und Leben; das wird euch alles durch die treue Beachtung Meiner Lehre gegeben. Und so ihr bei Gelegenheiten einer höheren Kraft als eines Zeugen der Wahrheit eurer aus Mir geschöpften Weisheit benötigt, so bittet im Herzen Mich darum, und es wird euch gegeben werden, um was ihr euch bittend an Mich gewendet habt!

Wenn Ich Selbst aber jüngst wieder diese Erde persönlich werde verlassen haben, dann werde Ich den Heiligen Geist aller Wahrheit über alle Meine getreuen Jünger und Brüder ausgießen. Dieser wird sie dann in alle Wahrheit, Weisheit, Macht und Kraft lenken, leiten, führen und erheben und wird eure Seelen mit dem jenseitigen Geiste der Liebe aus Gott einen und also die Wiedergeburt des Geistes in euch zustande bringen, ohne die es kein wahres und freies, ewiges Leben geben kann, sondern nur ein gebundenes und gerichtetes, das dem wahren, freiesten Leben des Geistes gegenüber ein wahrer Tod ist.

Denn wenn ein Mensch nicht frei aus sich lebt, sondern nur so wie eine Maschine durch die Allmacht des göttlichen Willens, so ist er in und für sich tot und ist um kein Haar besser daran als ein Stein, eine Pflanze oder ein unvernünftiges Tier. Wer aber streng nach Meiner Lehre lebt und handelt, der wird auch allersicherst das zu gewärtigen haben, was Ich nicht nur jetzt hier, sondern allenthalben schon gar oft ausgesprochen und verheißen habe. Ob jemand nun hier persönlich mit Mir wandelt oder nicht, so ist das ganz einerlei; im Gegenteil wird der von Gott aus mit noch wohlgefälligeren Augen angesehen werden, der bloß im Geiste - ohne Meine persönliche Gegenwart - treu mit Mir wandelt!

Kornelius und Cyrenius aber kennen Mich ganz von Meiner Geburt an. Sie werden euch gut aufnehmen und euch in allem an die Hand gehen.«

Mit dem waren die zehn zufrieden, und sie nahmen den Antrag des Hauptmanns an; nur um das baten sie, dass sie so lange bei Mir bleiben dürften, als Ich etwa hier in Kapernaum verbleiben würde.

Da sagte Ich: »Das könnt ihr immer tun, obwohl euch das nicht zu irgendeinem besonderen Verdienste angerechnet wird; denn *ein rechtes Verdienst vor Mir hat nur der, der in Meinem Namen Liebe wirkt nach Meiner Lehre.* Denn Mir könnt ihr unmöglich etwas Gutes tun, da Ich keines Menschen Dienstes bedarf; und wer Mir auch schon etwas Gutes tut, dem kann Ich's allzeit tausendfach ersetzen, und es kann Mir überhaupt niemand etwas geben, das er nicht zuvor von Mir erhalten hätte.

Aber wer aus Liebe zu Mir in Meinem Namen seinem Nächsten etwas Gutes tut, der hat das wahre Verdienst eines Arbeiters auf Meinem Acker vor Mir und wird dafür seinen Lohn ernten. Denn was ihr in Meinem Namen den Armen tun werdet, das werde Ich stets so ansehen, als hättet ihr das Mir getan. Darum möget ihr heute oder morgen von hier abgehen, so werdet ihr Mir deshalb nicht ferner, noch näher stehen als eben jetzt; aber wenn ihr in Meinem Namen den Menschen dieser Erde Gutes erweisen werdet, so werdet ihr Mir im Geiste um vieles näher stehen denn jetzt.

Mein Fleisch ist nicht Mein Ich, sondern nur Mein Geist ist Mein wahrstes Ich; mit Meinem Geiste aber bin Ich allenthalben gegenwärtig und wirke in einem fort durch die ganze Unendlichkeit.

Was Mein Fleisch allein will, das geschieht nicht, sondern ewig nur das, was Mein Geist will. Wo ihr immer sein möget, da bin auch Ich mitten unter euch, und so ihr wirkt in Meinem Namen, da wirke Ich mit und in euch; und so ihr redet in Meinem Namen, da bin Ich es, der euch die Gedanken im Herzen schafft und euch die Worte auf die Zunge legt.

Also, ihr könnt euch, so ihr tätig bleibt in Meiner Lehre, von Mir unmöglich je entfernen; nur dann würdet ihr euch von Mir entfernen, so ihr Mein Wort verließet und würdet gleich vielen pure Diener der Welt werden. Allein, das werdet ihr nimmer, und so möget ihr zu jeder Stunde Meine sichtbare Persönlichkeit ohne den geringsten Schaden für eure Seele verlassen!«"

J.L., Das Große Evangelium Johannes - Band 6 / 142. Kapitel

Warum die Liebe zum Glauben unbedingt dazu gehört

Eine Jenseits-Szene: Ein ehemaliger Offizier findet zu Jesus

Sagt der Offizier: „O wie herrlich süß ist es, von einem solchen Herrn abzuhängen, der zwar in der Weisheit über allen Wesen ewig unerreichbar oben ansteht, der Liebe aber die höchste Freiheit einräumt und sie so stellt, dass sie gar nicht fehlen kann! Ja, das ist endlos groß, erhaben und heilig!

Dass Du, o Herr und Vater, mit Dir durch die Liebe hast handeln lassen, darüber findet sich ja eine Unzahl von Beispielen in der Heiligen Schrift. Ich will jener Beispiele des Alten Bundes gar nicht gedenken, wo Du die Sarah erhört hast, dem liebenden Jakob das Vorrecht der Erstgeburt gabst, den Joseph zum Wohltäter seiner Brüder machtest. Und darauf den Moses, der von jeher ein Sohn der Liebe war und endlich durch den Drang seines Herzens zu Dir im brennenden Dornstrauch kam und da erst vollends zum Werkzeug Deiner Liebe und Erbarmung ward.

Aber ich gedenke hauptsächlich des Neuen Bundes, wo Du Selbst mit Dir hast derart handeln lassen durch die Liebe, dass sich darob oft Deine Jünger und Apostel weidlich geärgert haben. Wie gerne hätten sie es gesehen, so Du bei manchen ärgerlichen Gelegenheiten Feuer und Schwefel hättest vom Himmel herabregnen lassen! Aber Du verwiesest es ihnen und heiltest, wo sie erwarteten, dass Du verwunden würdest. O Herr, eine ganze Ewigkeit ist zu kurz, um alle die Wundertaten Deiner Liebe aufzuzählen! Aber was kann man tun? Nichts, als Dich nur lieben und lieben, weil Du Selbst nur Liebe und wieder Liebe in allem bist!“

Sage Ich (Jesus): „Gut, gut, Mein Bruder, Mein Sohn! Was die Liebe tut, ist wohlgetan! Lass dich daher stets allein nur von der Liebe leiten! Wohin immer diese dich ziehen wird, wirst du am rechten Orte anlangen; Mein Reich ist pur Liebe, und wo die Liebe waltet, da bin auch Ich zu Hause. Daher kommt auch niemand ohne Liebe je in Mein Reich und noch weniger unmittelbar zu Mir. Das Licht Meiner Augen durchströmt wohl die Unendlichkeit, und das ist der ewig strahlende Diamant Meiner Weisheit. Aber die Liebe ist nur da, wo Ich unmittelbar Selbst zu Hause bin körperlich und wohl unterscheidbar wesenhaft.

Der Sonne Licht durchdringt auch einen beinahe

unmessbaren Raum. Aber ihre Wärme genießen nur jene Weltkörper, die sich in ihrer Nähe befinden; über ihren Planetenkreis hinaus dringt keine Wärme mehr. Die Körper, die von der Sonne wollen erwärmt werden, müssen jedoch zuvor selbst Wärme in sich haben. Ein Eisklumpen nimmt keine Wärme an, außer er schmilzt zuvor zu Wasser, das da schon fähig ist, Wärme in sich aufzunehmen.

Was also Liebe hat, wird auch Liebe in sich finden und gewinnen wie zum vollen Eigentum. Was aber keine Liebe hat, das kann auch keine Liebe in sich aufnehmen. Hätte ein Stein kein Feuer in sich, nimmer könnte er glühend gemacht werden.

Bleibe also in der Liebe, da du die Liebe in dir hast – und gehe nun hin und nimm die Mathilde-Eljah (sein himmlisches Eheweib), damit alle deine Liebe zu Mir eine ewige Nahrung habe! Denn so der Magnet als Symbol der Liebeskraft keine Nahrung hat, wird er schwach; hängt man ihm aber eine Speise an, so wird er stärker und stärker. Und so soll dir auch die Mathilde-Eljah eine stärkende Speisung sein!"

J.L., 253. Kapitel des 2. Bandes "Von der Hölle bis zum Himmel" – Was die Liebe tut, ist wohlgetan. Lass dich allein von ihr leiten!

Gott fordert von den Menschen nur Liebe

Der Herr:

„Ihr werdet immer wieder von Meiner Liebe erfasst und emporgezogen, wenn ihr nur keinen Widerstand leistet, denn Ich lasse euch nicht in der Tiefe, Ich helfe euch jederzeit, dass ihr Stufe um Stufe emporsteigt, dass ihr aus finsteren Gebieten in lichte Höhen gelangt.... Ich helfe euch, dass ihr Kraft empfangt und auch den Weg zur Höhe, der aufwärts führt und Anstrengung kostet, mit Erfolg zurücklegen könnt.

Aber immer fordere Ich von euch, dass ihr jeglichen Widerstand aufgebt, dass ihr euch an Mich wendet um Hilfe und bereit seid, Meinen Willen zu erfüllen. Dann könnt ihr auch garantiert euer Ziel erreichen, zwecks dessen ihr auf Erden weilt. Ihr könnt euch vollenden noch auf Erden und mit einem hohen Lichtgrad in das jenseitige Reich eingehen, wo euch dann ein herrliches Los erwartet, das ewig währt.

Ihr sollt Meinen Willen erfüllen, und dies bedeutet, dass ihr ein Liebeleben führen sollt. Nichts weiter fordere Ich von euch, als dass ihr in der Liebe zu Mir und zum Nächsten aufgeht, weil die Liebe das Grundprinzip ist, weil die Liebe das Gesetz ewiger Ordnung ist, weil Ich Selbst die Liebe bin und ihr aus dieser Liebe hervor gegangen seid.

Wenn ihr einmal das Wesen der Liebe ergründet habt, wird es euch verständlich sein, warum Ich nichts weiter als Liebe von euch verlange, denn die Liebe ist alles, sie ist Licht und Kraft und Seligkeit.... Ohne Liebe bleibt ihr entfernt von Mir, und nur mit Mir allein ist Seligkeit, nur in Verbindung mit Mir könnt ihr kraft- und lichtvoll sein. Weist ihr aber Meine Liebe zurück, so werdet ihr unglückselig sein und bleiben, bis ihr selbst euer Wesen ändert und wieder zur Liebe werdet, wie ihr es wart im Anbeginn.

Alles, was nun im Erdenleben an euch herantritt, kann in euch Liebe aufflammen lassen, denn ihr seid nur deswegen in diese Welt gesetzt worden, dass ihr euch üben könnt im Liebewirken. Immer und überall könnt ihr helfend tätig sein euren Mitmenschen gegenüber, ihr könnt dienen, und so dies in uneigennütziger Liebe geschieht, wandelt ihr selbst euer Wesen, das anfänglich nur die Ich-liebe kennt, in selbstlose, geben- und beglücken wollende Liebe um, und ihr werdet selbst wieder, was ihr wart im Anbeginn (uranfänglich gewesen seid): liebe-durchstrahlte Wesen voller Licht und Kraft. Ihr werdet zu Meinen Kindern, die in Liebe zum Vater verlangen und unausgesetzt nun auch Liebekraft empfangen werden.

Liebelicht und Liebekraft unbeschränkt entgegennehmen zu dürfen aber bedeutet auch hellstes Erkennen, Wissen um alles und Eindringen in die tiefsten Schöpfungsgeheimnisse, in tiefste Weisheit und in Meinen Heilsplan von Ewigkeit. Ein liebedurchstrahlter Mensch kann auf Erden schon ein umfangreiches Wissen entgegennehmen, und dieses Wissen wird ihn beseligen, und es wird sich vertiefen, je höher sein Liebegrad steigt, und der Eingang in das jenseitige Reich nach seinem Tode wird eine Glückseligkeit in ihm auslösen, die euch Menschen unvorstellbar ist, denn er wird von hellstem Licht umstrahlt sein, er wird alle Herrlichkeiten schauen dürfen, von denen ihr Menschen euch nichts träumen lasset.

Alles das bringt nur die Liebe zuwege, die ihr als Mensch so wenig übt und die doch das einzige ist, das euch ein ewiges Leben sichert in Seligkeit.

Ich verlange nur von euch Menschen Liebe, aber Ich helfe euch auch, dass ihr fähig seid, sie auszuüben, weil Ich immer bereit bin, euch euer Los zu verbessern, und weil Ich euch nicht in der Tiefe, in der Finsternis, zurücklassen will, da ihr doch uranfänglich als Lichtwesen geschaffen wart. Ihr wähltet selbst die

Finsternis im freien Willen, Ich aber bin unentwegt bemüht, euch zum freiwilligen Aufstieg zu veranlassen. Und diesen könnt ihr nur zurücklegen, wenn ihr in Liebe tätig seid, weil ihr dann ständig Kraft empfangt, um zur Höhe zu schreiten, und weil ihr dann auch erkennt, wozu ihr über die Erde wandelt, und bewusst euer Ziel verfolgt: die Vereinigung mit Mir, die euch unaussprechlich selig macht, die aber eben nur durch ein Liebeleben in voller Uneigennützigkeit erreicht werden kann.

Doch ihr braucht nur ernstlich zu wollen, und wahrlich, Ich werde euch helfen, dass ihr den Willen zur Tat werden lasset. Ihr werdet jederzeit Kraft empfangen zur Ausführung eures Willens, und ihr werdet gelenkt und geleitet werden immer so, dass ihr dem Ziel immer näher kommt. Ich werde euch Meinen Willen kundtun, und so ihr diesen erfüllt, werdet ihr auch in der Liebe leben und dann auch mit Mir verbunden sein, Der Ich die Liebe Selbst bin. Der Zusammenschluss mit Mir aber ist höchste Seligkeit, und er bleibt nun auch bestehen bis in alle Ewigkeit.“

B.D., Nr. 8590 vom 19.08.1963, enthalten in Buch 90

Nur dienende Liebe führt zur Vollendung

Der Herr:

„In jeder Phase eurer Aufwärtsentwicklung musstet ihr dienen, denn jegliches Schöpfungswerk hatte seinen Zweck und seine Bestimmung, nichts ist sinnlos erschaffen worden von der Schöpfermacht, Die das einst gefallene Wesenhafte wieder zur Höhe führen wollte. Als Mensch könnt ihr wohl nicht überall einen dienenden Zweck erkennen, doch der Schöpfer Selbst ließ Sich von Seiner Weisheit und Liebe bestimmen, allen Seinen Schöpfungen eine Aufgabe zuzuweisen, durch deren Erfüllen immer nur der Zweck erreicht wurde, dass das darin gebundene Geistige Schritt für Schritt zur Höhe gelangte.

Es legt also das Wesenhafte im Muss-Zustand einen endlos langen Entwicklungsweg zurück, wie euch Menschen dies schon des öfteren kundgetan wurde. Entscheidend für die letzte Vollendung kann aber nur das sein, was im freien Willen von dem Wesen vollbracht wird, entscheidend allein ist das Dienen als

Mensch.... des einst gefallenen Wesens im Stadium des freien Willens.

Es muss der Mensch dienen in Liebe, dann wird er im freien Willen nach dem Willen Gottes tätig und kommt zur Vollendung noch auf Erden. Die Liebe wird sich immer zum Ausdruck bringen im Dienen, weil die Liebe stets bemüht ist, den Gegenstand der Liebe zu beglücken, ihm zu helfen. Und es ist die dienende Liebe eine rein-göttliche Liebe, sie ist nicht verkehrt gerichtet wie einst, dass sie nur sich selbst befriedigte, sondern sie hat immer nur das Wohl des Nächsten zum Ziel und äußert sich daher stets im Dienen.

Was nun der Mensch in dienender Liebe unternimmt, wird immer gesegnet sein und stets zur letzten Vollendung führen. Unterlässt er aber Werke dienender Nächstenliebe, dann bleibt er unwiderruflich auf der gleichen Stufe seiner Entwicklung stehen, und es ist auch die Gefahr, dass sich seine Eigenliebe verstärkt und er zurücksinkt, dass sein Erdenleben ein Leerlauf ist, weil er als Mensch nicht mehr gezwungen wird.

Wer dient in selbstloser Liebe, der erfüllt auch den göttlichen Willen, und er nähert sich seinem Gott und Schöpfer wieder, weil dienende Liebe auch ein Beweis der Demut ist, weil sich der Mensch nun nicht mehr überhebt, was einstens seinen Fall veranlasst hat.

Die gesamte Schöpfung dient, wenn auch im Muss(zu)stand, und es legt das einst gefallene Geistige in diesem Muss-Zustand nun den Weg zu Gott zurück, kann aber in diesem Zustand nicht das letzte Ziel erreichen, das den freien Willen zur Voraussetzung hat, ansonsten das Wesen ewiglich ein gerichtetes Wesen bliebe und nicht mehr dem Urzustand entsprechen würde, wo es frei herausgestellt war und frei schaffen und wirken konnte.

Es muss unbedingt diese Freiheit wieder erhalten und nun genau wieder im göttlichen Willen sich bewegen, obgleich es auch verkehrt seinen Willen nützen kann. Und diese Entscheidung muss der Mensch während seines Erdenlebens treffen, um wieder zu werden, was er war im Anbeginn. Daher soll er dienen, und das erfordert ein Zurücksetzen der Eigenliebe, ein Sich-Formen zur selbstlosen, göttlichen Liebe, die immer nur beglücken will, was für den Menschen anfangs nicht leicht ist, doch während des Erdenlebens erreicht werden kann, weil ihm alle Hilfsmittel geboten werden, dass sich seine Ich-Liebe wandelt und der Mensch nur noch seines Nächsten gedenkt und dadurch auch die Liebe zu Gott beweist und Ihm sich so wieder nähert, wie er sich einst von Ihm entfernte im freien Willen.

Und ob ihr Menschen auch glaubt, euch zu vollenden, indem ihr Handlungen und Bräuche verrichtet.... solange diese nicht in Werken dienender Nächstenliebe bestehen, sind sie wertlos vor Gott und tragen nicht zu eurer Aufwärtsentwicklung bei! *Ihr könnt euch nur durch dienende Liebe vollenden, denn diese allein bezeugt euren freien Willen zur Rückkehr zu Gott*. Und Er wird euch auch immer wieder Gelegenheiten schaffen, wo ihr zu dienender Liebe veranlasst werdet, wo ihr dem Nächsten beistehen könnt in geistiger und in irdischer Not, wo ihr helfen, trösten und schützen könnt alle, die in Bedrängnis geraten und sich selbst nicht daraus befreien können.

Der Erdengang zuvor durch alle Schöpfungen war wohl schwer und leidvoll, doch ihr gelangtet sicher dadurch zur Höhe, weil ihr naturgesetzlich zum Dienen veranlasst wurdet. Doch im Stadium als Mensch ist es für euch weit schwerer, denn *ihr müsst euch selbst überwinden*, es muss euer freier Wille tätig werden, das zu tun, wozu ihr vorher gezwungen wart durch das Naturgesetz. Ihr müsst dienen, werdet aber dazu nicht mehr gezwungen, sondern euer Wille allein entscheidet.

Darum tragt ihr auch eine große Verantwortung für euer Erdenleben als Mensch. Ihr könnt wieder zurücksinken, aber auch zur höchsten Höhe gelangen. Ihr könnt durch dienende Liebe euch verbinden mit der

Ewigen Liebe Selbst, und dann ist euer Ziel erreicht auf Erden, ihr habt den Zusammenschluss gefunden mit eurem Gott und Schöpfer, ihr kehrt als Kinder zum Vater zurück, von Dem ihr als Geschöpfe einst ausgegangen seid.... Amen“

B.D., Nr. 8601 vom 30.08.1963, enthalten in Buch 90

Kapitel 2: Glauben durch Zwang und Zeichen

Offenbarungen des Herrn

Lebt und handelt nach dem, was Ich euch lehre

Eine Begebenheit aus dem ersten Jahr der Lehrzeit Jesu. Der Herr im Gespräch mit einem römischen Obersten:

Nach diesem Bescheid (siehe „Großes Evangelium Johannes, 1, 70) frage Ich (Jesus) den Obersten, ob in diesem Ort es keine Kranken gäbe. Und der Oberste spricht: „Freund, so du dich auch etwa auf die Heilkunde verstehst, so heile mein Weib! Denn sie leidet bereits ein volles Jahr an einem geheimen Leiden, das kein Arzt erkennt. Vielleicht wäre es der Tiefe deiner Weisheit möglich, das Übel zu erkennen und dem Weibe davon zu helfen!?“

Sage Ich: „Ich sage es dir: Dein Weib ist gesund! Sende nach ihr!“

Der Oberste sendet sogleich einen Diener dahin, und diesem kommt des Obersten Weib schon an der Schwelle ganz heiter und gesund entgegen und begibt sich mit ihm sogleich zum Obersten hin. Dieser aber erstaunt sich darob über alle Maßen und sagt zu Mir: „Freund! Du bist ein Gott!“

Sage Ich: „So seid denn ihr Menschen doch alle gleich! Wenn ihr nicht Zeichen seht, da glaubt ihr nicht. Aber ihr seid nun dennoch selig, so ihr doch noch glaubt der Zeichen wegen; so aber jemand auch der Zeichen wegen, die Ich verrichte, nicht glauben sollte, der ist dem Tode verfallen.

Aber in der Folge werden nur jene Menschen selig werden, die ohne Zeichen bloß der Wahrheit Meines Wortes glauben werden und werden leben danach! Diese werden dann in sich erst das wahre lebendige Zeichen finden, welches da heißt das ewige Leben, und das wird ihnen dann niemand mehr nehmen können.

Du hast nun eine Freude, dass Ich dein Weib gesund gemacht habe bloß durch den Willen Meines Herzens, und fragst dich in einem fort: ‚Wie ist das möglich?‘ Ich aber sage dir: So ein Mensch lebte nach der inneren reinen Wahrheit und käme dann selbst in solche Wahrheit und hätte keinen Zweifel mehr in seiner Wahrheit, so könnte er zu einem dieser die Gegend umlagernden Berge sagen: ‚Hebe dich und falle ins Meer!‘ – und der Berg würde sich heben und fallen ins Meer!

Aber da in dir wie in gar vielen solche Wahrheit nicht wohnt, so könnt ihr nicht nur keine solchen Taten verrichten, sondern ihr müsst euch obendrauf noch über Hals und Kopf verwundern, so Ich, Der Ich solche Wahrheit in aller Fülle in Mir habe, vor euren Augen Taten verrichte, die allein durch die Macht der innersten lebendigen Wahrheit verrichtet werden können!

In solcher Wahrheit wird erst der Glaube, welcher da ist im Menschen des Geistes rechte Hand, lebendig und tatkräftig; und des Geistes Arm reicht weit und verrichtet große Dinge!

Werdet ihr durch solche Wahrheit in euch eures Geistes Arme hinreichend gestärkt haben, so werdet ihr das tun, was Ich nun vor euch getan habe, und werdet nebst dem ganz klar einsehen, wie solches noch um vieles leichter möglich ist, als mit den Leibeshänden vom Boden heben einen Stein und ihn schleudern mehrere Schritte vor sich hin!

Lebt daher nach solcher Meiner Lehre! *Seid Täter und nicht bloß eitle Hörer und Bewunderer Meiner Worte, Lehren und Taten,* so werdet auch ihr das in euch selbst überkommen, was ihr nun an Mir so hoch bewundert!

Ich aber zeige euch das nicht von Mir Selbst, sondern aus Dem, Der solches Mich gelehrt hat vor der Welt. Und Dieser ist es, von Dem ihr sagt, dass Er euer Vater sei, – ihr Ihn aber nicht kennt und noch nie erkannt habt! Der aber, von Dem ihr sagt, dass Er euer Vater sei, ist es, von Dem alle Dinge sind, als: Engel, Sonne, Mond und Sterne und diese Erde mit allem, was in ihr und was auf ihr ist!

Wie dieser Vater aber Mich gelehrt hat vor aller Welt, so lehre nun auch Ich euch, auf dass der Vater, Der nun in Mir lebt, auch in euch Wohnung nehmen und in euch, so wie in Mir, zeugen möchte die urewige reine Wahrheit aus dem ewigen Ur-Fundament, das da heißt und ist die Liebe in Gott, die aber da wieder ist das eigentliche Wesen Gottes Selbst!

Lasset euch sonach nicht so sehr hinreißen von den Zeichen, die Ich vor euren Augen verrichte, auf dass ihr nicht in einen toten, gerichteten Glauben kommt, der nichts nütze ist, sondern lebt und handelt nach dem, was Ich euch lehre, so werdet ihr es in euch selbst überkommen, darob ihr euch nun über die Maßen verwundert über Mich; denn ihr seid alle berufen, ebenso vollkommen zu sein, wie der Vater im Himmel Selbst vollkommen ist! Nun wisst ihr alles; tut danach, und ihr werdet es in euch gewahr werden, ob Ich euch die Wahrheit gesagt habe oder nicht! Prüft sonach durch die Tat Meine Lehre, aber mit allem Eifer, weit entfernt von jeglicher Lauheit, und ihr werdet erst dadurch erfahren, ob diese Lehre von einem Menschen oder ob sie von Gott ist!“

Nach dieser wichtigen Belehrung sagt der Oberste: „Nun fängt es an zu dämmern in mir! Es liegt zwar in allem dem eine unberechenbar tiefe Weisheit, die für uns ganz gewöhnliche Menschen im ersten Moment schwer zu fassen ist; aber es liegt daran eben nicht gar viel. Denn so man erst durchs Handeln darnach zur rechten Einsicht gelangen kann, so lasse ich nun alles weitere Grübeln und werde, nachdem ich durch Jonael in die ganze Lehre werde eingeweiht sein, mich sogleich aufs volle, ganz ernste Tun verlegen. Und bei diesem Vorsatz verbleibe es!“

Sage Ich: „Gut so, Mein Freund; so du aber auf diese Weise zum Licht gelangen wirst, da lass dies dein Licht auch deinen Brüdern leuchten, so wirst du dir damit einen Lohn im Himmel bereiten! – Nun aber begeben wir uns nach Sichar; denn Ich habe dort auch noch einiges zu verrichten. Und so gehen wir weiter!"

J.L., Großes Evangelium Johannes, Band 1, Kap.71

Wenn ihr nicht Zeichen und Wunder seht, so glaubt ihr nicht!

Ev.Joh.4,47. Und es war ein Königlicher, dessen Sohn zu Kapernaum krank lag. Dieser (des kranken Sohnes Vater) vernahm, dass Jesus kam aus Judäa in Galiläa und ging hin zu Ihm (nach Kana) und bat Ihn, dass Er hinab (nach Kapernaum) käme und helfe seinem Sohne; denn dieser war todkrank.

Der Herr:

Als wir den Weg antreten wollten, da eilte nahe außer Atem ein Mann königlicher Abkunft und ein naher Verwandter des Obersten, der ein paar Tage vorher nach Kapernaum zog, auf Mich zu; denn er hatte durch den Obersten erfahren, dass Ich von Judäa wieder nach Galiläa zurückgekommen bin. Dieser königliche Mann hatte einen einzigen Sohn, der auf einmal von einem bösen Fieber befallen ward, und der Arzt in Kapernaum erkannte alsbald, als er den Kranken ersah, dass es um diesen unfehlbar geschehen sei. Des Sohnes Vater verzweifelte und wusste sich vor Schmerz nicht zu helfen. Da kam zu ihm Kornelius, der Oberste, und sagte: „Bruder, da ist Rat zu schaffen! Von hier bis Kana ist für einen guten Geher kaum eine volle Stunde Weges. Dort weilt der berühmte Heiland Jesus aus Nazareth! Ich selbst habe Ihn bei meiner Herreise dort getroffen und gesprochen! Er wird sicher noch dort sein; denn Er hat mir's versprochen, von dort geraden Weges zu mir nach Kapernaum zu kommen und mich zu besuchen! Was Er verspricht, das hält Er auch unwandelbar! Da Er aber bisher noch nicht zu mir gekommen ist, so ist Er ganz unfehlbar noch in Kana! Eile daher persönlich hin und bitte Ihn, dass Er zu deinem Sohne kommen und ihm helfen möchte! Und ich stehe dir dafür, dass Er sogleich kommen und deinem Sohn helfen wird!“

Als der Königliche solches von seinem Bruder Kornelius erfährt, so rennt er eiligst nach Kana und kommt also auch, wie oben gemeldet, ganz außer Atem nach Kana, als Ich schon den ersten Schritt zur

Weiterreise machte. Kaum bei Mir angelangt, fällt er vor Mir nieder und bittet Mich, dass Ich ja so eilig als möglich mit ihm hinab nach Kapernaum eilen möchte, indem sein einziger Sohn, der sein alles sei, schon mit dem Tode ringe und ihm in Kapernaum kein Arzt mehr helfen könne, und so Ich nicht eiligst mit ihm ginge, sein Sohn sicher eher sterben werde, als bis Ich nach Kapernaum kommen werde, wenn er, der Sohn nämlich, nicht schon in dieser Zeit gestorben sei!

> Ev.Joh.4,48. Und Jesus sprach zu ihm: „Wenn ihr nicht Zeichen und Wunder seht, so glaubt ihr nicht!“

Sage Ich: „Sieh, du Mein Freund, es ist eine schwere Sache bei euch! Denn so ihr nicht Zeichen und Wunder seht schon im voraus, so glaubt ihr's nicht! Ich helfe nur denen vor allem, die da glauben, wenn sie auch keine Zeichen und Wunder vorher geschaut haben! Denn wo der unbedingte Glaube Mir entgegenkommt, da heile Ich auch sicher und gewiss!“

> Ev.Joh.4,49. Der Königliche sprach zu Ihm: „Herr! Komme hinab, ehe denn mein Sohn stirbt!“

Da schreit der königliche Mann: „O Herr, rede hier nicht so lange mit mir Armem; Du siehst ja, dass ich glaube, ansonsten ich nicht zu Dir gekommen wäre! Ich bitte Dich, o Herr, komme Du nur unter meines Hauses Dach, und mein Sohn wird leben! So Du aber verweilst, da wird er eher sterben, als Du hinkommen wirst! – Siehe, ich habe viele Knechte unter mir; und so ich zu einem oder dem andern sage: Tue das, oder tue jenes, so wird er es tun. Hätte ich den vollsten Glauben nicht an Dich, o Herr, so hätte ich einen oder den andern Knecht zu Dir gesandt! Aber da ich voll des stärksten Glaubens bin, so kam ich selbst; denn mein Herz sagte mir: „So ich Dich nur finde und erschaue, so wird gesund mein Sohn!“ Herr, ich bekenne es auch, dass ich gar nicht wert bin, dass Du eingingst unter meines Hauses Dach, – sondern, so Du nur wolltest sprechen ein Wort, so wird gesund und lebendig mein Sohn!“

> Ev.Joh.4,50. Jesus spricht zu ihm: „Gehe hin, dein Sohn lebt!“ Der Mensch glaubte dem Worte, das Jesus zu ihm sagte, und ging hin.

Sage Ich: „Freund, solch einen Glauben habe Ich in ganz Israel nicht gefunden! Gehe getrost heim; dir geschehe nach deinem Glauben! Dein Sohn lebt!“ – Und der Königliche ging unter einem Strom von Dank- und Freudentränen nach Hause; denn er glaubte ungezweifelt Meinem Wort. Ich aber blieb nun diesen

Abend und den nächsten Tag noch in Kana, was dem Wirt eine große Freude machte.

> Ev.Joh.4,51. Und indem er hinabging (gen Kapernaum), begegneten ihm seine Knechte, verkündigten ihm und sprachen: „Dein Kind lebt!“

Als der Königliche, der in Kapernaum in großem Ansehen stand, da er fürs erste gleich dem Obersten Kornelius mit dem Herrscherhaus Roms verwandt und fürs zweite als ein hoher Staatsbeamter allda von Rom aus angestellt war, sich der Stadt näherte, da kamen ihm schon seine vielen Knechte entgegen und verkündigten ihm laut: „Herr, dein Sohn lebt und ist vollkommen gesund!“

> Ev.Joh.4,52. Da forschte er von ihnen die Stunde, in welcher es besser mit ihm (dem Sohne) geworden war. Und sie sprachen zu ihm: „Gestern um die siebente Stunde verließ ihn das Fieber!“

Da ward der Mann nahe ohnmächtig vor Freuden und erkundigte sich sogleich, um welche Zeit es mit ihm besser geworden sei. Und die Knechte antworteten einstimmig: „Gestern um die siebente Tagesstunde verließ ihn das böse Fieber!“

> Ev.Joh.4,53. Da merkte der Vater, dass es um

> dieselbe Stunde wäre, in der Jesus zu ihm gesagt hatte: „Dein Sohn lebt!“ Und er glaubte mit seinem ganzen Hause.

Als er solches von seinen Knechten erfuhr, da fing er an nachzurechnen und fand, dass es genau um dieselbe Zeit sein mochte, in der Ich zu ihm gesagt hatte: „Dein Sohn lebt!“ Er ging dann gemächlichen Schrittes nach Hause. Und als er da ankam, führte ihm schon der Oberste Kornelius den ganz gesunden und heitern Sohn entgegen und sagte zu ihm: „Nun, Bruder, habe ich dich an den rechten Heiland gesandt oder nicht?!“

Der Königliche aber sprach: „Bruder, ja, durch deinen Rat hast du mir mein Leben zehnfach wiedergegeben! Aber dieser Heiland Jesus aus Nazareth ist offenbarst mehr als ein gewöhnlicher Heiland, der noch so geschickt die Krankheiten mittels heilsamer Kräuter zu heilen versteht! – Denke dir's! Er sprach, ohne meinen Sohn je gesehen zu haben, bloß ganz einfach nur: ‚Dein Sohn lebt!‘, und der Sohn ward zur selben Stunde gesund! – Höre, das will etwas ganz Kurioses gesagt haben! Ich sage dir: Das kann keinem Menschen, sondern allein nur einem Gott möglich sein! Und von nun an glaube ich und sicher mein ganzes Haus, dass dieser Jesus über alle Zweifel himmelhoch hinaus ein wahrer Gott ist und nun zum

Heil aller Menschen in menschlicher Gestalt unter den Menschen wandelt und sie heilt und belehrt. – So Er hierher kommt, muss Ihm hier göttliche Verehrung erwiesen werden!“

Sagt Kornelius: „Ich kenne Ihn schon als Das und lasse mir es auch nicht nehmen; aber Er duldet es nicht, dass man Ihm mit so etwas entgegenkäme!“

Sagt der Vater des geheilten Sohnes: „Bruder, wo man einen solchen Beweis in seiner Hand hat, da – meine ich – lässt sich wohl nie ein Zuviel tun!“

Sagt Kornelius: „Bin ganz einverstanden mit dir; aber wie ich dir's gesagt habe, so ist es und bleibt es auch dabei, dass Er ein abgesagter Feind von öffentlichen und äußerlichen Ehren-bezeigungen ist. Soviel ich aus Seiner sogar frühesten Jugendzeit weiß, so hält Er bloß auf die stille innerste Ehrenbezeigung, *die sich in der Liebe des Herzens ausspricht*. Aber alles Äußere ist Ihm sogar überaus lästig, und so Er hierher käme, wie Er mir's versprochen hat, so könntest du Ihn mit einer öffentlichen Vergötterung nur von diesem Orte für immer vertreiben! Daher *tue du im Herzen alles, was du willst; aber nur vermeide dabei alle öffentliche Zeremonie!* Denn ich kenne Ihn seit Seiner Geburt schon von Bethlehem aus und habe seit der Zeit vieles von Ihm gehört und vieles selbst gesehen!“

Sagt der Königliche: „Nun gut, ich habe dir

gestern* gefolgt am Tag und will dich darum auch heute in der Nacht hören und folgen deinem Rat.“

*Es muss hier wegen des Wortes „gestern“, damit es zu keiner (Wort-)klauberei Anlass geben soll, eine kleine Erläuterung dahin angefügt werden, dass, besonders in Galiläa, der Tag nur bis zum jeweiligen Sonnenuntergang währte; nach dem Sonnenuntergang fing dann schon so ganz eigentlich der nächste Tag an, und man sagte in einigen Minuten nach dem Untergang zum vergangenen Tag schon „gestern“. Mit dem Untergang fing dann schon die erste Nachtwache für den kommenden Tag an; eine Nachtwache aber war ein Zeitraum von drei heutigen Stunden, und eine Tagesstunde war im Sommer wohl nahe zwei heutige Stunden lang und im Winter kaum eine, denn die sonnenlichte Zeit musste immer zwölf Stunden haben, ob der Sonnentag kurz oder lang war. So denn hier in der Erklärung es heißt, dass der Königliche in einer Stunde von Kapernaum nach Kana ging, so würde das heutzutage soviel als nahe zwei volle Stunden ausmachen. – Diese kurze Zwischenerläuterung ist hier um so nötiger, als man sonst so manches in diesem Evangelium kaum richtig verstehen würde, weil die entsprechenden Zeitbilder nur aus der damaligen und nicht aus der jetzigen Zeitrechnung genommen sind.

Zwang-Glaube ist eine Fessel für die Seele

Der Herr:

Bei diesen Worten berufe Ich den Kisjonah von seiner fünf Klafter hohen Kanzel herab und sage zu ihm insgeheim: „Schweige vorderhand und verrate Mich nicht vor der Zeit! Denn hier gibt es noch viele, die dazu nicht so reif sind als du und dürfen daher auch nicht vollends erfahren, Wer Ich so ganz eigentlich bin, ansonsten es mit der lebendig werden sollenden Freiheit ihres Geistes ins Gericht käme, aus dem ein solcher Geist sich schwerlich je erheben könnte.

Es ist genug, dass nun viele zu ahnen anfangen, Wer Ich bin, und die meisten Mich aber entweder für einen großen Propheten und einige für Gottes Sohn, – das Ich nun dem Äußeren nach bin, halten. Mehr als das wäre zunächst von großem Schaden; darum lassen wir sie auch erst einmal bei solcher Meinung und bei solchem Glauben, und du darfst Mich darum nicht weiter verraten!“

Sagt Kisjonah: „Ja, Herr, das ist ganz sicher so; aber ich bin auch ein Mensch. Wird es meiner Seele nicht zum Gericht sein, da ich nun ohne allen Zweifel nicht nur glaube, sondern es durch und durch weiß, Wer Du bist?“

Sage Ich: „Dich habe Ich vorbereitet durch Worte und Lehre. Du hieltest Mich, als Ich vor etlichen Tagen zu dir kam, wohl für einen sehr weisen und wohlverständigen Arzt, und als du Mich ungewöhnliche Taten verrichten sahst, so fingst du an, Mich für einen Propheten zu halten, durch den der Geist Gottes wirke. Du aber bist ein in allen Schulen bewanderter Mann, und es trieb dich der Drang, in deine volle Wissenschaft zu bringen, wie ein Mensch zu solcher Vollendung gelangen könne. Da enthüllte ich dir, was der Mensch und was in ihm ist, und dazu, was aus dem Menschen werden kann, so er sich vollends erkannt hat und dadurch zur vollsten Lebensfreiheit seines Geistes gelangt ist.

Aber Ich zeigte dir dann auch, wie Gott Selbst ein Mensch ist, und wie aus diesem einzigen Grunde auch du und alle dir ähnlichen Wesen Menschen sind. Und Ich zeigte dir dann auch im Geheimen, dass eben Ich

Selbst der Mensch bin, und dass ein jeder Mensch berufen ist, das zu werden und für ewig zu sein, was Ich Selbst bin. Da erstauntest du, und du weißt von da an, Wer Ich bin.

Und sieh, das war eine zweckmäßige Vorbereitung deiner Seele und deines Geistes, so dass du darum Mich nun eine ganze Erde und aus Steinen Menschen erschaffen sehen magst, und es wird dir dennoch nichts mehr machen. Denn du hast es frei und zwar auf einem wissenschaftlichen Wege angenommen, dass Gott ein Mensch und ein Mensch ganz gut und völlig wissenschaftlich wahr ein Gott sein kann! Und so kann es nun deine Seele und deinen Geist nimmer beirren, so du es vollkommen einsiehst, dass Ich der ganz allein und einig wahre Gott und Schöpfer aller Dinge von Ewigkeit her bin.

Aber ganz anders verhält es sich mit all diesen anderen Menschen, die samt und sämtlich auf dem rein wissenschaftlichen Weg unzugänglich sind. Diese haben nur den Glauben und dabei äußerst wenig Verstand.

Der Glaube aber ist dem Leben der Seele näher als der vollendetste Verstand. *Ist der Glaube ein Zwang, so ist er dadurch sogleich auch eine Fessel der Seele; ist aber die Seele gefesselt, so kann von einer freien Entwicklung des Geistes in ihr keine Rede sein.*

So aber, wie bei dir, zuerst der Verstand zur richtigen Einsicht gebracht worden ist, so bleibt dabei die Seele frei und nimmt sich aus dem Licht des Verstandes allzeit nur soviel, als sie ganz gut verdauen kann.

Und so entwickelt sich dann aus einem recht gebildeten Verstand ein wahrer, voller, lebendiger Glaube, durch den der Geist in der Seele eine gerechte Nahrung überkommt und dadurch stets stärker und mächtiger wird, – was ein jeder Mensch sogleich wahrnehmen kann, so seine Liebe zu Mir und zum Nächsten stets stärker und mächtiger wird.

Aber, wie schon erwähnt, wo bei dem Menschen der Verstand oft ganz unentwickelt ist und er, der Mensch, bloß den Glauben, der gewisserart in seiner Einzelstellung nur ein Gehorsam des Herzens und dessen Willens ist, allein hat, so muss dieser mit aller Vorsicht behandelt werden, auf dass er nicht zu einem barsten Wahn erstarre oder auf die grässlichsten Abwege gerate, wie dies bei allen Heiden und auch in dieser Zeit bei sehr vielen nur zu augenscheinlich der traurige Fall ist.

Und du wirst nun schon leicht einzusehen imstande sein, warum Ich dich vorhin von dem Felsen, von dem du Mich vor dem Volk enthüllen wolltest, herabrief. Es soll darum nie ein Blinder den andern führen, sondern ein in seinem rechten Verstand Scharfsehender, –

ansonsten sie beide in den Abgrund stürzen.

Ich sage euch, seid emsig in allem und sammelt euch eine rechte Kenntnis in allen Dingen! Prüft alles, das euch vorkommt, und behaltet davon, das gut und wahr ist, so werdet ihr dann ein leichtes haben, die Wahrheit zu erfassen und den früher toten Glauben zu beleben und ihn zu einer wahren Leuchte des Lebens zu machen.

Ich sage dir und dadurch auch allen:

Wollt ihr aus Meiner Lehre für euer Leben einen wahren Nutzen ziehen, so müsst ihr sie vorerst verstehen und dann erst der Wahrheit gemäß danach handeln!

So vollkommen der Vater im Himmel ist in allem, ebenso vollkommen müsst auch ihr sein, – ansonsten ihr nimmer Dessen Kinder werden könnt!

Du hast gelesen die Schrift des Matthäus und darin Meine Bergpredigt; da lehrte Ich die Jünger beten und zwar mit dem Anrufe: Unser Vater!

Wer solches Gebet betet im Herzen, versteht es aber nicht im rechten Verstand, der ist wie ein Blinder, der die Sonne lobt und preist, sie aber dennoch trotz ihres allermächtigsten Lichtes nicht sieht und sich von ihr auch keine Vorstellung machen kann. Er sündigt dadurch freilich nicht; aber es ist ihm auch nichts nütze in der Wahrheit; denn er bleibt dabei dennoch in der gleichen Finsternis.

Darum, so ihr eines Menschen Herz wahrhaft fürs Leben bildet, so vergesst nicht zuvor recht zu bilden den Verstand, sonst macht ihr aus ihm einen blinden Verehrer der Sonne, das nichts nütze ist."

J.L., Großes Evangelium Johannes, Band 1, Kap.155

Die Nutzlosigkeit eines genötigten Glaubens

Der Herr:

Als sich alle von ihrer großen Wehmut etwas erholt hatten, da erhob sich alsbald der Henoch, trat zum Lamech hin und sagte folgende Worte:

„Höre du, Bruder Lamech, und hört es ihr alle! Ihr alle habt den Herrn, den heiligen, liebevollsten Vater, nun mit euren Augen wirkend gesehen und habt alle gehört Seine göttliche, allmächtige, heilige Vaterstimme, und ein jeder hat es sich selbst bekennen müssen und sagen im eigenen Herzen: ‚Wahrlich, so mag kein Mensch sprechen!‘

Und so habt ihr auch gesehen Taten von Ihm, die kein Mensch aus sich je tun kann, außer es tut sie nur der Herr, den ihr nun gesehen und gehört habet, durch ihn.

Ihr glaubt nun freilich wohl ungezweifelt, dass es der Herr ist; aber seht, weder dieser euer Glaube, noch diese eure Liebe zu Ihm ist euch zu etwas nütze, weil ihr genötigt wart, an den Sichtbaren zu glauben und den Tastbaren zu lieben, indem ihr unmöglich umhin konntet, solches zu unterlassen, da euch alle Seine allmächtige Gegenwart getrieben und euch alle unwiderstehlich gezogen hat zu Ihm hin.

Da euch aber solches zu nichts nütze ist, so fragt es sich, was sollt ihr denn nun tun, damit euch der Glaube an Ihn und die Liebe zu Ihm nütze sein möchten!

Seht, liebe Brüder, das ist nun eine gar wichtige Frage, und diese Frage muss ich euch allen beantworten!

Ihr fragt nun zwar in euren Herzen und sagt: ‚Ja, warum soll denn uns solches alles zu nichts nütze sein? Hat es uns nicht schon unendlich genützt und wird uns ewig nützen?!‘

Ihr habet recht, meine lieben Brüder, dass ihr so

fragt; ich sage euch aber: Hier ist von solch einem Nutzen gar keine Rede. Denn alles, was der Herr tut, ist zu unserem Nutzen, wenn wir dasselbe recht verwenden; verwenden wir es aber verkehrt, sodann kann es uns aber auch zum allergrößten Schaden sein.

Dass uns der Herr erschaffen hat und hat uns gegeben ein freies, selbständiges Dasein und dazu noch, für uns erschaffen, eine herrliche Erde, die uns trägt und uns mit allem Möglichen versorgt, – wer wird da sagen, solches sei uns zu nichts nütze?!

Aber – wann ist uns alles solches zum Nutzen? – Nur dann, wenn wir alles dieses nach dem göttlichen Liebewillen gebrauchen!

Gebrauchen wir es aber nicht so, dann gereicht es uns alsbald zum Gericht, welches schon ist des Geistes erster Tod, und befördert uns dann aus diesem Tod, der da nämlich ist das Gericht, zum wirklichen und ewigen.

Nun seht, gerade so, wie euch der Herr einst alle erschaffen hat zu einem freien, selbständigen Wirken mittels der euch verliehenen lebendigen Kraft aus Ihm, hat Er euch auch jetzt gläubig und liebend gestaltet neu aus Sich!

Dieser Glaube und diese Liebe ist nun noch nicht im geringsten euer Eigentum und gereicht euch somit auch nicht zum Leben, sondern es ist für alle nur ein

Gericht, indem ihr nun genötigt seid, so zu glauben und zu lieben.

Was sollt ihr aber denn nun tun, um euch aus dieser Klemme des Gerichtes zu ziehen?

Seht, dazu haben wir alle nur ein einziges Mittel, und dieses heißt *die wahre, große Demut des Herzens!* Worin besteht aber diese?

Diese besteht darinnen, dass ihr euch dieser Gnade für höchst unwürdig haltet, die euch allen nun zuteil geworden ist, und euch haltet für die Geringsten im Volke, und lehrt das Volk aller emsigst Gott als den Herrn und alleinig wahren Vater erkennen; und ferner, dass ihr, so ihr den ganzen Tag im Namen des Herrn gearbeitet habet, dann am Ende des Tages sagt in eurem Herzen, voll der lebendigen Liebe zu Ihm:

‚O Herr und Vater, siehe gnädig auf uns faule und träge Knechte herab, und siehe unsere Arbeit so an, als wäre sie etwas vor Dir! Denn wir sehen es ein und bekennen es lebendig vor Dir, dass all das Gute, das da ist an unserer Arbeit, eine Tat ist von Dir; wir aber waren Dir nur hinderlich an Deiner Arbeit durch unsere ungeschickten Hände. Nimm daher unseren Willen anstatt des Werkes an, und allzeit geschehe nur Dein heiliger Wille!‘

Seht, bei solcher Verfassung eures Gemütes erst wird euch dieser Glaube und diese Liebe zum Nutzen werden!

Solches also gelobt nun dem Herrn in eurem Herzen, so werdet ihr wahrhaft lebendigen Geistes werden, und eure Kinder und Kindeskinder werden euren Segen mit euch teilen ewig im Herrn! Amen."

J.L., Die Haushaltung Gottes - Band 2 / 241. Kapitel

Im Geist und in der Wahrheit. Freier Glaube aus Liebe

Der Herr:

„Was das Schimpfen und Klagen über das Pfaffentum betrifft, so dringen dergleichen Klagen und Schimpfereien gar nicht an Mein Ohr. Ich habe es soweit eingeleitet, dass jedermann Mein Wort haben kann, wenn er es nur will.

Daraus aber wird jeder leicht ersehen, dass bei Mir nichts gilt *als ein reines, liebevolles Herz und ein rechter Glaube an Mich*. Wem das nicht genügt, wem das Wort eines selbstsüchtigen Kanzelredners heiliger ist als das, was Ich Selbst gesprochen, der bleibe in seiner Dummheit. Wem die Geißel lieber ist als Meine Gnade, der lasse sich geißeln. Wem ein mit vielen Kosten prachtvoll erbautes Bethaus heiliger und erhabener ist als ein reines Herz, das da ist ein Tempel des heiligen Geistes, der gehe in sein Bethaus, lasse sich an jedem Sonntag oder sonstigen Feiertag zuerst mit der Monstranz segnen, dann von der Kanzel darauf wenigstens siebenmal in die Hölle verfluchen und auf die Verfluchung – respektive in die Hölle hinein – am Ende der Messe da capo mit der Monstranz segnen.

Die Menschen haben ja eine große Freude an der blinden Zeremonie, sie reden und schreiben sich Mund und Finger wund über die Pracht des Domes zu Rom und andere überaus prächtige Münster und verwenden dazu noch ungeheure Summen zu deren Erhaltung und Ausschmückung, gewöhnlich unter dem Titel: „Alles zur größeren Ehre Gottes!“ Recht so, recht! Wer ein Esel sein will, der mag ja in alle Ewigkeit einer bleiben. Was sollte so ein armseliges Münster und alle Münster der Erde Meine Ehre vergrößern?

Fürs erste habe Ich auf der Welt nie Meine Ehre gesucht, *sondern Glauben und Liebe nur*. Laut dessen aber ist jede andere, eitle Ehrenbezeugung, die aus Mir, dem einigen, ewigen, lebendig wahren Gott, einen Götzen macht, ein Gräuel; denn Ich will im Geist und in der Wahrheit, welche ist im lebendigen Herzen des Menschen, nicht aber in einem Münster, angebetet sein, und *die wahre Anbetung im Geist und in der Wahrheit besteht aber darin, dass Mich die Menschen als ihren Gott und Vater erkennen, dann als solchen über alles lieben und die Gebote der Liebe auch gegen ihre Brüder halten. Das ist eine rechte Gottesverehrung*; aber ein Münster ist ein Gräuel und kann zur größeren Verherrlichung Meines Namens nichts beitragen, da es doch sicher nicht zeigt, was Ich, sondern nur was eitle und hochmütige Menschen vermögen.

Wer aber schon Meine Kraft und Größe bewundern will, der gehe zu den natürlichen Münstern, gehe zu der Erde selbst und blicke auf zu Sonne, Mond und Sternen, und er wird sicher genug haben, woraus er die Allmacht Gottes, seines Vaters, erkennen kann.

Bei der Betrachtung eines Berges lässt sich freilich wohl weder eine gotische noch maurische, ebenso wenig eine römische, jonische, phrygische und gar babylonische Bauart erkennen; auch sind da nicht Statuen und sonstige Gemälde und Schnitzwerke von allerlei sogenannten berühmten Meistern zu erschauen; dafür aber lässt sich an diesen großen Naturmünstern die Hand des Vaters erkennen, und anstatt der Statuen und der Malereien wohnen auf solchen Münstern wirkliche, lebendige Menschen und andere Geschöpfe, und statt all der Verzierungen sind auf diesen Münstern herrliche Wälder und mit gutem und nährendem Grase bewachsene Wiesen zu sehen, die alle von der Macht, Größe und Weisheit ihres ewigen Meisters zeugen.

Solche Betrachtung kann das menschliche Herz wohl ad majorem Dei gloriam stimmen; aber die Betrachtung eines Münsters erhebt das Herz eines Esels nur zur größeren Bewunderung seiner noch größeren Mitesel, welche offenbar auch sehr große Esel sein mussten, weil sie glaubten, durch ihrer Hände Werk, durch allerlei Schnitzereien, Malereien und Vergoldungen, durch Wachskerzenlicht, reiche Kleider und wildes Geplärre dazu – könnten sie Den ehren, der Erde, Sonne, Mond und Sterne erschaffen hat!

Die Menschen verwenden noch heutzutage große Summen, machen Stiftungen und Vermächtnisse, und es darf nur irgendein neues Götzenbild eingeweiht oder etwa gar ein heiliger Leib in einer sogenannten Kirche unter dem Titel „Gotteshaus“ eingesetzt werden – natürlich als eine Gnade von Rom um einige hundert Stück Dukaten gratis –, oder es darf, was noch viel außerordentlicher ist, ein Leibrock Christi,

Windeln, Gürtel etc. zur Schau ausgestellt werden, und wenn solches in zwölf Kirchen zugleich geschehen möchte, was ganz natürlich zwölf Leibröcke etc. erfordern würde, das macht aber alles nichts; die Dummheit glaubt es, wenn sie auch schimpft, und opfert dann reichlich, und das alles ad majorem Dei gloriam. Was sollte man denn dazu sagen? Sollte man die Dummheit noch mehr strafen? Ist nicht vonnöten; denn sie straft sich ja eben dadurch von selbst!

Wollte man ihr etwas Besseres dafür geben, würde sie es wohl annehmen? Man müsste Wunder wirken! Der Leibrock aber wirkte auch Wunder. Würde die Dummheit wohl unterscheiden das betrügerische, künstliche Wunder von einem wahren, natürlichen? O nein! Sie würde das wahre, weil es in keinem Münster geschah, für ein Werk des Teufels halten, und den, der es wirkte, für einen Erzketzer! Was wäre ihr also damit geholfen?

Daher bleibe die Dummheit, was sie ist: eine fortwährende Strafe der dummen Esel und Narren; wer aber Weisheit sucht und ihren Lohn, der weiß auch, wo sie zu finden ist.

Es wird daher wohl gar bald die Weisheit über die Dummheit siegen; aber glaubt es dann nicht, dass darob die Dummen weiser werden, – denn dieses Gelichter wird bleiben, solange die Hölle bleiben wird.

Man fragt zwar, wie Ich so vielen Gräueln so lange zusehen könne!? Warum lasse Ich nicht mit Blitz und Feuer vom Himmel dieses alte Götzentum vernichten!? Konnte Ich es doch in den alten Zeiten tun; warum jetzt nicht? –

Es ist wahr: Sodoma und Gomorra gingen unter; dafür aber ging Babel auf. Auch hier ist schon viel Feuer in das Götzentum geschleudert worden, wie zu allen Zeiten; aber es geht wieder auf. Darum lassen wir den Weizen mit dem Unkraut aufwachsen; es wird schon die Zeit der Sonderung kommen! Warum sollte man auch mit einem Geschäft sich auf eine Minute Zeit binden, wofür man eine ganze Ewigkeit übrig hat? Daher nur zu – hier! Wer dumm sein will, der bleibe es; und wer weise sein will, der weiß, wo er anzuklopfen hat.

J.L., Erde und Mond, Kapitel 65, 4 - 16

Kapitel 3: Lebendiger und toter Glaube

Einleitendes

Wahrzeichen der Kirche Christi. Vom lebendigen Glauben

Jesu Geistes Wirken ist das Wahrzeichen der Kirche, die Er Selbst auf Erden gegründet hat. Immer wieder muss Er es uns sagen, dass wir nur daran Seine Kirche erkennen, dass wir nur dann Anhänger der Kirche Christi sind, wenn der Geist in uns wirken kann, und wenn unser Denken erleuchtet ist, auch dann erleuchtet ist wenn wir keine außergewöhnlichen Dinge zu leisten berufen sind. Denn ein erleuchtetes Denken beweist die Kraft Seines Geistes, die aber erst dann sich äußern kann, wenn die Vorbedingungen erfüllt sind, d.h. wenn uneigennütziges Liebewirken die Bindung hergestellt hat von dem Geistesfunken in uns und Gottes Vatergeist.

Dann werden wir auch lebendig glauben können, *denn die Liebe in uns hat den Glauben zum Leben erweckt*, und der Geist in uns sieht nun hell und klar, welche Lehren der Wahrheit entsprechen, die wir dann auch mit Überzeugung vertreten unseren Mitmenschen gegenüber.

Solange wir noch in Irrtum dahingehen, solange unser Glaube nur ein Formglaube ist ohne Leben, so lange wirkt der Geist noch nicht in uns, und so lange können wir auch noch nicht sagen, der Kirche Christi - der von Jesus Selbst auf Erden gegründeten Kirche - angehörig zu sein.

Schon dass wir Menschen dieses nicht wissen oder, wenn es uns gesagt wird, nicht glauben wollen, beweist, dass wir noch nicht Seiner Kirche angehören. Es beweist, dass unser Geist unerleuchtet ist, und es beweist, dass unser Erdenwandel nicht liebe-erfüllt ist, *ansonsten von selbst unser Denken sich wandeln würde* und wir diese Wahrheit erkennen könnten.

Wir sollten uns ernstlich anregen lassen zu einem Lebenswandel in uneigennütziger Liebe, denn das ist erste Bedingung, um den Geistesfunken in uns zum Erwachen zu bringen, dass er nun wirkt in uns, dass er uns Erkenntnis der Wahrheit schenkt.

Aber wir sollten uns nicht an äußere Formen halten, und nicht daran, was unerleuchtete Menschen uns sagen, was sie wieder von unerleuchteten Menschen übernommen haben und nun starr als Wahrheit vertreten. Wir dürfen uns selbst die Wahrheit verschaffen, indem wir Jesus, den lebendigen Gott, darum angehen. Wir sollten uns nicht zufrieden geben mit einem Lehrgut, das uns vorgesetzt wird, sondern es zuvor überdenken, ehe wir selbst uns dazu bekennen, und Jesus um Hilfe bitten, die Wahrheit zu erkennen. Und so dies unser ernster Wille ist, wird Er wahrlich unser Denken recht lenken, weil Er will, dass wir zur Wahrheit gelangen, und alles tut, um sie uns zuzuführen.

Nur unser freies Wollen ist dazu erforderlich und dass wir die Wahrheit ernstlich begehren.

Gott kann Sich nicht einverstanden erklären mit unserer Trägheit im Denken, Er kann uns Menschen nicht dafür loben, dass wir bedenkenlos glauben, was uns gesagt wird, ohne selbst zuvor dazu Stellung genommen zu haben.... Er verurteilt uns nicht, wenn wir trotz bestem Willen etwas nicht annehmen können zu glauben, auch wenn es die Wahrheit ist, jedoch aber dann, wenn wir annehmen, ohne nachzudenken, weil Geistesgut in uns zur Überzeugung werden soll, dies aber nur möglich ist, wenn wir uns damit auseinandersetzen in Gedanken und, um dann recht zu denken, Gott Selbst in Christus um Unterstützung angehen.

Wie freut Sich der Herr an einer solchen Bitte, die

Er wahrlich erfüllt, aber wie selten steigt eine solche Bitte zu Ihm empor?!

Und darum wird es uns dann auch unmöglich sein, lebendig glauben zu können. Es wird unmöglich sein, dass Sein Heiliger Geist in uns wirkt, weil wir Ihm nicht das Recht geben, sich zu äußern. Und darum werden wir indem Fall auch niemals uns rühmen können, Seiner auf Erden gegründeten Kirche anzugehören, deren Wahrzeichen *das Wirken des Geistes im Menschen* ist, der uns „in alle Wahrheit leitet....", der uns auch erkennen lässt, dass unser Leben ein Leerlauf ist, solange wir nicht in der Liebe leben und uns durch die Liebe mit Gott in Jesus verbinden.

Buchstabe und Geist – toter und lebendiger Glaube

Die meisten Gläubigen sind noch im Tode. Wie man die Bibel zu lesen hat um lebendig zu werden:

Es gibt manche Stellen in der Bibel, welche die

menschliche Vernunft nicht zu deuten versteht, weil der Inhalt geistig, wir Menschen aber materiell sind. Daher muss Gott Selber eingreifen, um uns zu belehren was daraus folgt, wenn solche Verse nach menschlicher Vernunft gedeutet werden. Ein Gläubiger muss wissen, dass die Bibel kein gewöhnliches Buch ist, in dem jeder Mensch nach seinem Verstand die Bibelstellen deuten kann und darf, dazu ist Gott da, Der sie schreiben ließ. Somit ist unsere Aufgabe, sich an Jesus, unseren Gott und Vater zu wenden und Ihn um Licht und Wahrheit zu bitten.

Die Bibel ist ein geistiges Buch, und es kann sie niemand rein und richtig deuten, wenn nicht Gott Selber sie ihm zu deuten verhilft!

Wir leben in die Welt hinein, genießen sie und gehen mit ihr durch Dick und Dünn. Die Welt aber ist gerichteter Geist, ist die Materie. Man mache sich bitte einmal bewusst: sie ist die im Gericht gebundene, gefestigte Seele Luzifers, des Satan... und wir glauben, dass wir durch das Leben und Handeln nach dem Satan (!) ein göttliches Licht der Wahrheit in uns entzünden können!?

Wie arm sind wir in der Finsternis unserer Verstandesweisheit... wir wollen Licht schaffen aus unserer Geistesfinsternis?! - Nein! Das geht allerdings nicht, dazu gehört das Leben nach dem Geist, und nicht nach der den Tod bringenden Finsternis, die in jedem Menschen wohnt, der nicht strikt nach Jesu rein geistigen Lehre lebt.

Was verlangt aber Jesu rein geistige Lehre? Sie verlangt, dass wir in die Tugenden Jesu, unseres ewigen Vaters und Gottes, einkehren und sie in der Tat erfüllen. Diese Tugenden zu erfüllen, durch welche wir allein ein geistiges Licht beim Lesen der Bibel bekommen, ist aber nicht so leicht, wie sich manch frommer Gläubige denkt. Daher muss Gott Selber uns die Bedingungen beleuchten, durch die wir das nötige geistige Licht bekommen um die Bibel lesen zu können und sie auch zu verstehen. Haben wir dieses geistige Licht nicht, so sind wir geistesfinster und lesen uns Unheil statt das Heil aus der Bibel.

Ich möchte es hier einmal unverblümt ausdrücken: Wer die Bibel materiell nach ihrem Buchstabensinn liest und so in sich aufnimmt, der liest sich vielfach die Hölle aus der Bibel an, weil er, wenn er in das Geisterreich tritt, halsstarrig auf seinem todbringenden Buchstaben der Bibel verharrt und nur aus diesem Bibeltod das Leben des Geistes erwartet.

Solche halsstarrigen Bibelbuchstabenhelden finden keinen Einlass in Gottes Himmeln, weil sie unverbesserlich und streitsüchtig sind und alles durch die Tod bringenden Buchstaben erzwingen wollen.

Gottes Engel geben sich wohl Mühe, ihnen begreiflich zu machen, wie diese und jene Verse der Bibel geistig zu verstehen sind, aber nicht alle Bibelchristen wollen diese Aufklärungen annehmen, und die Folge (biblisch: „Strafe“) für die Halsstarrigkeit des Bibelbuchstabenreiters ist die Geistesnacht der Hölle, um so doch noch darüber nachzudenken, was es wohl zu bedeuten hat, dass sie, statt im Licht - in der Finsternis sind, obwohl sie doch die Bibel genau befolgten um in den Himmel zu kommen...

Diese „Strafe“ bringt sie am ehesten zur Besinnung, dass nicht alles richtig war, wie sie die Bibel aufgefasst haben. So verbleiben sie da in der Finsternis so lange, bis sie an die Wahrheit der Bibelworte nach dem *Buchstabensinn* zu zweifeln anfangen. Ist dieser Zustand eingetreten, dann sind Gottes Gesandte wieder da, die sie erneut zu belehren anfangen, und sind sie schließlich willig und gläubig, dann werden sie in diejenige Geistessphäre versetzt, die sie sonst nach ihren Tugenden gleich beim Eintritt ins Geisterreich eingenommen hätten.

So geht es den Halsstarrigen, den Gesetzlichen, den Fordernden nach dem körperlichen Ableben, wenn sie nach dem Sinn des Tod bringenden Buchstabens der Bibel dort etwas erzwingen wollen. Statt Gnade, welche sie erwarteten, entspricht ihr seelischer

Zustand dem der Hölle: *lieblos und folglich lichtlos!*

Jetzt kommt die Frage: Wie soll man denn leben, um ein Licht beim Lesen der Bibel zu haben?!

„Liebe Gott über Alles!“... Wenn wir Ihn in JESUS über Alles lieben, so werden wir auch Seine Worte überall als von Ihm kommend erkennen, wenn sie der Wahrheit entsprechen. Er sagte, dass Er Geist ist und dass man Ihn nur im Geist anbeten kann und soll. Daher muss derjenige, der Seine Worte hört, sie nicht materiell deuten, sondern geistig, sonst läuft er falsch mit dem Handeln nach der Lehre.

Wenn wir aber die Liebe nicht haben, so handeln wir nicht nach Seinen Geboten der Liebe. Diese Gebote sind aber, dass wir nichts tun, was gegen die Liebe verstößt, die wir zu Jesus haben, wenn wir Ihm glauben! - Die wahre Liebe zu Gott ist der Inhalt der ganzen Liebeskraft, die unser Herz entfalten soll.

Können wir sagen, dass wir Jesus lieben, wenn wir Seinen Worten der Neuoffenbarung nicht glauben!?

Wir sprechen von der Rechtfertigung, das heißt im religiösen Sinne: sich geistig reinigen und befreien von der Sünde durch den Glauben. Aber wir glauben Gott nicht, da wir Ihn nur für einen Bibelgott halten, nicht aber für einen allgemeingültigen Gott, Der den Heiden, den Juden, den Moslem, den Gottlosen, und jeden Menschen gleich lieb hat und in Seine Wohnungen aufnimmt, wenn er demütigen Herzens auf Seine Worte achtet, sie annimmt und befolgt!

Wäre der Herr JESUS bloß ein nach dem toten Buchstaben gekennzeichneter Bibelgott, dann ging ja fast die ganze Welt in die Hölle, die nicht bibelfest glaubt!..

Die blinden Buchstabenhelden der Bibel glauben tatsächlich, dass Gott die Kinder schafft, um sie dann, weil sie nie eine Bibel gesehen und gelesen haben, in die Finsternis der Hölle zu verstoßen!?...Wo ist da ihre Vernunft und die Liebe? - Wo das Verständnis von einem all-liebenden Gott?! Glaubt ja nicht, dass, wenn jemand stirbt der die Bibel nicht gelesen hat, er dort im Geisterreich gleich gefragt wird: Hast du die Bibel gelesen? Hast du nach der Bibel geglaubt? Hast du dich ja genau danach gerichtet, wie die Bibelbuchstabenworte lauten?!... - Von all dem ist dort keine Frage, sondern allein nach dem: Wie war dein Handeln nach der Liebe beschaffen?..

Nicht das Glauben nach der Bibel, noch nach dem Talmud, noch Koran, noch sonst einem Religionsbuch ist in Gottes Reich des Geistes maßgebend, sondern einzig und allein nur ein Leben nach der Liebe. Darum hat Jesus gesagt, dass die Liebe das größte Gebot im Gesetz ist.

Wie man die göttliche Wahrheit findet und warum wenig Einigkeit unter den Gläubigen herrscht

Der Wille, zur göttlichen Wahrheit zu gelangen, garantiert uns auch solche! Wie selten aber ist ein solcher ernster Wille zu finden?! Die Christen nehmen bedenkenlos an, was ihnen als Wahrheit vorgesetzt wird, und stellen dann ihr Denken danach ein, d.h., entsprechend diesem ihnen zugetragenen Wissen bewegen sie sich nun im Licht oder im Dunkeln; denn Licht kann nur die reine Wahrheit schenken! Irrtum aber wird immer den Geist verdunkeln!

Es geht hierbei um geistiges Wissen, nicht um irdische Kenntnisse, die mit Beweisen erhärtet werden können, die aber keinen Einfluss haben auf das Seelenleben eines Menschen, dem das Erdendasein geschenkt wurde zur Ausreifung der Seele.

Wer die reine Wahrheit ernsthaft begehrt und sucht, der wird sie garantiert von Gott empfangen! Doch was uns nun als Wahrheit dargeboten wird, wer garantiert uns dafür, dass sie den Anspruch darauf erheben kann, Wahrheit zu sein? Diese Frage müssen wir uns immer wieder stellen.

Wir müssen wissen, dass viele Geistesrichtungen ihr Geistesgut als Wahrheit vertreten, dass alle etwas anderes lehren, aber dass es nur eine Wahrheit geben kann! Also dürfen wir weder der einen noch der anderen "bedenkenlos" glauben, sondern wir müssen uns an die höchste Instanz wenden: an die Ewige Wahrheit Selbst.

Wir müssen uns an Den wenden, Der über allem steht, Der alles erschaffen hat, Der höchst vollkommen ist, Der um alles weiß und Der die Liebe Selbst und durch Christus für uns *in uns* ansprechbar ist. Der also auch uns, Seinen Geschöpfen, Licht geben will, weil Er uns liebt; Der nicht Seine Wesen in Finsternis des Geistes geschaffen hat, aber es nicht verhinderte, als sie im freien Willen der Finsternis zustrebten und dem Herrn der Finsternis – Luzifer - in seinen Bereich folgten.

Der uns das Leben gab, Der will aber nicht, dass wir in der Finsternis verbleiben. Er will uns Licht zuführen, und jederzeit können wir es aus Seiner Hand entgegennehmen, jederzeit ist Er bereit, unser Denken zu erleuchten und uns klare Erkenntnis zu geben über alle Fragen, die uns bewegen; über *alle (!)* geistigen Zusammenhänge, über unsere Daseinsbegründung und unseren Daseinszweck.

Und wenn uns die "Ewige Wahrheit" Selbst belehrt,

so kann und wird Sie uns nichts anderes als reinste Wahrheit vermitteln, und dann können wir auch überzeugt glauben und werden es wissen, dass wir in der Wahrheit wandeln. Wir können ganz gewiss sein, dass uns die Wahrheit geschenkt wird, sowie wir sie nur ernstlich begehren....

Dies ist die erste Bedingung, denn erkennt der Mensch nun Gott als die Ewige Wahrheit an, dann wird er sich auch an Ihn Selbst wenden und Ihn um Zuführung der Wahrheit bitten. Er öffnet sich also bewusst der Einstrahlung des Lichtes, er stellt die Bindung her, die Zweck und Ziel des Erdenlebens ist, die einstmals im freien Willen abgebrochen wurde und darum das Wesen gefallen ist zur Tiefe in Lichtlosigkeit. Nun also öffnet sich der Mensch bewusst und lässt sich anstrahlen von der Liebe Gottes, was auch bedeutet, dass sein lichtloser Zustand sich wandelt in einen Zustand des Lichtes, und der Mensch nun zu einem Wissen gelangt, das ihm bisher verschlossen war.

Dass also dieser Vorgang stattfinden kann und stattfindet, das können wir glauben. Dass jeder Mensch ihn erleben könnte, das dürfen wir auch glauben, aber er erfordert Voraussetzungen, die nicht jeder Mensch aufweisen kann, was aber nur den Selbstempfang der Wahrheit einschränkt, nicht aber die Zuführung der reinen Wahrheit in indirekter Form von Außen. Denn ein jeder, der die Wahrheit von Gott ernsthaft begehrt, wird die Wahrheit direkt empfangen, wenn er nur ein Leben in uneigennütziger Liebe führt, durch das er nun den Geist in sich zum Leben erweckt, der als Anteil Gottes in einem jeden Menschen schlummert und durch die Liebe zur Entäußerung veranlasst wird, und der (jener göttliche Funke im Seelenherzen), weil Anteil Gottes, auch um alles weiß und den Menschen *von innen heraus* recht belehren kann.

Gehen wir den Weg zur höchsten Instanz und lassen uns nicht genügen daran, was Menschen uns bringen, und wenn sie gleich die "Wahrheit" zu vertreten glauben! Es wäre nicht solche Finsternis auf Erden, wenn die Wahrheit Eingang gefunden hätte unter den Menschen. Dass aber große Finsternis herrscht, ist offensichtlich, ansonsten wahrlich ein harmonischer und friedvoller Zustand auf Erden und unter den Gläubigen zu verzeichnen wäre, doch das Gegenteil davon ist der Fall.

Was heißt eigentlich „Glauben"?

Der Herr:

„Nun, die meisten von euch werden mit einer Antwort verlegen sein, oder sie wird so ausfallen: „Ich ‚glaube' heißt soviel als: ich bin ‚überzeugt', dass dies oder jenes wirklich so ist, wie man es mir sagte oder mich lehrte." – „Glauben stützt sich auf die Autorität desjenigen, welcher mir dies oder jenes sagt." – „Ich glaube es, weil derjenige, der es mir sagt, davon überzeugt sein wird."

Solche und ähnliche Antworten werdet ihr überall zu hören bekommen, die aber alle auf eins hinauslaufen und nur immer besagen, dass dieser Glaube auf so schwachen Füßen steht, dass der leiseste Windstoß ihn umwirft oder zunichte macht.

Einen solchen Glauben meinte Ich nie. Denn der Glaube, den Ich Meinen Jüngern in oben angeführtem

Gleichnis *(Lk.17,6)* erklärte, indem Ich sagte: „Wenn ihr glaubt, so heben sich die Berge hinweg!“, dieser Glaube bedeutet etwas ganz anderes, als man gewöhnlich annimmt, wenn es z.B. heißt: ‚Der Glaube macht selig!‘ Jener Glaube bedeutet einen ganz anderen Zustand, als je durch Glauben, wie ihn die Priester dem Volke lehren, erreicht worden ist. Ich zweifle sehr, ob mit dem angewöhnten Glauben schon jemand selig geworden ist, wenn er ihn nicht nach Meinem Sinn, sondern nach dem der Priester aufgefasst hat.

Der Glaube also, den Ich Meine Jünger lehrte, und den Ich ihnen durch die Heilung der zehn Aussätzigen zeigen und begreiflich machen wollte, ist eine weit mächtigere Kraft in der Geisterwelt, als ihr glaubt und wähnt; denn dieser Glaube ist die feste Überzeugung, dass dies oder jenes unwiderruflich geschehen muss, wie es sich bei Meinem Wort ereignete. Dieser Glaube ist ein Eingreifen in Meine Macht, eine Teilung Meiner Allmacht, die Ich gerne denjenigen Kindern zulasse, die wahrhaft diesen Namen verdienen, die aber auch – wohlgemerkt – diese ungeheure Kraft nie missbrauchen werden, weil sie nur zu klar und deutlich einsehen, wie groß dieses Geschenk von Seiten des allmächtigen Schöpfers ist, das nur ein liebendes Kind als Geschenk vom Vater erhalten kann.

Dieser Glaube war es, welchen die zehn Aussätzigen so fest erfasst hatten, dass sie noch mit der Krankheit behaftet ruhig zu den Priestern hingingen, fest überzeugt, Mein Wort – als göttliches Wort – könne nicht trügen und müsse sich erfüllen, weil Ich es wollte und sie es glaubten und ganz darauf vertrauten.

Diese Art des Glaubens, wer hat sie von euch? Legt die Hand auf euer Herz und fragt euch selbst, und es wird euch wie Meinen Jüngern ergehen! Das Geständnis wird sein: „Solchen Glauben begreifen wir nicht! Solcher Glaube, solch feste, unwandelbare Überzeugung, solch festes Vertrauen in Deine göttlichen Verheißungen fehlt uns gänzlich; wir sind dessen nicht fähig!"

Und Ich antworte euch: „Ja, Ich weiß es, dass ihr solchen Glaubens noch lange nicht fähig seid; sonst würdet ihr die Seligkeit – wie es heißt: Glaube macht selig! – in euch verspüren, wenn ihr mit Gottesmacht ausgerüstete Götter in menschlichen Körpern wäret." Welch großes Feld der Wirksamkeit sich da vor euch öffnen würde, wie viel Gutes ihr da stiften könntet, und wie erhaben ihr über dem niedrigen Getriebe der gewöhnlichen Welt stündet, das könnt ihr nicht begreifen. Da wäre jenes Wort erfüllt; denn ein solcher Glaube macht euch selig, überglücklich und zufrieden. Ihr würdet das langsame Aufgehen eures Ichs in dem Meinen gewahren, wenn ihr euch mit solcher Macht ausgestattet fühlen würdet, wie sie teilweise den ersten Menschen verliehen war, aber von ihnen selbst wieder verscherzt wurde.

Dieser Glaube, diese feste Überzeugung war und ist es, was Meinen Jüngern fehlte und auch euch und allen Menschen mangelt; und eben deswegen will Ich euch diesen Glauben, *der sich auf die Liebe zu Mir gründet*, ans Herz legen, damit auch ihr danach streben sollt. Denn wenngleich er nicht so leicht zu erringen ist, da viel Beherrschung und große Sittenreinheit dazu gehört, so könnt ihr dessen doch teilweise und in Momenten der höchsten Begeisterung teilhaftig werden, wenn ihr einmal die Idee dieses mächtigen Werkzeugs Meiner göttlichen Macht und Liebe begriffen habt.

Ihr habt das Wort ‚Ich will!' noch nicht begriffen; denn dieses Wort gründet sich auf den Glauben, dass das, was man will, auch geschehen muss. Diese Macht der Willenskraft ist derjenige Glaube, der Berge versetzt, der selbst der Natur ihre geheimsten Gesetze abringt, und durch den manches möglich ist, was bis jetzt zu den Unmöglichkeiten gezählt wird.

Allein – alles, was ihr wollt, muss erstens zu geistigen Zwecken und zweitens nur durch Mich und Meine Macht gewollt werden; denn ohne sie seid ihr ohnmächtig, und nur mit ihr allmächtig!

Was ist es denn beim Magnetismus anderes als die Willenskraft oder dieser Glaube, der fest und unerschütterlich auf Mich vertrauend, durch Auflegen der Hände Übel in kurzer Zeit heilt, die sonst einen längeren Verlauf hätten!?

Diesem Glauben allein weicht alles! Nicht, dass das Bewirken außer dem Bereich der Naturgesetze läge, nein, sondern diese Gesetze, die sich bis jetzt der menschlichen Macht entzogen haben, werden dem Menschen dienstbar und gehorchen ihm als geistigem Wesen, als Abkömmling von Mir, während sie dem materiellen Menschen, seinem Grübeln und Forschen Hohn sprechen.“

Aus: G.M., Predigten des Herrn / 39. Predigt – Die Heilung der zehn Aussätzigen

Gleichnis vom Grab des Verstandes und der lebendigen Überzeugung des Herzens

Jesus:

„Joseph von Arimathia war ein Freund des Nikodemus und tat den Bittgang zu Pilatus mehr im guten Namen seines Freundes als in seinem eigenen. Denn Nikodemus war ein großer, geheimer Verehrer Christi, aber er getraute sich aus einer gewissen Furcht vor den Hohepriestern und Pharisäern nicht, so etwas ganz offenbar zu unternehmen. Daher übertrug er es seinem Freund, der ebenfalls ganz im geheimen ein großer Freund Christi war. — Diese kurze Vorbemerkung ist notwendig, damit man das Folgende klarer fasse.

Stellt euch nun unter Nikodemus die verborgene Liebe zum Herrn vor, unter Joseph von Arimathia aber stellt euch den Glauben an den Herrn vor.

Was ist der Glaube bezüglich der Liebe? — Er ist deren Handlanger! Also war auch Joseph von Arimathia hier ein Handlanger des den Herrn geheim liebenden Nikodemus.

Was verlangte aber der Glaube von Pilatus? — Er verlangte den Leichnam des Herrn, wickelte denselben, als er ihn vom Kreuz genommen hatte, in weiße Leinen, nach dem er den Leichnam zuvor mit köstlicher Spezerei gesalbt hatte, und legte ihn dann in ein frisches Felsengrab im eigenen Garten, in welchem Grabe noch nie jemand gelegen hatte.

Was bezeichnet wohl solches alles? — Dies alles bezeichnet die an und für sich edle Wissbegierde des Glaubens, die alles Erdenkliche aufsucht, um darin eine lebendige Befriedigung zu finden. Sie geht zu Pilatus und erbittet sich die Erlaubnis — das heißt soviel als: Solche Wissbegierde geht zur Welt und sucht in ihr alles Mögliche auf, was ihr zur Bestätigung der Wahrheit dienen könnte.

Hat sie von der Welt alles empfangen, was sie sucht, dann wendet sie sich zu dem Gekreuzigten. Aber wie? Sie sucht da alle Worte und Erklärungen ins helle Licht zu stellen, sie sonach zu befreien von den geheimnisvollen, scheinbaren Widersprüchen, welche in der Heiligen Schrift vorkommen.

Dieses gelingt ihr auch; sie hat schließlich den Leichnam richtig von dem Kreuz, das in seiner Gestalt ja einen "Widerspruch" darstellt, befreit. Aber was hat diese edle Wissbegierde nun vor sich? — Seht, einen toten Leichnam, in dem kein Leben ist! Die edle Wissbegierde sieht das auch ein; aber sie ist dennoch in sich erfreut über die glückliche Befreiung vom Kreuze. Sie salbt den Leichnam mit köstlichen Spezereien, wickelt ihn in weiße Leinen und legt ihn dann in ein neues Grab, darin noch nie jemand gelegen hat.

Was will das wohl besagen? — Durch solche gründliche Beleuchtung des Wortes in der Heiligen Schrift wird unfehlbar die Göttlichkeit desselben ersichtlich und wird auch so geachtet und hochgeehrt. Das ist die Salbung! Denn nicht selten drückt sich da jemand in den erhabensten Ausdrücken aus über die Würde und göttliche Hoheit der Heiligen Schrift; aber alles das ist die Salbung eines Leichnams.

Der Mensch mit dieser edlen Wissbegierde umwickelt nun solche erkannte Wahrheit mit der höchsten und reinsten Hochachtung, ja er erschauert über die Größe der Wahrheit in diesem Buch; und das ist nichts anderes als die Einwicklung des Leichnams in weiße Leinen. Wie unschuldsvoll und rein an und für sich solche Leinen sind, so auch ist jene demütige Erkenntnis. Aber der Leichnam, die Salbe, wie die Leinen sind nicht lebendig und geben auch kein Leben.

Man wird aber nun diesen Leichnam in ein neues Grab legen. Was ist denn das? — Da die Erkenntnisse, die der Mensch zufolge seiner edlen Wissbegierde sich zu eigen gemacht hat, ihm kein Leben, keine lebendige

Überzeugung geben, fasst er sie alle zusammen und legt sie in das Grab seines tieferen Verstandes. Da legt er einen Stein darüber, das heißt, er legt über alle diese rein erkannten Wahrheiten einen recht schweren Zweifel. Denn er spricht: "Alle diese Lösungen der verborgenen Geheimnisse in der Heiligen Schrift lassen sich wohl überaus gut hören; aber die anschauliche Überzeugung geben sie dennoch nicht!"

Und seht nun, das ist buchstäblich der Zustand eines jeden Viellesers! — Er kann all das Gelesene noch so gut verstehen, vom naturmäßigen bis zum innersten, geistigen Sinne; will er aber von all dem wohl Erkannten eine tatsächliche Probe, dann erfährt er, dass sich nicht einmal ein Sonnenstäubchen vor seinem Willen beugt! Und will er das Leben des Geistes schauen, so begegnet ihm statt dessen allezeit die Grabesnacht, in die er seinen Leichnam gelegt hat. Oder mit anderen Worten: Er bekommt über das Jenseits keine in sich selbst anschauliche Gewissheit, sondern alles ist bei ihm eine unbewiesene Behauptung, also ein Leichnam im Grabe!

Was aber ist ihm wohl damit geholfen? — Wenn er noch soviel gelesen hat, kann aber durch all das Gelesene zu keiner lebendigen Überzeugung gelangen, so gleicht er immer zu einem Joseph von Arimathia, der wohl einen Leichnam um den andern vom Kreuze nimmt und salbt und in weiße Leinen wickelt. Aber der Leichnam bleibt Leichnam und wird allezeit ins Grab getragen.

Betrachten wir daneben aber unsere Magdalena! Diese hat zwar auch allen diesen Handlungen beigewohnt. Aber sie wickelte den Leichnam oder das Wort nicht in Leinen und legte es nicht in das Grab, sondern in ihr liebe glühendes Herz. Und als sie dann zum Grabe kam, war der Stein des Zweifels durch die Macht der Liebe hinweg gewälzt. Die Leinen lagen gut geordnet zusammengelegt im Grab, welches soviel sagt als: Ihre Liebe hat das göttliche Wort in ihr lebendig geordnet. Sie fand keinen Leichnam mehr; aber dafür fand sie den Lebendigen, der aus dem Grabe auferstanden ist.

Was ist nun wohl besser: Den Leichnam in das Grab legen — oder den Lebendigen über dem Grabe finden? — Ich meine, es wird offenbar das zweite besser sein denn das erste.

Warum aber fand die Magdalena, was Joseph von Arimathia nicht gefunden hat? — Weil sie wenig gelesen, aber viel geliebt hat. Joseph aus Arimathia aber hatte viel gelesen — wie der Nikodemus — aber dafür weniger geliebt. Daher hatte er auch mit dem Leichnam zu tun — Maria Magdalena aber mit dem Lebendigen!“

Vom geistigen Tod und der Gefahr des Verstandesglaubens

> Lukas 12,4-5 "Ich sage euch aber, Meinen Freunden: Fürchtet euch nicht vor denen, die den Leib töten und darnach nichts mehr tun können. Ich will euch aber zeigen, vor Welchem ihr euch fürchten sollet: Fürchtet euch vor Dem, der nachdem er getötet hat, auch Macht hat zu werfen in die Hölle; ja Ich sage euch: vor Dem fürchtet euch!" -

Der Herr: „Meine Jünger wurden durch die Drohungen der Schriftgelehrten und Pharisäer ängstlich gemacht, und sie befürchteten, dass sie durch den Hass und die Verfolgung derselben noch vieles zu leiden bekommen würden, (wie es auch später der Fall war); doch diese Verfolgung und diese Leiden waren gerade Segen bringend für sie; denn dadurch bewährte sich ihre Liebe zu Mir und ihre innere Verbindung mit Mir immer mehr; somit reichte diese Verfolgung nicht über ihr irdisches Leben hinaus, und war weniger nachteilig für sie, als wenn sie den Widersprüchen der Pharisäer und Schriftgelehrten Gehör gegeben hätten, und dadurch mit Mir und Meiner Lehre in Zweifel geraten wären.

Ich stellte daher zunächst für Meine damaligen Jünger, wie für alle Meine wahren Nachfolger eine Warnung auf, und zwar deshalb, weil in der Verteidigung des Glaubens an Mich eine größere Gefahr nach innen als nach außen liegt; denn oft schon sind Seelen, welche mit großer Liebe für Mich zeugten, aber ihr Zeugnis mehr im Innewerden und im Gefühl hatten, durch das Widersprechen solcher, die ihren Glauben mehr in Worten haben und darin gut eingeübt sind dies mit „salbungsvoller“ Ausdrucksweise zu beweisen, abgeschreckt worden.

Ihre Bescheidenheit und innere Demut räumte den andern das Feld ein, und so nehmen sie Schaden, der größer ist, als eine äußere Niederlage; sie werden geistig getötet (durch Zweifel und Ärger), und dieser Tod führt sie immer mehr abwärts, statt dass sie durch ihre (stille) Standhaftigkeit mehr aufwärts sich geschwungen hätten.

Darum sagte Ich: "fürchtet nicht diejenigen, welche den Leib töten, oder euch äußerlich vor der Welt schaden, aber fürchtet euch vor denen, die euer Geistesleben anzutasten und zu verderben suchen." Wer sich fürchtet, der zieht sich zurück, weicht der Gefahr aus, welche kommen könnte, und dieses Ausweichen ist auch im Geistigen nicht unerlaubt, sondern oft recht nötig, um nicht eine kleine Gefahr beseitigen wollend, in eine weit größere zu kommen.

Darum sage Ich auch: "Fürchtet euch," sage aber nicht: "kämpft gegen solches"; denn bei solchen Anläufen wird mit dem Kampf nach Außen innerlich oft mehr verloren als gewonnen; deshalb zieht euch da zurück, damit sie euren Glauben nicht anzutasten vermögen, obgleich solche Gegner stets auf der Lauer sind, und wenn sie euch auch äußerlich eine kleine Niederlage zu bereiten wissen, so helfen sie euch auf der andern Seite zu einem geistigen Gewinn, den sie in ihrer Blindheit nicht sehen.

Wenn Ich Meinen Jüngern eine scharfe Lehre oder Warnung gab, so ließ Ich stets gleich darauf eine ermutigende Verheißung folgen, so auch in diesem Kapitel, und so wie ihr die Lehre und Warnung auf euch anwenden sollt, so gelten euch auch die weiteren Worte:

> Vers 6, 7 ff.: "denn auch eure Haare auf dem Haupt sind gezählt", und Vers 11: "wenn sie euch aber führen werden in ihre Schulen und vor die Obrigkeit und vor die Gewaltigen, so sorgt nicht wie oder was ihr antworten oder sagen sollt, denn der heilige Geist wird euch zu dersel-

ben Stunde lehren, was ihr sagen sollt"

Diese Worte nehmt auch ihr zu Herzen, denn es ist die Zeit, wo der Kampf noch weniger nach außen geführt wird, dagegen im Verborgenen es gegen die Wahrheit gärt; sorgt nicht, aber wacht und betet, dass sie keinen Zweifel euch beizubringen vermögen!“

J.La., Vaterbriefe, Band 2, 335 am 8. April 1883

Die Liebe übergibt und der Glaube vertraut!

Matthäus 17, 20: Jesus aber antwortete und sprach: "Um eures Unglaubens willen"....

Der Herr:

„Der wahre Glaube geht viel tiefer, als ihr es nur fassen könnt; denn er ist nicht bloß eine freiwillige Annahme, sondern eine sichere Überzeugung. So war es einst auch bei Meinen Jüngern: Weil ihnen die feste

Überzeugung fehlte, dass alle andere Macht außer Mir Meinem willen untertan sein muss, darum wich der böse Geist nicht, welchen sie austreiben wollten.

Dieser schwache Glaube ist hauptsächlich jetzt überall anzutreffen, auch sogar bei Meinen Kindern; sie haben noch nicht alle die Gewissheit in sich, dass sich alles Meinem Willen unterordnen muss; darum sind sie noch sehr zaghaft, auch wenn sie eine Übergabe an Mich gemacht haben. Durch solches Zagen trauen sie dem Feind mehr Macht zu als Mir, und diese Furcht benützt er, um sie vom Erfüllen Meines Willens abzuhalten.

Sie klagen dann ihre Schwäche oft bei Mir an, während Ich doch fortwährend Meinen Beistand und Meine Kraft ihnen anbiete. Hat daher die Seele sich Mir einmal übergeben, so soll sie nie mehr zweifeln, dass sie stark genug sei, das auszuführen, was der Geist und durch den Geist Mein Wort ihr zu erfüllen aufträgt.

Eine gewisse Zuversicht muss mit der Aufgabe verbunden sein, dass jetzt ein Schritt vorwärts gemacht ist, wo zwar der Feind noch mit euch streiten, aber euch nicht mehr besiegen kann,

Die Liebe übergibt und der Glaube vertraut! *Darum sollen Liebe und Glaube stets miteinander verbunden sein*; denn nur so wird der böse Feind besiegt.

Dass es möglich ist, denselben ganz aus dem Fleisch hinauszutreiben, dazu habe Ich das Beispiel gegeben und den Beweis geliefert, weil Mein Fleisch vom göttlichen Geist durchdrungen war, und so denjenigen Grad der Liebe erreichte, welcher fähig macht das Fleisch kreuzigen zu lassen.

Zuerst muss dasselbe durch tägliche Übung von Mir Selbst gekreuzigt werden und die eigentliche Kreuzigung am Schandpfahl war nur das Zeichen dem Feind gegenüber, dass alles, was von Ihm ausgegangen war, zurück in den Tod gehen muss, somit auch diese Fleischmasse; aber die göttlichen Einflüsse, welche die Seelen-Substanzen veredelten, wurden dabei sozusagen gerettet, und durch Mein göttliches Mitwirken zu einem Seelenleib zusammen geformt, oder zu einem Auferstehungsleib, an welchen der Satan keine Macht hatte, weil seine Bemühungen, das Ausströmen des Geistes in die Seele durch sein Dazwischenkommen zu stören, ihm nun misslingen mussten.

Er (Satan) ist der erste Lichtträger in Meiner Schöpfung gewesen, und darum hatte er auch wiederum zuerst die Einsicht in die tiefe Bedeutung des geheiligten und verklärten Fleischleibes, weil er von nun an mit seinen Ansprüchen an die Seele des Menschen zurücktreten musste; denn gleich wie er - gebunden durch Meine Macht - sich Meiner Liebe nicht ganz entledigen kann, so können es auch die Menschen nicht. Immer wieder glimmt das Fünkchen der Liebe oder der Gottheit in jedes Menschen Herz auf, und nur gar wenige sind es, die der ewigen Verdammnis anheimfallen.

Somit kommt es jetzt gar viel auf den Glauben an, dass es möglich ist Meine Gebote der Liebe zu halten, um dadurch zu Meinem Ebenbild zu gelangen, und dieses zieht den Auferstehungsleib nach sich und so ist Mein Ebenbild für alle Ewigkeit gültig.

Es gibt also kein anderes Gesetz für Meine Kinder als die Liebe, und diese besteht ewig.

Da aber der Satan sich nicht so leicht verdrängen lassen will und fast alle Herzen beherrscht, so kommt es, dass Meine Macht im Gegenpol sich verdunkelt; doch gab Ich auch damals schon Meinen Jüngern den Beweis, dass, wenn Ich es für gut finde, Ich dieser finsteren Herrschaft sofort ein Ende machen kann.

Darum glaubt fest, dass es möglich ist, dass Ich die Teufel bei euch austreibe, so ihr die wahre Liebe und den rechten Glauben Mir entgegenbringt, wo dann auch euer Leib der Verklärung teilhaftig wird, so wie Ich denselben durch die Liebe und den Kreuzestod gereinigt habe.

Liebt und glaubt, so werdet ihr stark werden durch die Macht eures Vaters, Der da ist die Macht, die Kraft und die Herrlichkeit, von Ewigkeit zu Ewigkeit.“

J.La., Vaterbriefe, Band 2, 299 am 13. August 1882

Vom wahren Glauben mit Demut und Liebe

Matthäus 8, 7: Jesus sprach zu ihm: „Ich will kommen und ihn gesund machen.“ Der Hauptmann antwortete und sprach: „Herr, ich bin nicht wert, dass Du unter mein Dach gehst, sondern sprich nur ein Wort, so wird mein Knecht gesund.“

Der Herr:

„In dieser Erzählung sehen wir, wie der wahre Glaube auch mit der wahren Demut und mit der wahren Nächstenliebe verbunden ist. Der Hauptmann bemühte sich selbst zu Mir, um für seinen Knecht Hilfe zu suchen. Es war ein Werk der Liebe, welches er denen erwies, die ihm dienen mussten; daher war die Stellung zwischen Diener und Hauptmann eine richtige, indem gegenseitige Liebe sie verband, d. h. der Hauptmann als Liebe, der Knecht als der Gehorsam.

Sind der Glaube, die Liebe und die Demut bei einer Seele vorhanden, so darf sie hoffen, dass auch ihr die Worte gelten: „Gehe hin, dir geschehe, wie du geglaubt hast!“

Auch ihr sollt erfahren, dass Ich ein helfender Vater bin, so ihr wie der Hauptmann mit dem Vertrauen die Nächstenliebe und die wahre Demut verbindet, gleichwie der Hauptmann sprach: „Herr, ich bin nicht wert, dass Du unter Mein Dach gehst“, und dennoch hatte er den Mut, Mich zu bitten, weil die Nächstenliebe ihn dazu antrieb. So soll das Gebet und die Fürbitte Meiner Kinder beschaffen sein wenn sie zu Mir beten, und Ich will diese sofort erhören.“

J.La., Vaterbriefe, Band 3, 415 am 14. September 1884

Warum blinde Lehrer mehr von Gerechtigkeit predigen

Matthäus 21, 42 "Der Stein, den die Bauleute verworfen haben, der ist zum Eckstein geworden, - von dem Herrn ist das geschehen, und es ist wunderbarlich (erfüllt) vor unseren Augen."

Der Herr:

„Es ist dieser Stein ein Stein des Anstoßes! Wie ein Stein von undurchdringlich fester Masse ist, die nie ganz in ihrem Bestandteilen untersucht oder erforscht werden kann, indem dieselbe auch ins Unendliche teilbar ist, so ist es mit dem Glauben, den Ich auf Erden gründete und welcher vom Vater zeugen soll. Dieser Glaube an Mein Wesen kann nie ganz durchforscht werden, indem dieses gleichfalls undurchdringlich ist, und in tausend und abertausend Ansichten zerteilt wird.

Die Menschen beurteilen Mein Wesen zumeist bloß äußerlich, und daher kommt es, dass sie die Annahme der innigen Vereinigung mit Mir für eine Anmaßung solcher halten, die sich derselben rühmen können,

(weil nämlich nur ihr kindlicher Glaube an Mich als ihren Vater ihnen dazu verholfen hat.)

Es gehört wahre Liebe zu Mir und zum Nächsten dazu, solches zu begreifen; weil aber die Selbstüberhebung sehr hinderlich ist an der wahren Liebe, und diese Wurzel (der Selbstüberhebung) zu tief im Menschen steckt; (denn sie ist die Erbsünde, durch welche der Mensch das Paradies verlor – Das „Paradies“ bezeichnet die Verbindung zur geistigen Welt), darum ist ein so großer Kampf damit verbunden, die wahre Liebe zu erreichen, von der es heißt: "sie leidet alles, sie duldet alles, sie bläht sich nicht auf...," und diese Liebe, welche Mein Wesen ausmacht, muss den Eckstein bilden in Meiner Kirche.

Weil aber die Lehrer selbst diesen Kampf scheuen, so können sie auch anderen bei solchem Kampf wenig Rat und Hilfe leisten, und haben Mich, anstatt in der Liebe, nur im Glauben erfasst, und als Meine Haupteigenschaften in Meinem Wesen die Gerechtigkeit und die Strafe gelehrt, um mit Drohungen die Menschen zum Gehorsam zu zwingen.

Somit haben sie den Eckstein verworfen; allein die Propheten weissagen schon von der Zeit, wo die Liebe, die ewige göttliche Liebe, die mit dem Namen "Vater" bezeichnet wird, die Grundlage werden wird, welche den wahren Glauben und die Seligkeit bedingt.

Ohne solche Vereinigung kann der Mensch nie ganz selig werden; denn nur das Kindesrecht und der Genuss der ewigen Vaterliebe sind das wahre Wesen der Seligkeit.

Je mehr ihr die Wertlosigkeit der äußeren Glücksgüter kennen lernt, desto mehr werdet ihr angetrieben, nach solchen zu trachten, die ewig beglücken, und weil alles Tastbare unsicher ist, und euch entrissen werden kann, so sind es nur geistige Güter, die aber auch gesucht und erkannt werden müssen.

Diese sind aber einzig nur im Besitz des inneren Menschen, weil der innere Mensch ein Abkömmling von Mir und daher verwandt mit Mir ist, als ein Erbgut von Mir.

Je mehr der Mensch seinem Familienzuge treu bleibt, desto mehr wird er seiner Familie einverleibt bleiben, und so auch bei Mir! Je mehr er aufmerkt auf seine innere Ausstattung und diesen Adel aufrecht zu erhalten und ihn zu vergrößern sucht, desto näher tritt er Mir, und Ich als Vater freue Mich über diese Annäherung, und achte in Meiner großen Liebe der Schranken nicht, welche der finstere Leib scheinbar nachzieht, sondern es findet eine volle Vereinigung zwischen Mir und der Seele statt.

Diese Glaubensannahme wird jetzt noch immer verworfen, aber es muss alles in Erfüllung gehen, was in der Heiligen Schrift geschrieben ist, und ging auch schon an Vielen in Erfüllung, die ihren Leib abgestreift haben, welcher zwar im allgemeinen sonst ein Hindernis daran ist; aber durch den guten Willen und durch Meinen Beistand weit überwunden werden kann.

Glaubt Mir: Es wird die Zeit auch kommen, wo noch Viele zu dem Tempelbau eingefügt werden, wovon Ich als Vater die Grundlage oder den Eckstein bilde, und es wird alsdann gleichfalls heißen: "Von dem Herrn ist das geschehen, und es ist wunderbarlich vor unseren Augen." Die ewige Liebe, Gott als Vater unter Seinen Kindern, (der Stein des Anstoßes in der Jetztzeit) der wird alles, worauf er fällt, zermalmen; denn wer vermag Meiner Liebe zu widerstehen, wen sie sucht und auf welchen sie fällt!“

J.La., Vaterbriefe, Band 2, 285 am 12. Mai 1882

Vom Gegensatz zwischen Geisteslicht und Verstandeslicht

> Markus 12, 18 „Und es kamen Sadduzäer zu ihm, die sagen, es gebe keine Auferstehung...“

Der Herr:

„Die Sadduzäer glaubten: es sei keine Auferstehung; darum wollten dieselben Mir eine kritische Frage vorlegen, um die Zweifel an ein Fortleben zu rechtfertigen. Diese Frage entstammte aber dem Verstand, und daher hätten diese Ungläubigen jede Antwort, welche notwendig geistiger Art hätte sein müssen, nicht begreifen können; denn die materiellen Menschen, welche aus weltlichen Interessen eine Frage über geistige Dinge stellen, können nie eine Antwort erhalten, die sie befriedigt; es heißt ja:

> 1. Korinther 2, 14 „der natürliche Mensch vernimmt Nichts vom Geiste Gottes, es muss geistig gerichtet sein.“

Ebenso gibt es Menschen, welche zwar anfangen, geistig zu streben, aber dabei immer wieder zu viel mit dem Verstand erfassen wollen; Solche haben einen schweren Standpunkt, weil sie viel Zweifel zu bekämpfen haben; darum ist es so nötig, dass eine ganze Übergabe des Willens an Mich gemacht wird, auf dass Ich die Menschen durch Meine Kraft und Meinen Geist beeinflussen kann, damit sie Mein Wort besser verstehen lernen.

Und dass die Menschen zu solch einer Übergabe gelangen, dazu bietet die Gnade allerlei Leiden und Heimsuchungen an; Ich muss den Menschen die Nichtigkeit der irdischen Glücksgüter durch Entziehung derselben klar machen, während Meine Liebe sie ihnen gern bescheren würde um sie zum geistigen Gewinn auszunutzen. Weil aber leider zumeist das Gegenteil der Fall ist, und sie also mehr Schaden an ihrer Seele dabei nehmen würden, so muss Ich oft traurige Ereignisse zulassen, um sie wenigstens später noch für die ewige Seligkeit zu retten.

Daher kommt den Menschen Mein Regieren oft wunderlich und rätselhaft vor, weil sie zu wenig wissen, wozu Ich sie erziehen will, indem sie nur den Genuss des Augenblicks betrachten, aber nicht die Zukunft, ob diese Wohl oder Wehe bringt! Diese irren und täuschen sich aber, da sie nichts wissen von der Schrift, noch von der Kraft Gottes, und somit sich auch nicht selbst erkennen als geistige Wesen, sondern den Leib und leibliche Bedürfnisse höher achten, als ihren Seelenadel, welchen sie immer mehr ausbilden sollten, um einst im Himmel mit Meinen Engeln Teil nehmen zu können an Allem, was die ewige Seligkeit hervorruft, und so als Kind Gottes ewig mit Mir vereint zu sein."

J.La., Vaterbriefe, Band 3, 420 am 19. Oktober 1884

Gott soll man mehr lieben als fürchten

Aus des Herrn Lehrzeit auf Erden:

Sagt der Kaufmann (zu Jesus) im Gehen in das Schloss: „Mein Herr und mein Freund, ich sehe es, dass aus dir eine rein göttlich-fromme Weisheit spricht, und zwar in einer so sanften Weise, wie ich sie noch nie aus einem menschlichen Munde vernommen habe; aber es gehört zur Beachtung solcher deiner Lehre ein starkes Vertrauen auf Jehova, was mir trotz meines sichern Glaubens mangelt. Ich weiß, dass Er es ist, Der alles erschaffen hat und nun alles leitet, regiert und erhält, aber ich kann es mir nicht lebendig genug vorstellen, dass Er als der allerhöchste Geist Sich in die Privatverhältnisse einlassen könnte, möchte und wollte! Denn Er ist für mich zu aller-höchst heilig, so, dass ich mir kaum getraue, auszusprechen Seinen allerheiligsten Namen, geschweige dass ich dann erst von Ihm erwarten sollte, Er werde mir in meinen schmutzigen Geldgeschäften Seine allmächtig heilige Hand zur Hilfe bieten!

Ich aber gebe auch den Armen, die zu mir kommen, und halte keinen Hund, dass er anbelle einen Bettler, und dieser sich fürchte, meine Türschwellen zu betreten. Nur diesen Hain, der mein Lieblingsplatz ist, sehe ich ungern betreten werden von Fremden und Armen, weil sie die Anlagen und neuen Pflanzungen oft mutwillig verderben und darin als Hungrige und Durstige auch nichts finden, womit sie sich sättigen und ihren Durst stillen könnten. Ich habe aber dafür bei zwanzig Feldweges von hier einen großen Feigen- und Pflaumenwald gezogen; der steht allen Fremden und Armen zu Diensten, nur dürfen sie die Bäume nicht beschädigen, weshalb ich auch mehrere Aufseher dahin aufgestellt habe.

Du siehst aus dem, dass ich der Armen wohl

gedenke; aber dass ich deshalb dem erhabensten Geiste mit einer Bitte kommen sollte, dass Er mir entweder irdisch oder nur pur himmlisch meine Geldsummen verwalten möchte, das sei fern von mir! So Er etwas tun will und auch wirklich schon etwas getan hat, woran ich nicht zweifle, so steht das in Seinem freien heiligsten Willen! Ich aber habe vor Ihm eine so unbegrenzte Ehrfurcht, dass ich es mir kaum getraue, Ihm dafür zu danken; denn mir kommt es vor, dass ich durch solch einen rein materiellen Dank, durch den ich Ihm gewisserart zeigte, dass ich glaube, Er könnte mir als ein Handlanger gedient haben, Ihm eine übergroße Unehre antun würde. Ich lebe und handle daher als ein möglichst rechtlicher Mensch aus meinen mir von Gott verliehenen Kräften nach dem Gesetz und verbinde dem Ochsen und Esel das Maul nicht, so sie mein Getreide austreten; doch den großen Geist ehre ich nur an Seinem Tage! Denn es steht geschrieben: ‚Den Namen deines Gottes sollst du nimmerdar eitel aussprechen!'"

Sage Ich (Jesus): „Wüsste Ich nicht schon lange, dass du ein rechtlicher und über die Maßen gottesfürchtiger Mann bist, Ich wäre nicht zu dir gekommen. Aber siehe, dass du Den fürchtest, Den du eigentlich über alles lieben solltest, das ist nicht völlig recht von dir, und Ich kam darum zu dir, um dir zu zeigen, wie du Gott mehr lieben als fürchten sollst in der Zukunft. So wird Sich Gott dann schon herabwürdigen zu dir und wird dir in allem ein sicherster, kräftigster und verlässlichster Handlanger sein!“

J.L., Großes Evangelium Johannes, Band 1, Kapitel 59, Verse 1 bis 4

Die Wiedergeburt des Geistes durch die Taufe aus den Himmeln

Johannes 1, 12 „Wie viele Ihn aber aufnahmen, denen gab Er Macht, Kinder Gottes zu werden, da sie an Seinen Namen glauben.“

Der Herr:

„Es versteht sich aber so gut wie von selbst, dass bei allen jenen, die Mich nicht aufnahmen oder nicht erkannten, die Ur-Ordnung gestört blieb und mit dieser Störung ein leidender Zustand, das sogenannte „Übel“ oder die „Sünde“ blieb; wogegen bei vielen andern aber, die Mich aufnahmen, das heißt, die Mich in ihren Herzen erkannten, sich dieses Übel notwendig verlieren musste, da sie wieder mit Mir als mit der Ur-Ordnung und Ur-Macht alles Seins vereint wurden, sich darinnen selbst und Mein Ur-Licht als das gestellte ihrige in ihnen und in diesem das ewige, unvertilgbare Leben fanden.

In solchem Leben aber fanden sie auch, dass sie dadurch notwendig nicht nur Meine Geschöpfe, was sich aus ihrem niederen Lebensgefühl nur herausstellt, sondern, weil sie Mein Selbst in sich bergen, was nur durch Meine Willensmacht aus Mir frei hinausgestellt ward, unfehlbar Meine höchst eigenen Kinder sind, da ihr Licht (ihr Glaube) gleich ist Meinem höchst eigenen Ur-Licht und daher in sich selbst die volle Macht und Kraft hat, die in Mir Selbst ist, und aus solcher Macht heraus auch das vollste Recht, Mein Kind nicht nur zu heißen, sondern auch in aller Fülle zu sein!

Denn der Glaube ist eben ein solches Licht, und Mein Name, an den die mächtigen Strahlen dieses Lichtes gerichtet sind, ist die Kraft und die Macht und das eigentliche Wesen Meines Ur-Seins, durch die jeder in sich selbst die voll-rechtliche und voll-gültige Kindschaft Gottes bewerkstelligt. Darum heißt es denn auch im 12. Vers, dass alle, die Mich aufnehmen und an Meinen Namen glauben werden, sprich – die Macht in sich haben sollen, voll-rechtlich „Kinder Gottes“ zu heißen!

> Johannes 1,13 „Welche nicht von dem Geblüte, noch von dem Willen des Fleisches, noch von dem Willen eines Mannes, sondern von Gott geboren sind.“

Dieser Vers ist nichts als eine nähere Bestimmung und Erläuterung des früheren Verses, und es könnten in einer mehr verbundenen Sprache die beiden Verse nebeneinander auch so lauten:

Die Ihn aber aufnahmen und an Seinen Namen glaubten, denen gab Er die Macht, „Kinder Gottes“ zu heißen, die nicht von dem Geblüte, noch vom Willen des Fleisches (Begierde des Fleisches), noch von dem Willen eines Mannes, sondern von Gott geboren sind.

Es versteht sich aber schon von selbst, dass hier nicht von einer ersten Geburt als Fleisch aus dem Fleisch, sondern lediglich nur von einer zweiten Geburt aus dem Geiste der Liebe zu Gott und aus der Wahrheit des lebendigen Glaubens an den lebendigen Namen Gottes, der da heißt Jesus-Jehova-Zebaoth, die Rede sein kann, welch zweite Geburt auch gut definiert „die Wiedergeburt des Geistes durch die Taufe aus den Himmeln“ heißt.

Die „Taufe aus den Himmeln“ aber ist der volle Übergang des Geistes und der Seele samt allen ihren Begierden in den lebendigen Geist der Liebe zu Gott und der Liebe in Gott Selbst.

Ist solcher Übergang einmal aus des Menschen freiestem Willen geschehen und befindet sich nun alle Liebe des Menschen in Gott, so befindet sich durch solche heilige Liebe auch der ganze Mensch in Gott und wird all da zu einem neuen Wesen ausgezeitigt, gekräftet und gestärkt und so nach Erlangung der gerechten Vollreife von Gott wiedergeboren; nach solcher zweiten Geburt, der weder des Fleisches Begierde noch des Mannes Zeugungswille vorangeht, ist dann der Mensch erst ein *wahres Gotteskind, das er geworden ist durch die Gnade, die da ist eine freie Macht der Gottesliebe im Herzen des Menschen.*

Diese Gnade aber ist auch eben der mächtige Zug Gottes im Geiste des Menschen, durch den er, als vom Vater gezogen zum Sohne, das heißt zum göttlichen Ur-Licht, oder, was eines ist, zu der rechten und lebendig mächtigen Weisheit Gottes gelangt.“

J.L., Großes Evangelium Johannes, Band 1, Kapitel 2, Verse 1 bis 16

Hell denkende Menschen sind nicht zufrieden mit blindem Glauben

Des Herrn Antwortet auf eine sehr soziale Rede des Cyrenius:

Sage Ich (Jesus): »Wahr und gut, und Ich kann dir durchaus nicht sagen, dass du hier auch nur ein unwahres Wort geredet hast; aber stell du die Sache auf einem Weltkörper so her, dass alle Menschen ohne ihre besondere Arbeit und sonstige Tätigkeit so recht gut für den Leib versorgt dastehen und erkennen würden, dass sie sogestaltig ganz ohne Sorgen leben können, - und du hast in kurzer Zeit deine europäischen Nordvölker allenthalben vor dir!

Deine europäischen Nordvölker aber waren einst in Asien, als der Wiege des Menschengeschlechtes, ebenso und noch besser mit allem versorgt als nun deine Römer und hatten eine unmittelbare Erziehung aus den Himmeln genossen; und es gab Weise unter ihnen, wie sie bis auf Mich die Erde nicht trug; aber was war die Folge davon? Sie aßen und tranken ganz gemütlich, wurden von Tag zu Tag träger und verfielen von Geschlecht zu Geschlecht in den gegenwärtigen Stand; nun aber in solchem ihrem armseligsten Zustand müssen sie sich im Schweiße ihres Angesichtes den magersten Unterhalt für ihren Leib verschaffen und sind aber dabei dennoch nicht ganz ohne Weise und Lehrer.

Und siehe, ebensolche ihre Not wird sie nach und nach auf eine Bildungsstufe setzen, die die gegenwärtige Roms bei weitem übertreffen wird in jeder Hinsicht!

Es wäre darum nicht gut, den Menschen so zu stellen, dass er ganz versorgt wäre dem Leibe nach; denn dann würde er am Ende so träge werden, dass er sich aber dann auch um nichts mehr kümmern würde. Und dieses Bestreben nach der trägen, sorgenlosen Ruhe ist wieder eine Eigenschaft des an und für sich toten Körpers; die Seele, die zum größten Teil ihre formelle Konsistenz sich erst bei gerechter Tätigkeit aus dem Leibe zu schaffen hat, würde in der sorglosen Ruhe des Leibes auch mit ruhen, da auch in ihr ursprünglich der Hang zur Untätigkeit überwiegend vorhanden ist.

Durch die schmerzlichen Bedürfnisse des Leibes aber wird die Seele zuerst aus ihrer Lethargie (Erschlaffung) geweckt; denn sie fühlt es, dass eine gänzliche Unversorgtheit des Leibes ihr am Ende mit dem Leib den Tod brächte. Sie setzt daher in der Not des Leibes alle Hebel in Bewegung und versorgt, so gut es geht, zuerst den Leib. Da sie aber nun eine große Scheu vor dem Tod hat, so fängt sie dann gar bald an, neben der Tätigkeit für den Leib auch sich mit der Forschung des eigentlichen Lebens abzugeben und findet aus ihrer wachgewordenen Liebe zum Leben bald, dass sie als Seele etwa noch fortlebe, wenn auch der Leib in den Tod gelegt wird.

Daraus entwickelt sich dann endlich eine Art Glauben an die Unsterblichkeit der menschlichen Seele. Dieser Glaube wird dann mehr und mehr lebendig und zu einem Bedürfniss des Menschen.

Aber denkendere Menschen, deren es allenthalben gibt, sind dann bald nicht mehr zufrieden mit dem alleinigen Glauben und forschen demselben tiefer nach, erproben seine Kraft und suchen, wo dessen Kraft nicht mehr ausreicht, ihn mit stärkeren und gewisserart handgreiflicheren Mitteln als vollends wahr zu erweisen.

Das Volk hält solche Forscher dann gewöhnlich für von einem Hochgeiste befruchtete und geleitete Seher und Hörer, die auf dem Weg der Unterredungen mit Geistern tiefere Kunde vom Leben der Seelen nach dem Tod erhalten.

Solche Forscher werden dann vom Volk gewöhnlich zu Priestern erhoben; und diese, wohl einsehend, dass sie dem Volk ein unerlässliches Bedürfnis sind, missbrauchen am Ende häufig solch ein zumeist unbedingtes Vertrauen ihres Volkes, suchen selbst ihren irdischen Nutzen dabei und sind am Ende nichts als pur blinde Leiter der Blinden. Aber es ist dabei noch immer etwas Gutes, nämlich dass dabei das Volk stets in einem wenn noch so schwachen Verband mit den Himmeln verbleibt.

Mit der Zeit, wenn der blinde Glaube auch an die Priester ein schwacher und immer schwächerer wird, erstehen im Volk wieder neue Forscher, die das Alte prüfen und nie ganz verwerfen, das Gute davon mit ihren neuen Forschungsresultaten verbinden und am Ende eine ganz neue Lehre ans Tageslicht fördern, die sich nicht mehr mit dem blinden Glauben begnügt, sondern nur mit der vollen Überzeugung, gegründet auf Tatsachen, die nötigerweise vor jedermanns Augen zur beurteilungswürdigen Schau gestellt werden können.

Und sieh, auf diese Weise findet endlich, wenn schon auf mühsamen Arten und Wegen, die jüngste Menschengeneration die Wahrheit und in dieser aus den vielen Erfahrungen auch die Gesetze, nach denen das Leben der Menschen zu leiten ist, auf dass sich die schwer aufgefundene Wahrheit unter den Menschen für immerdar rein erhalte.

Wenn dann zu solchem Funde, der allein aus der stets zunehmenden Tätigkeit der Menschheit von selbst hervorgegangen ist, endlich noch eine außerordentliche Kunde aus den Himmeln zu den Menschen kommt als ein mächtiges, wunderbares Licht, dann ist so ein Volk wie ein Mensch für sich gerettet und im Geiste wie neu und wiedergeboren; und sieh, alles das geht dir nie aus der leiblichen, sorglosen Versorgtheit heraus, sondern aus der Not und Sorge der Menschen!

Ich sage es dir: In der Not wird sogar das Tier erfinderisch, geschweige der Mensch.

Wenn der Mensch durch die Not so recht zum Denken genötigt wird, dann fängt bald die Erde unter seinen Füßen zu grünen an; ist er aber versorgt, so legt er sich gleich dem Tier auf die faule Haut und denkt und tut nichts.

Siehe, Ich dürfte der Erde nur hundert nacheinander folgende sehr gesegnete Fruchtjahre geben, und alle Menschheit würde vor Faulheit wie die Pest zu stinken anfangen; aber da Ich stets gute und schlechte Fruchtjahre auf der Erde miteinander abwechseln lasse, so muss die Menschheit gleichfort tätig sein, muss in dem guten Fruchtjahr für ein möglich nächst kommendes schlechtes fürsorgen, um da nicht Hungers zu sterben. Und so bleibt die Menschheit wenigstens einerseits gleichfort in einer Tätigkeit; wogegen sonst die

Menschheit nur zu bald in die vollste Lethargie übergehen würde. - Verstehst du auch solches?«

J.L., Das Große Evangelium Johannes - Band 2 / 212. Kapitel

Gott erkennen und Dessen Willen zu seinem höchst eigenen machen aus Liebe

Jesus:

„Die wahre und bei Mir allein gültige Taufe ist die mit dem Feuer der Liebe zu Mir und zum Nächsten und mit dem lebendigen Eifer des Willens und mit dem Heiligen Geist der ewigen Wahrheit aus Gott. Diese drei Stücke sind es, die im Himmel für jedermann ein gültiges Zeugnis geben; es sind dies: die Liebe, als der wahre Vater; der Wille, als das lebendige und tatsächliche Wort oder des Vaters Sohn; und endlich der Heilige Geist, als das rechte Verständnis der ewigen und lebendigen Wahrheit aus Gott, aber als lebendig tätig im Menschen und nur allein im Menschen! Denn was da nicht im Menschen ist und nicht aus der höchst eigenen Willensregung geschieht, hat für den Menschen keinen Wert, und weil es für den Menschen keinen Wert hat und haben kann, so kann das auch vor Gott keinen Wert haben.

Denn Gott in Seiner Selbstheit ist für den Menschen so lange nichts, bis der Mensch durch die Lehre Gott erkennt und dessen Willen zu seinem höchst eigenen macht durch die Liebe und durch den lebendigsten Willenseifer all sein Handeln und Lassen nur nach dem erkannten allerhöchsten Willen einrichtet. Dadurch erst wird Gottes Ebenbild im Menschen lebendig und wächst und durchdringt bald des Menschen ganzes Wesen. Wo das, da geschieht es dann auch, dass der Mensch in alle Tiefen der Gottheit dringt; denn das Ebenbild Gottes im Menschen ist ein vollkommenstes Ebenmaß eines und desselben Gottes von Ewigkeit.

Wenn beim Menschen das geschieht, so ist in ihm alles geheiligt und die wahre Taufe der Wiedergeburt des Geistes erlangt. Durch solche Taufe macht sich dann der Mensch zu einem wahren Freunde Gottes und ist in sich selbst ebenso vollkommen, wie der Vater im Himmel vollkommen ist. Und Ich sage es euch allen ausdrücklich, dass ihr alle danach aus allen euren Kräften trachten müsst, ebenso vollkommen zu werden, als wie vollkommen da der Vater im Himmel ist! Wer nicht so vollkommen wird, der kommt nicht zum Sohne des Vaters.“

J.L., Das Große Evangelium Johannes - Band 4 / 110. Kapitel / Verse 9 bis 11

Wie und wann erfüllen sich die Göttlichen Verheißungen?

Der Herr berichtet aus Seinen Erdentagen:

„Sagt Raphael (der Erzengel, der gelegentlich in der Gestalt eines Jünglings den Herrn begleitete und Seine Jünger unterwies in so manchen Lebensgeheimnissen): »Mir gebührt weder ein Dank noch eine Ehre, sondern alles nur allein dem Herrn! Gut aber ist es, dass ihr solches in der wahren Lebenstiefe aufgefasst habt! Mit diesem Mittel werdet ihr allezeit jedem begegnen können, der da kommen und sagen wird: 'Freund, wohl habe ich bisher alles getan und geglaubt, was du mich gelehrt hast; aber von den verheißenen Wirkungen hat sich bis zur Stunde keine einzige eingestellt! Was soll ich denn noch tun? Ich habe meine gute, alte Lehre meiner Väter verlassen, in der sie gar oft allen Trost, den besten Rat und die nötige Hilfe in allerlei Nöten fanden, und diese neue Lehre lässt mich samt meinem Nachbar als Waise; keine Bitte wird irgend erhört und kein finsterer Zweifel erhellt! Wo ist dein so herrlicher Gott, von dem aus du uns alles Glück verheißen hast und anderes Wunderbares?!'

Du aber wirst ihm dann leicht so antworten können: 'Freund, daran schuldet nicht die Lehre, sondern dein Unverstand! Wohl hast du die Lehre in deinen Verstand aufgenommen, und hast auch versuchsweise sogar streng danach gehandelt und wartetest auf die vorteilbringende Erfüllung der Verheißung; du tatest jedoch das Gute der Lehre nur der vorteilbringenden Verheißung, nicht aber des Guten willen! Du warst nur tätig aus deinem Verstand, nie aber noch aus deinem Herzen! Dieses blieb in sich hart und kalt wie vor dem Empfang der rein göttlichen Lehre; daher auch gelangtest du weder durch die Tat noch durch den toten und blinden Glauben zu einer Erfüllung der dir gegebenen Verheißungen!

Erwecke nun dein Herz! Tue alles, was du tust, aus

dem wahren Lebensgrunde! Liebe Gott Seiner Selbst willen über alles und ebenso deinen Nächsten! Tue das Gute des Guten willen aus deinem Lebensgrunde heraus, und frage nicht ob deines Glaubens und ob deiner Tat nach der Erfüllung der Verheißung, ob sie wohl kommen werde oder nicht! *Denn die Erfüllung ist eine Folge dessen, dass du lebendig im Herzen glaubst, fühlst und aus dem lebendigsten Liebesdrange heraus tätig wirst.* So aber, wie du bis jetzt geglaubt hast und tätig warst, warst du gleich einem Menschen, der im Traum geackert und gesät hat und wollte dann im wachen Zustande ernten, fand aber weder Acker noch die gesäte Frucht.

Des Menschenverstandes Wissen, Glauben und Handeln ist eine eitle Träumerei und es ist kein Lebensnutzen darin. Alles muss der Mensch sich zum Herzen nehmen, in dem das Leben weilt; was er ins Herz legt, wird aufgehen und die verheißenen Früchte tragen.

Wer da nicht so sein Leben zu ordnen versteht oder verstehen will und ist selbstsüchtig auch durch den Glauben und durch sein Denken, der wird nie zu einer Erfüllung der Verheißung gelangen; denn sie ist die Frucht der Tätigkeit des Herzens!'

Wenn ihr dem, der euch nach der noch nicht erfolgten Erfüllung der Verheißung fragen wird, so antworten werdet, so wird er euch dann in Frieden lassen und zu trachten anfangen, in seinem Herzen wahrhaft tätig zu werden.

Wird er das, so wird sich dann bei ihm selbst schon zu zeigen anfangen, dass die Verheißung der Gotteslehre kein eitel leeres Versprechen ist; wird er aber fortfahren, nur allein seinen Verstand zu Rate zu ziehen und danach tätig zu sein, so wird er es sich selbst zuzuschreiben haben, so er zu keiner Erfüllung der gemachten Verheißung sein ganzes Erdenleben hindurch gelangen wird - und auch jenseits sehr schwer! - Sagt, ob ihr dies alles wohl so recht aus dem Lebensgrunde versteht!«

Sagt endlich auch einmal Philopold: »O Freund aus den Himmeln! Wer sollte das auch nicht verstehen! Wer wie du nur mehr im Herzen lebt, denkt und fühlt, der versteht alle Lebensangelegenheiten des Herzens gar leicht und klar; wer aber nur in seinem Gehirn lebt, denkt und fühlt, dem sind die Lebensangelegenheiten ohnehin soviel wie ein lächerliches Nichts.«"

J.L., Das Große Evangelium Johannes - Band 3 / 242. Kapitel

Der genötigte Glaube und der freie durch die Liebe zu Gott Lebendige

Der Herr berichtet aus einer vorsintflutlichen Begebenheit:

Nach einem kurzen Innehalten aber fing der Hauptredner an, folgendermaßen fortzufahren: „Du siehst nun, da Ich dir ein Lichtlein angezündet habe, ganz verdutzt Mich an und weißt nicht, was du aus Mir und Meinen Worten machen sollst.

In dir selbst fragst du dich: ‚Wie sollte ich ein Heide, wie ein Gottesleugner werden, so ich bete mit dem Worte des Mundes zu Gott?! Könnte ich mit dem Mund wohl Gott bekennen, so ich Ihn nicht zuvor bekenne im Herzen, also in den Gedanken des Herzens?‘

Ja, Mein Freund und Bruder, du bekennst zwar nun wohl Gott so, dass dein Mundwort ist ein Ausdruck dessen, was du in deinem Herzen denkst; warum aber?

Weil du den Herrn, deinen Gott, geschaut hattest und darum zu glauben genötigt bist, dass es einen Gott gibt, und wie Er ist beschaffen, und hast von Ihm gehört, was Er will mit dem Menschen!

Aber dieser Glaube ist keine Freiheit des Geistes, sondern eine tötende Knechtschaft desselben nur, indem du nun glauben musst, dass Er es ist, Gott der Herr, weil du Ihn sahst und hast dich in der Macht Seiner Rede und Seines Tuns überzeugen müssen davon.

Aber dieser Glaube wird so nur dich halten und wird nicht übergehen können in dieser deiner überzeugenden Kraft auf deine Nachkommen; denn was du nun in dir überzeugend bekennst, das werden deine Nachkommen als mündliche Überlieferung darum halbwegs kaum für wahr halten, weil es nur eine mündliche Überlieferung sein wird, also bei weitem schwächer als da war dein Selbst-Geschautes.

In zehn Generationen von dir vorwärts aber wird diese deine entstellt überlieferte Überzeugung kaum mehr einer Beachtung gewürdigt werden, und das Heidentum wird die Frucht deines Mundglaubens sein, und dieser Frucht wird folgen die gänzliche Gottesleugnung und dieser doch etwa allersicherst das Gericht, indem der Mensch ohne im Verbund mit Gott schon gerichtet ist in seiner eigenen Todesnacht.

Wenn du aber Gott bekennst in deinem Herzen, das heißt durch deine lebendige Liebe zu Ihm und betest so im Geiste und in der Wahrheit zu Ihm, so wirst du abschütteln dein jetziges genötigtes Glaubensgericht, aus dem dir nie ein Heil erwachsen wird, und wirst dafür übergehen in den *lebendigen Glauben, das heißt in ein lebendiges Schauen deines Geistes in dir*, in dem sich ja am Ende alle deine Lebenskraft einen muss, wenn du ewig leben sollst.

Und in diesem lebendigen Schauen wirst du erst Gott wahrhaft erkennen und lebendig bekennen im Geiste und in der Wahrheit; und du wirst dieses Bekenntnis auch trachten in deinen Nachkommen zu erhalten, und diese werden es dir gleich tun, und das Heidentum, die Gottesleugnung, das Gericht und der Tod werden ferne bleiben allen deinen Nachkommen.

Denn das ist doch sicher und höchst ordnungsmäßig gewiss, dass da des Menschen Geist das Allerinwendigste ist, gleichwie da ist der lebendige Keimfunke im Inwendigsten einer jeden Frucht.

Glaubst und betest du deinem Auswendigen, sinnlich Materiellen nach, so lockst du deinen Geist ja ebenfalls in dein Auswendiges und Materielles, das da aber ist dein Gerichtetes und somit Totes.

Tust du aber solches, so tust du in gleichem Maße geistig dasselbe, als so du möchtest eine Fackel, wenn sie brennt, in eine Schlammpfütze stecken! Ich frage dich: Wird sie da dann wohl noch fort brennen und wird dir erleuchten deinen finsteren Pfad?

Dein Geist ist dein Licht und dein Leben; wenn du aber diesen erlöschest, was hast du dann wohl noch mehr Übriges, daraus dir ein Leben erwachsen solle?

Du lebst nun freilich wohl, da du Gott geschaut hast, und musst nun glauben, dass Er ist; Ich aber sage dir, du wirst mit diesem Leben nicht übers Grab kommen, wenn du nicht in deiner Materie vergessen wirst, was du gesehen hast, und das Vergessene nicht neu durch die mächtige Liebe zu Gott wiederfinden wirst in deinem Geiste!

Was Ich dir jetzt aber gesagt habe, das halte so hoch, als was du gesehen hast, so wirst du das Leben haben ewig, sonst aber nur bis zum Grabe. Solches verstehe wohl."

J.L., Die Haushaltung Gottes - Band 3 / 47. Kapitel

Ewiges Leben im Geist bedingt Täter des Gotteswortes zu sein

Henoch, der erste echte, von Gott berufene Hohepriester:

„Wer da lebt und atmet und empfindet die endlose Wohltat des Lebens und fühlt die unaussprechliche Süßigkeit desselben, der bedenke wohl, dass dies irdische Leben nur ein Probeleben ist und ist in allem eine Gabe des heiligen Vaters.

Wer es sich törichterweise wird aneignen wollen, wird es verlieren auf ewig, wer es aber in allem dem großen, heiligen Geber wieder so, wie es nun zur Genüge gezeigt wurde, wieder anheimstellen wird, sich selbst opfernd, der wird es behalten im reinsten Vollbestand für ewig, ewig, ewig in Gott, unser aller heiligstem, liebevollstem Vater!

Da wir aber nun alle vernommen haben, was da jedem von uns allen Not tut vor Gott, so lassen wir es bei dem alleinigen Vernehmen nicht verbleiben, sondern machen das Vernommene durch Worte im eigenen Herzen vernehmbar, damit es von da übergehe in das Blut und vom Blute in alle Glieder unseres Wesens zur lebendigen Tat; denn so jemand das wahre, lebendige Wort aus Gott Selbst vernommen hat und ist ihm dadurch der Weg gezeigt worden, ja gezeigt der kürzeste und sicherste Weg, und er wandelt nicht sogleich vollkommen diesen Weg, der ist doch sicher ein allergrößter Tor, ein allerträgster Ochse und ein allerdümmster Esel darum, da ihn die Kraft des lebendigen Wortes ohnehin schon während des alleinigen Vernehmens gestärkt und wenigstens schon zur Hälfte lebendig erweckt hat, und er es dann überleicht hätte, durch seines eigenen freien Willens Tätigkeit sich vollends zu beleben.

Also, nicht beim alleinigen Vernehmen lasset es bewendet sein, sondern zur Tat, zur lebendigen Tat trage ein jeder tief in seinem Herzen diese Worte, so wird er sein ein wahrhaft Weiser in der Ordnung Jehovas, darum ihm lieber sein wird ein lebendiges Haus von tausend im schönsten Kreise stehenden schlankesten Zedern denn ein totes von behauenen Tannen, die da zwar auch in die Erde gesteckt sind, aber da sie selbst tot sind, so verfaulen sie auch bald in der Erde, und weht dann irgendein Sturm über diese toten Häuser, da stürzen sie alsbald ein und töten ihre Bewohner.

Das Haus aus den lebendigen Zedern ist ein sicheres Haus, indem wir allzeit den rechten Schutz finden darinnen.

So wir aber den Samen legen in die Erde, damit wir aus ihm mit der frühestmöglichen Zeit zu einem lebendigen Hause kommen möchten, und zwar in dem Kreis wir den Samen gelegt haben, in dem möchten wir auch schon unser lebendiges Haus erschauen, – müssen wir da aber trotz unserer großen Begierde zum lebendigen Hause nicht zur nötigen Geduld übergehen und unterdessen ruhig wohnen in den behauenen toten Hütten, bis das lebendige Haus völlig dicht und reif dasteht und wir es dann beziehen können?! Und haben wir es einmal bezogen, wie voll Freuden sind wir da darum, dass wir ein so festes lebendiges Haus nun haben, das uns wohl decken kann vor jeglichem Sturm!

Aber wie oft läuft der Mensch mehrere Jahre hindurch mit dem Wasserschlauch um den Bäumchenkreis herum und begießt jegliches sorgsam, damit sie sich ja recht bald hoch über den Erdboden erheben sollen, und er die Stämme bald möchte mit den duftenden Zweigen des Myrten-, Lorbeer- und Balsampalmbaumes einzuflechten anfangen, und die Klüfte auszustopfen mit dem reichlichen Speick der Schafherdenhöhen, und mit wohlduftendem Moose, und also auch sonach vom Hauptmittelebaum ein wohlgeflochtenes Dach aus dem unzerstörbaren Goldstroh zu spannen bis zu den Seitenwand-bäumen!

Seht, solches nennen wir weise; ja, solches ist auch wahrhaft weise getan! Übertragen wir aber diese weise Handlungsweise auch auf uns selbst!

Der allergesündeste Same (das Gotteswort) ist nun im Übermaße ausgestreut. Des lebendigsten Wassers (geweckten Geist) haben wir nun auch in der größten Menge. Der große, heilige, allmächtige Baumeister aller Dinge ist sichtbar unter uns (Gott erschien vor Seiner Menschwerdung in Christus verschiedentlich den ersten geistigen Menschen der Höhe in Menschengestalt, d. Hg.). Wir sind alle erweckt. Wir sind in der heiligen Mitte des hellsten Tages. Die Herdealpen spenden schon überherrlich von den wohlduftenden Kräutern reiche Wohlgerüche zu uns herab. Das Goldstroh ist allenthalben in großer Überfülle schön geraten vorhanden.

Wie wenig alsonach geht uns noch ab, zum Besitz der lebendigen Häuser im Geiste zu gelangen; o denkt, denkt doch, wie sehr wenig!

Und so denn ergreifen wir alle lebendigst tätig das lebendige, heilige Wort, das da ist ein Wort alles Lebens, aller Macht und aller Kraft unmittelbar aus Gott Selbst, und des Lamechs Lohn, die himmlische Ghemela oder die sich über alle Begriffe mild und sanft herablassende Liebe des überheiligen Vaters wird uns nicht entgehen! Ja sie ist schon bei uns; aber nur ergreifen müssen wir sie lebendigst, so werden wir das Ziel erreichen, das uns die endlose Güte und Liebe des überheiligen Vaters selbst vorgesteckt hat! Ein herrliches Ziel, ja ein überherrliches Ziel! Ein Ziel des allervollkommensten, ewigen Lebens!“

J.L., Die Haushaltung Gottes - Band 2 / 25b. Kapitel — Satans Macht und Gottes Allmacht

Nur das Licht des Geistes verschafft wahren Glauben

Jesus:

Rede Ich: „Mein Freund, solange der Mensch bloß aus seinem Verstand heraus Definitionen macht, kann er vom Glauben und vom Gebet auch keine andere Meinung haben, als du sie Mir sehr unumwunden kund gegeben hast. Denn des Menschen Kopfverstand hat keinen andern Weg, als den der materiellen Anschauung und sinnlichen Betastung. Ein geistig lebensvoller Glaube aber kann in einem sinnlichen Gemüt (auf äußere Sinneswahrnehmungen nur gerichtet, d. Hg.) ebensowenig Wurzeln fassen, wie ein Weizenkorn auf einem Granitfelsen. Wohl hat es da eine feste Unterlage; aber weil der harte Fels keine Feuchtigkeit hat, die das Weizenkorn auflöst und den Keim frei macht, so bleibt das Korn auf dem harten Felsen eine Zeitlang was es war. Mit der Zeit jedoch stirbt es dann gänzlich ab, weil es keine Nahrung hat. Was nützt dir all dein Wissen und deines Verstandes Gehorsam, den du Glauben nennst, so dein Geist keinen Anteil daran nimmt?

Siehe, jeder Mensch hat ein doppeltes Erkenntnisvermögen: ein äußeres, das ist der Kopf- oder eigentliche äußere Seelenverstand. Mit diesem Erkenntnisvermögen lässt sich nie das göttliche Wesen erfassen und begreifen, weil es der Seele gerade nur darum gegeben ward, um den Geist in ihr von der Gottheit vorderhand zu trennen und ihm diese auf eine Zeitlang verborgen zu machen. Will nun eine Seele mit diesem alleinigen negativen Vermögen Gott suchen und finden, entfernt sie sich stets desto weiter vom Ziel, je hartnäckiger sie auf diesem Wege dasselbe verfolgt.

Aber die Seele hat noch ein anderes Vermögen, das nicht in ihrem Kopf, sondern in ihrem Herzen wohnt. Dieses Vermögen heißt inneres Gemüt und besteht aus einem ganz eigenen Willen, aus der Liebe und aus einer diesen beiden Gemütselementen entsprechenden Vorstellungskraft. Hat diese einmal den Begriff vom Dasein Gottes in sich aufgenommen, so wird er dann sogleich von der Liebe umfasst und durch ihren Willen festgehalten, – welches Festhalten dann erst ‚glauben' heißt.

Durch diesen Glauben, der lebendig ist, wird der wahre Geist erweckt. Der beschaut dann seinen Erwecker, erkennt und ergreift ihn sogleich, richtet sich darnach auf wie ein mächtig Licht aus Gott und durchdringt dann die Seele und umwandelt in ihr alles ins Licht. Und dieses Licht ist dann der eigentliche Glaube, durch den jede Seele selig werden kann.

Hast du je von diesem allein wahren Glauben etwas vernommen? Du sprichst in dir: Nein, diese Art des Glaubens ist mir völlig fremd; denn ein Denken im Herzen kommt mir völlig unmöglich vor! – Ja, so ist es auch! Es muss dir diese Sache unmöglich vorkommen.

Um im Herzen denken zu können, muss man eine eigene Übung haben; diese besteht in der stets erneuerten Erweckung der Liebe zu Gott. Durch diese Erweckung wird das Herz gestärkt und erweitert, wodurch dann des Geistes Bande lockerer werden, so dass sein Licht (denn jeder Geist ist ein Licht aus Gott) sich stets mehr und freier entwickeln kann. Fängt dann des Geistes Licht an, die eigentliche Lebenskammer des Herzens zu erhellen, so werden auch die zahllosen Urtypen in rein-geistigen Formen an den ebenfalls zahllosen Wänden des Lebenskämmerleins stets deutlicher ausgeprägt und der Seele beschaulich gemacht. Und siehe, diese Beschauung der Seele in ihrem Herzen ist dann ein neues Denken. Die Seele gelangt da zu neuen Begriffen und zu großen und klaren Vorstellungen. Ihr Sehkreis erweitert sich mit jedem Pulsschlag. Die Steine des Anstoßes verschwinden nach dem Maße, wie der Kopfverstand verstummt. Da ist dann kein Fragen nach Beweisen mehr. Denn das Licht des Geistes erleuchtet die inneren Formen so, dass sie nach keiner Seite hin einen Schatten werfen. Somit wird auch alles, was einem Zweifel nur wie im leisesten Hauche ähnlich wäre, für ewig verbannt.

Und so ist denn auch ein Glaube, der sogestaltig im Herzen und nicht im Kopf seinen Sitz hat, ein wahrer und lebendiger Glaube zu nennen: wahr, weil er dem untrüglichen Licht des Geistes entstammt, und lebendig, weil im Menschen nur der Geist im wahrsten Sinne lebendig ist!

In diesem Glauben aber liegt dann auch jene außerordentliche Kraft, von der in den Evangelien zweimal die Rede ist.

Um aber zu diesem alleinseligmachenden Glauben zu gelangen, muss man bei vorerwähnter Übung aufs ernsteste bestrebt sein, darin sobald als möglich eine rechte Fertigkeit zu erlangen. Denn wenn der Mensch zu sehr und zu lange nur für die Ausbildung des Kopfverstandes und durch diesen nur für irdische Zwecke und Wohlfahrten gesorgt hat, da muss es einem solchen Menschen völlig unmöglich vorkommen, auch im Herzen denken zu können.“

J.L., Von der Hölle bis zum Himmel - Band 1 / 35. Kapitel

Das Leben des Glaubens aber ist die Liebe. Was die Gerechtigkeit ist und wie man sie versteht

Eine Jenseits-Szene in der Gesellschaft des Herrn. Petrus scharfe Gerichtsrede über Rom. Paulus' lichtvolle Gegenrede:

„Darauf erhebt sich Petrus und spricht im Namen aller Apostel: „O Herr, Du meine Liebe, Du mein Leben! Zu Rom, der alten Hauptstadt der Heiden, herrscht schon bei eintausend Jahre lang ein aus dem Heidentum, Judentum, wie auch aus Deiner sehr beschnittenen Lehre zusammengesetzter Hierarch. Er nennt sich Papst und Stellvertreter Gottes auf Erden! Seinen Thron nennt er meinen Stuhl und sich selbst meinen Nachfolger! Er gibt vor, im Besitz aller Macht Deines allerheiligsten Geistes zu sein, sucht aber, so er in seinem weltlichen oder geistlichen Regiment durch Aufstände bedrängt wird, nie Hilfe in seiner angeblichen Kraft des Heiligen Geistes, sondern nur bei den größeren Machthabern der Welt. Dieser Papst ist nun in großer Klemme und ruft öffentlich Maria – als seine vermeintliche alleinige Helferin – um Schutz und baldige Wiederherstellung seines Reiches an. Da er aber bei sich an solche Hilfe gar nicht glaubt, lässt er nun auch noch andere Hilfe kommen, gegen die er wohl flüchtige Scheinproteste erhebt, um der Welt gewisserart zu zeigen, dass er Schutz aus den Himmeln zur Genüge habe und somit keiner anderen Hilfe bedürfe. Aber so sich's die weltlichen Machthaber trotz aller seiner Proteste nicht nehmen ließen, ihm zu helfen, sei es dann aber auch klar, dass diese Helfer heimlicherweise von der mächtigsten Himmelskönigin angetrieben werden, der Kirche Gottes auf Erden zu helfen, so die Pforten der Hölle sie zu überwältigen drohen! – Was sagst denn Du, o Herr, zu dieser Gemeinde?

Der Bruder Paulus stiftete sie wahr und rein; und sie erhielt sich durch mehrere hundert Jahre mehr oder weniger rein. Aber nun ist diese Gemeinde seit nahe eintausend Jahren in ein allerschmutzigstes, oft sogar böses Heidentum übergegangen, gierend nach nichts als Gold, Silber, Herrschergröße und nach der absolutesten Herrschaft über alle Völker der Erde. Und für die Erreichung dieses Zweckes sendet sie in alle Gegenden die verschmitztesten Missionare aus! – Sage, o Herr, wirst Du solch einem über alle Maßen argen Treiben wohl nimmer irgendein Ziel setzen?

Siehe, die Völker, die sich lange von dieser vorgeblichen Himmelstochter am Narrenseil ganz geduldig herumzerren ließen, haben sich endlich einmal erkühnt, ihr nunmehr die glänzende Larve herabzureißen. Nun bietet sie alles mögliche auf, die starken Risse ihrer alten Larve auszuflicken und soviel als möglich unkenntlich zu machen. Herr, es geschehe Dein Wille! Aber das meine ich denn doch, dass Du dieser elenden Kreatur lange genug durch die Finger gesehen hast! Es wäre daher endlich einmal an der Zeit, sie gänzlich aus dem Buch der Lebendigen zu streichen und ihren Namen in das Buch der Toten zu übertragen!

Denn lässt Du sie wieder zu Kräften kommen, so wird sie sich nicht nur nicht bessern, sondern wird ihr Hurengetriebe nur noch glänzender aufrichten, so dass auch jene, die nun an Dich hielten, von ihrem üppigen Schoß angelockt, mit ihr im sinnlichsten Vollmaße werden zu buhlen anfangen. Und Dir wird dann in Kürze dennoch nichts übrigbleiben, als mit ihr zu machen, was Du dereinst mit Sodom und Gomorra zu tun genötigt warst.

Es ist wohl wahr, dass uns diese Erzhure eine Menge der allerschönsten Kinder geboren hat und darum auch Deine große Geduld und Nachsicht bei tausend Jahre mehr oder weniger ungetrübt genoss. Und ich habe darob selbst eine rechte Freude gehabt samt allen meinen Brüdern.

Nun aber ist sie ob ihrer zu großen Verworfenheit unfruchtbar geworden und wird uns wenig schöne Kinder mehr zutage fördern. Daher meine ich, dass es endlich doch an der Zeit wäre, ihr den verdienten Lohn zu geben. Aber es geschehe dennoch ewig nur allein Dein heiliger Wille!"

Rede Ich zu Paulus: „Bruder Paulus, sage nun auch du, als ein Lehrer der Heiden, ob du mit all diesen Vor- und Anträgen einverstanden bist? Denn in Bezug auf die Heiden hast du eine Hauptstimme. An euch ist es, wie Ich Selbst es euch verheißen habe, zu richten die Geschlechter auf der Erde!"

Paulus verneigt sich und spricht: „O Herr, ich habe die Heiden vielfach beobachtet und habe ihnen gepredigt Dein Wort, das sie mit großer Begierde und Freude annahmen, wodurch sie sich teilhaftig gemacht haben Deiner Gnade. Und doch waren sie Kinder des Vaters der Lüge und des Hochmuts! Die Kinder Abrahams aber kreuzigten den hohen Gesandten von Gott und erkannten ihn nicht! Ich frage: Was ist da wohl rühmlicher, ein Heide oder ein Nachkomme Abrahams? Was haben denn da die Juden für einen Vorzug vor den Heiden? Dass Gott nur mit diesem Volk geredet hat, ist denn das ein Verdienst des Volkes oder ist es nicht vielmehr eine Gnade Gottes? Oder glaubt wohl ein jeder Jude, dass Gott mit seinen Vätern geredet hat? Ich finde unter allen Juden und Heiden nichts, das ich Gerechtigkeit und Verdienst nennen könnte. Gott, unser Herr und Vater ist allein wahrhaft und gerecht! Alle Menschen aber, ob Juden oder Heiden und nunmalige Christen sind falsch und vor Gott nichts nütze!

So aber der Heiden Ungerechtigkeit Gottes Gerechtigkeit dennoch preist, was wollen wir denn dann noch richten?! Kannst Du, o Herr, Dich darüber erzürnen? O nein, das ist ferne von Dir! – Denn so Du Dich darüber erzürnen möchtest, da müsstest Du ja ungerecht sein, und das ist ewig ferne von Dir! Denn wer wohl würde die Welt erhalten, wenn Gott so dächte, als wäre Er gleich wie ein Mensch!

Welchen Vorteil haben wir dabei, so wir schreien: ‚Herr, siehe doch endlich an die Ungerechtigkeit Deiner Völker!' – Ich sage euch: Gar keinen Vorteil! Denn wir wissen nur zu genau, dass alle Menschen vor Gott Sünder sind – wie denn auch geschrieben steht: ‚Da ist auch nicht einer, der da gerecht wäre vor Gott!' So wir aber das wissen, wie können wir denn Gott zum Gericht auffordern, als wären wir ohne Sünde?

Sagt mir doch, welches Ruhmes kann sich jenes schöne Weib dort (die Helena, d. Hg.) an der Seite Gottes rühmen? Welch ein Verdienst hat sie denn gerechtfertigt vor Ihm? Und dennoch sitzt sie neben Ihm pur aus Seiner Gnade! Und welches Verdienst hatte denn ich vor Ihm, der ich die verfolgte, die an Ihn glaubten! Seht, ich war ein Täter des Übels und war die Ungerechtigkeit selbst. Aber Gott kehrte sich nicht an meine Sünden, sondern berief mich, als wäre ich ein Gerechter. Und ich folgte dem Ruf Seiner Stimme und ward sobald gerechtfertigt durch Seine Gnade! – Wollt ihr nun Gott darum der Ungerechtigkeit zeihen, weil Er mir gnädig war?

Wer von euch kann denn wohl vor Gott sagen, dass er verständig sei und weise? Ich sage es euch: da ist nicht einer! Und dennoch wollen wir Ihn zu einem Gericht nötigen? Wer aus uns kann sagen: Ich bin nie von Gott abgewichen und bin vor Ihm nie untüchtig geworden? Ich sage euch, da ist von uns allen auch nicht einer um ein Haar besser als ein anderer, und dennoch schreien wir: ‚O Herr, siehe doch endlich einmal die große Bosheit der Menschen auf der Erde an und züchtige sie!‘

Was gilt es denn, so der Herr am Ende aufsteht und spricht wie dereinst dort im Tempel zu Jerusalem zu den Juden, die Ihm eine Ehebrecherin vorgeführt haben – ob wir uns dann nicht auch aus dem Staub machen werden?! – Ich sage es euch: Nicht einer unter uns ist es, der da sagen könnte: ‚Herr, ich habe nur Gutes getan und bin mir keiner Sünde bewusst!' – Ja, wer von uns ein Narr ist, der kann es sagen, gleich dem Pharisäer im Tempel, der auch Gott pries, dass Er ihn so überaus gerecht werden ließ! Aber, wie wir alle es wohl wissen, der Herr hat seine Rechtfertigung verworfen und die des sündigen Zöllners angenommen!

Da wir aber alle wissen, was vor dem Herrn gilt, warum bitten wir Ihn denn, zu handeln nach unserem Ermessen, als wären wir weiser denn Er? Was haben wir denn, das wir nicht empfangen hätten von Ihm? Was rühmen wir uns denn, als hätten wir es nicht empfangen und schreien Ihm die Ohren voll und sagen: ‚Siehe, siehe, o Herr!' als wäre er taub und blind und von schwachem Verstand und ebenso schwachem Willen! O sagt mir, Freunde, welche Wege haben denn wir selbst angelegt, ohne dass Er uns mit Seinem Finger den unwandelbaren Plan ehedem vorgezeichnet hätte?

Da wir aber schon alles von Ihm haben und alles, was wir waren und was wir nun sind, nur durch Ihn und in Ihm sind – wie können wir dann sagen: ‚Herr, erfülle endlich, was Du verheißen, und vertilge die

Täter des Übels auf der Erde!‘ Ich meine, dass wir da sehr vorlaut wären!

Seht, der Menschen Mund war allzeit ein offenes Grab! Ihre Zungen redeten allezeit Lügen, ihre Füße eilten allezeit, Blut zu vergießen! Und alle ihre Wege waren stets voll Unfall, Trübsal, Herzeleid und Bedrängnis aller Art. Den wahren Weg des Friedens aber hat noch kein Sterblicher erkannt in seiner Tiefe; denn die Furcht Gottes war ihnen stets noch wie ein Traum!

Wir wissen aber: Was das Gesetz sagt, das sagt es denen, die unter dem Gesetz sind, nicht aber auch denen, die entweder über dem Gesetz wohnen, oder vom Gesetz nie etwas gehört haben, auf dass aller Welt endlich einmal der Mund verstopft werde und sie endlich einsehe, dass wir und alle Welt ewige Schuldner zu Gott sind und verbleiben! Fasst doch einmal das: Kein Fleisch kann je durch das Gesetz vor Gott gerechtfertigt werden, wenn es auch erfüllt würde bis zum letzten Jota! Denn durch das Gesetz kommt ja die Erkenntnis der Sünde! Wer aber die Sünde erkennt, der ist aus der Sünde, und die Sünde ist in ihm!

Wir aber haben eine neue Offenbarung erhalten, in der uns wie schon ehedem durch die Propheten und ihre Gesetze gezeigt wird, dass die Menschen auch ohne das Hinzutun des Gesetzes zu jener wahren

Gerechtigkeit gelangen können, die allein vor Gott gilt. Warum schreien wir denn trotzdem. ‚Herr, richte sie und gib ihnen den verdienten Lohn und vertilge ihren Namen im Buch des Lebens!' Wohl sagt ihr allezeit am Ende: ‚Aber nur Dein Wille!' Aber das entschuldigt eure Herzen nicht! – Wahrlich, eher möchte ich in den Tod gehen, als zum Herrn sagen: ‚Herr, tue dies und jenes!' – Haben denn wir dem Herrn einen Sinn gegeben, oder haben nicht wir vielmehr alle Sinne von Ihm? Und dennoch reden wir, als bedürfe Er unseres Rates!? Wenn Kinder lallen, solange sie noch unmündig sind, da mag so etwas wohl angehen; aber alte Bürger des Himmels – meine ich, Paulus – sollten doch schon wissen, was sie sind und wer der Herr ist!

Wer die Sünde richten will, der muss selbst ohne Sünde sein, denn es ist unmöglich, dass ein Sünder den andern richten soll. Wenn aber vor Gott alle Menschen Sünder sind und die Ungerechtigkeit ihr Anteil ist – mit welchem Rechte wollen sie denn da richten?

Ja, wir haben wohl eine Gerechtigkeit, die da gilt vor Gott. Aber diese kommt nicht aus unserer Erkenntnis über die Sünde und Nichtsünde und auch nicht aus dem Gesetz und aus den Werken nach dem Gesetz – sondern aus dem Glauben an Ihn *und aus der reinen*

Liebe zu Ihm! – Und diese Gerechtigkeit heißt ‚Gnade' und ‚göttliche Erbarmung'!

Es gibt vor Gott keinen Unterschied zwischen Menschen und Menschen, denn sie sind allzumal Sünder, so oder so, und mangeln des gerechten Ruhmes, den sie vor Gott haben sollen! Wenn sie aber nach ihrem Glauben von Gott angenommen werden, so werden sie doch ohne Verdienst gerecht, pur durch Seine Gnade, welche hervorgeht aus Seinem höchst eigenen Werk der Erlösung. So wenig wir Gott geholfen haben, die Welt und alle Himmel zu erschaffen, ebensowenig konnten wir Ihm bei dem noch größeren Werke der Erlösung behilflich sein! So wir aber an dieser zweiten, größten Schöpfung und Neugestaltung aller Dinge unmöglich einen verdienstlichen Teil haben können, da eben wir selbst die Erlösten sind, wie sollen wir uns nun an dem allein Gott zukommenden Richteramt beteiligen wollen, indem wir doch selbst als Begnadigte die Erlösten sind?

Kennt ihr aber den wahren Richterstuhl Gottes? – Seht, dieser ist Christus, in dem da wohnt ewig die Fülle der Gottheit körperlich! Dieser Richterstuhl Gottes aber ist durch Seine eigenen Werke zu einem Gnadenstuhle geworden und kann gnädig sein, wem Er will, und barmherzig, wem Er barmherzig sein will!

Wo aber bleibt sonach unser Ruhm? Durch welches

Gesetzes Werk soll er unser sein? Gibt es denn ein Gesetz ohne Sünde oder eine Sünde ohne Gesetz?

Wir aber haben dennoch einen Ruhm und eine Gerechtigkeit! Aber nicht aus dem Gesetz noch aus den Werken danach, sondern pur aus Seiner Gnade, deren wir teilhaftig wurden durch den Glauben an Ihn und an die Werke der Erlösung! Aber diese Gerechtigkeit gibt uns vor Gott dennoch kein Recht, mit Ihm zu Gericht zu sitzen, indem wir vor Ihm, wenn auch hier als schon Hochbegnadigte, dennoch dieselben Sünder sind, die wir allezeit waren.

Da wir aber nur aus dem Glauben heraus vor Gott sind gerecht worden und nicht nach der Erfüllung des Gesetzes – da sollte ja der Glaube das Gesetz aufheben? Oh, das sei ferne! Denn der Glaube richtet das Gesetz erst auf und macht es lebendig. Aber das Gesetz richtet den Glauben nicht auf, sondern tötet ihn, so es nicht zuvor durch ihn lebendig geworden ist!

Das Leben des Glaubens aber ist die Liebe! Und das lebendige Gesetz ist die Ordnung der Liebe! Wenn dann der Glaube gerecht ist, so ist alles gerecht. Ist aber der Glaube falsch, so ist auch die Liebe falsch und ihre Ordnung so gut wie keine!

Wer aber kann dafür, so jemand einen falschen Glauben überkommt aus einer falschen Lehre? Ich aber sage: Wer da glaubt, wie er gelehrt wurde, dessen

Glaube ist dann auch ohne Falsch bei dem, der da glaubt; und er wird die Gnade finden! Aber wehe dem Lehrer falscher Lehre! Denn er ist ein Täter des Übels und ein Störer der göttlichen Ordnung! Aber nicht wir, sondern allein der Herr kann ihn richten!

Als aller geschaffenen Geister größter und reinster mit Satan auf Sinai um den Leib Mosis rang, was dir, Bruder Moses, bekannt ist – da richtete der mächtige Geist den Satan dennoch nicht, sondern sprach zu ihm: ‚Der Herr wird dich richten!' So aber sich ein Michael kein Gericht über Satan anmaßte, wie sollen wir da über unsere Brüder richten oder den Herrn zu einem Gericht vermögen wollen? Oh, das sei ferne von uns!

Ich aber sage: der Herr handelt und richtet lange schon und hat nicht gewartet auf unseren Rat! Daher betrachtet auch diesen nunmaligen Rat für eitel! Aber so der Herr zu euch sagen wird, tuet dies und jenes, da sei euer ganzes Wesen pur Tat nach dem Wort des Herrn! Denn des Herrn Wort ist schon die vollste Tat in euren Herzen.

Dir, o Herr, aber danke ich, dass Du dieses Wort in meinen Mund gelegt hast! Möchte es doch auf Erden wie in allen Himmeln die besten Früchte tragen! Dir allein aller Ruhm und aller Preis ewig! Amen!"

Rede Ich: „Paulus! Du bist wie Mein rechter Arm und Mein rechtes Auge. Dich habe Ich zu Meinem

Rüstzeug erkoren, und das wirst du auch verbleiben ewig. Du hast recht geredet in allem, und es verhält sich also!“

J.L., Von der Hölle bis zum Himmel - Band 1 / 81. Kapitel

Der vergangene, zukünftige und gegenwärtige Christus

Eine Nebenkundgabe des Herrn an Seinen Schreiber J. Lorber auf dessen Anfrage hin:

„Schreibe nur, was du hast! Aber auf die gewisse menschliche Art zu gratulieren, ist Meine Sache nicht – sondern zu lehren, zu ziehen, zu führen und den Wanderer auf jene Wege zu lenken, die da führen in Mein Reich – das ist Meine Art! Und in der Art will Ich dir auch jetzt für deinen Freund etwas geben!

Höre du, Mein lieber A. H.-W., recht wohl, was Ich dir nun durch Meinen Knecht kundtun werde! – Ich sage dir, es tut dir und deinem Hause Not!

Siehe, du hast wohl einen recht festen Glauben; aber deine Liebe in deinem Herzen ist noch bei weitem nicht so fest wie dein Glaube – und das darum, weil du noch stets deine Liebe an Meine sichtbare Persönlichkeit hängst und suchst Mich irgend zu vernehmen und zu erschauen. Und erst so du Mich irgend erschautest oder wenigstens vernähmest, da würde dann auch dein Herz für Mich vollkräftig entflammen.

Und siehe, gerade so steht es auch mit deiner Familie! Ihr liebt alle den Christus, der einst lehrte auf der Welt oder der da wiederkommen möchte, zu richten die Welt – also den vergangenen oder den zukünftigen Christus liebt ihr nur!

Aber das ist gefehlt! Denn bei solcher Verfassung kann Ich Mich euch nicht nahen als euer Vater in der Gegenwart, sondern nur als der der Vergangenheit oder der der Zukunft, und kann euch nicht kräftigen, weil ihr Mich nur in eurer Erinnerung ehrt, aber nicht in eurem Herzen lebendig liebt!

Wie aber die Erinnerung ihre Gegenstände bald recht lebhaft erfasst und bald wieder ganz fallen lässt, so ist es auch bei euch mit Mir der Fall! – Lest ihr gerade etwas Erbauliches von Mir, dann seid ihr wie voll Liebe zu Mir – aber das ist nicht Liebe, sondern nur eine zeitweilige Aufregung eures Erinnerungsvermögens. – Sobald ihr euch umkehrt und etwas anderes erschaut, da schließt sich eure Erinnerungskammer im Kopf, und Ich bin draußen, als wäre Ich kaum je darin gewesen.

Ihr könnt dann Visiten machen, mit der Welt verkehren, euch belustigen mit weltlichen Dingen, allerlei Zeug plaudern, euren Leib zierlich bekleiden. Und so irgendein Freund oder eine Freundin euch besucht, da könnt ihr mehr Freude haben, als je irgend in der kurz dauernden Erinnerung an Mich!

Denn an alledem hindert euch der vergangene wie der zukünftige Christus nicht, der wohl in eurer Erinnerung, aber nicht in euren Herzen wohnt! – Ich aber sage dir und deiner Familie und euch allen: Der vergangene und der zukünftige Christus wird euch wenig nützen, so ihr nicht den gegenwärtigen lebendig in euren Herzen tragt!

So Ich Meinen Knecht heute von euch nehme, durch den Ich euch bereits vier Jahre lang tagtäglich Erbauliches zusende und euch so nur ein bisschen von der Weltfreundlichkeit heimsuchen lasse – da werdet ihr Mich nach und nach so schön unvermerkt aus eurer Erinnerung spielen, dass dieser Erinnerung kleine Fünklein euer Herz kaum mehr auf Augenblicke für Mich entzünden werden.

Ihr freut euch nun wohl allezeit, wenn ihr von Mir etwas vernehmt, aber eure Freude ist nicht bleibend, weil sie mit eurer Erinnerung gleichen Schritt geht. Und ihr freut euch dann bald danach auf irgendein vorhabendes weltliches Vergnügen mehr als auf Mich und macht Pläne, was ihr tun werdet, ohne zu bedenken, dass ihr ohne Mich nie etwas tun könnt und noch viel weniger tun sollt.

Und so Ich euch daran hindern möchte, dann könnt ihr darob sogar traurig werden und sagen: Aber dürfen wir denn gar keine Freude haben?!

Ich aber sage: Ihr sollt ja Freude haben, und nimmer soll die Freude von euch genommen werden – aber Ich sollte stets eure größte Freude sein!

Fragt euch selbst: Was bietet euch wohl eure selbstgemachte Freude? Wie lange dauert sie? – Wenige Stunden habt ihr wieder unnütz mit der dummen Welt vergeudet, dumm verplaudert und verlacht. Dann steht ihr wieder am alten Fleck! Und nur Meiner endlosen Liebe und Geduld habt ihr es zu verdanken, dass ihr nach einer jeden weltlichen Freude nicht zurück, also dem Tode näher gekommen seid!

Bei solchen Verhältnissen ist von einem merklichen Fortschritt zu Mir noch lange keine Rede, und Ich bleibe stets noch euer „vergangener“ oder „zukünftiger“ Christus.

Ich aber sage dir dies alles gerade an diesem deinem Geburtstag, auf dass du mit deinem ganzen Haus für die Zukunft Mir näher kommen mögest, als das bis jetzt der Fall war!

Du kennst die Wege zu Mir. Willst du aus dem vergangenen oder zukünftigen Christus dir einen gegenwärtigen, lebendigen Christus bereiten, so musst du vollernstlich auf diesen Wegen wandeln und dein Haus mit dir! – So wirst du Mich von deiner Erinnerung in dein Herz bringen und wirst dann erst jene Freude überkommen, die dir keine Welt und keine Ewigkeit mehr wird nehmen können auch nur auf einen allerkürzesten Augenblick!

Diese endlose Freude aber wirst du nicht eher überkommen, als bis du mit Paulus wirst sagen können: „Nun lebe nicht mehr ich, sondern Christus lebt in mir!“

Siehe, alle Welt ist Mein Feind; wie aber kann jemand sagen, dass er Mich liebe, so er andererseits dennoch der Welt die Hand zum Gruß bietet?!

Beachte daher diese Meine neue Belehrung und Ermahnung, so wirst du bald zu jener Freude gelangen, die niemand mehr von dir nehmen wird! – Das sei dir Mein Wunsch und Meine väterliche „Gratulation“ zu diesem deinem Geburtstag! Und Meine Gnade, Liebe und Erbarmung sei mit dir ewig! Amen.“

Wie sich der tote Glaube vielfach gestaltet

Der Herr:

„Siehe, viele weltliche Dichter schrieben und schreiben „Nocturnos“ und haben doch keinen rechten Grund dazu. Daher werde doch wohl auch Ich irgendein Nocturno zuwege bringen, da Ich nun gar viel Grund dazu habe.

Was ist denn eigentlich ein „Nocturno“? – Es ist ein Nachtstück oder ein Stück, das in der Nacht spielt oder nur in der Nacht gegeben wird. – Ein solches Stück wird etwa doch nicht schwer zu geben und noch leichter zu machen sein, da nun auf der Erde überall die größte Nacht herrscht und alles, was da vorkommt, ein wahrstes Nocturno ist!

Komme Ich Selbst zu den Menschen durch den Geist Meiner Liebe, so kommt dieser, Mich tragend, allezeit ins größte Nocturno der Menschen! – Denn einige wenige glauben es zwar wohl, aber sie machen den Glauben nicht lebendig durch die Werke und haben nur wenig oder wohl gar kein Vertrauen aus ihrem Sologlauben an Mich! Daher ist da sehr viel Nocturno!

Andere glauben nichts, tun, was sie wollen, und setzen all ihr Vertrauen auf Silber, Gold und Aktien. – Da ist noch bei weitem mehr Nocturno!

Andere wieder sind voll Glaubens, voll Eifers, voll guten Willens und haben Liebe und Vertrauen – solange ihr Leib so recht kerngesund ist. Wenn Ich aber ihr Fleisch nur ein wenig heimsuche, so ist auch bei ihnen alsbald alles Nocturno. – Wenn auch der Glaube noch eine Zeit anhält, so geht aber die heilige Liebe zu Mir und ihr festes Vertrauen auf Mich ins barste Nocturno über. Denn da jammern sie bald entsetzlich und trauen Mir in ihrem Herzen gerade so viel, wie einem Arzt, der noch nie so glücklich war, irgendeinen Patienten von einer Krankheit zu retten, sondern einen jeden, der sich ihm anvertraute, in die andere Welt expedierte! – So etwas wird doch ein ganz echtes Nocturno sein?!

Wieder gibt es Menschen, die nur dann recht begeistert von Mir reden und Mich nur dann loben, wenn sie so ein wenig vom Wein oder Bier begeistert worden sind. Ist aber dieser Geist verflogen, dann bin Ich zu einem ganz trockenen Patron ihres Herzens geworden. Da ist kein Enthusiasmus, keine liebeglutsprühende Rede und kein diamantenes Vertrauen mehr zu verspüren! – Ist das etwa nicht auch ein Nocturno?!

Und so hie und da Mein Wort so trocken behandelt wird, wie da ist der Sand der Wüste Sahara in Afrika, daneben aber irgendein überaus dummer und fader Roman wie eine Heilquelle – das wird doch etwa auch ein echtes Nocturno sein, wenn man den Dreck für Gold, das Gold aber, das echte Gold, für einen baren Dreck ansieht!? – O das ist ein wahres Nocturno-Solo!

Wenn Menschen aus Gewohnheit oder aus Politik in die Bethäuser laufen und darinnen entweder schlafen oder ihresgleichen begaffen und kritisieren, lüsterne Blicke auf üppige Dirnen (eingebildete, aufreizende Frauen) werfen, und diese umgekehrt die Schnauzbärte und Modefräcke der Stutzer (eingebildete, selbstgefällige Männer) beliebäugeln und gar nicht bedenken, dass Meine Häuser Bethäuser sind und nicht Modebazars und ebenso wenig Schlaf-, Ausricht- und Stelldicheinhäuser – so etwas wird doch auch wieder ein allerbarstes Nocturno sein?!

Oh – und das ist ein Nocturno nonplusultra, wenn man sich in der christlich sein wollenden Kirche für allerlei gottesdienstlich sein sollende Handlungen ganz wuchermäßig zahlen lässt und gegen Zahlungsunfähige sogar Exekution führt – was vorzugsweise dann geschieht, wenn einem verstorbenen Bruder ein sogenannter kirchlich-christlicher Liebedienst (als da ist eine Beerdigung und das Beten für ihn) erwiesen wird, der Tote nachweislich kein Geld hatte und seine Hinterlassenen, das nicht wissend, ihn doch etwas besser als irgendeinen Selbstmörder wollten beerdigen lassen. Da erscheint dann bald der Kirchendiener mit einem Konto, wie ein Fleischer am Ende des Jahres bei einer Herrschaft, der er das ganze Jahr hindurch auf Rechnung geliefert hat! – Ob das nicht auch ein ganz entsetzlich grobes Nocturno ist?!

Und was etwa ist das, wenn so manche Große alles Licht von ihren schwächeren Brüdern durch allerlei finsteres Blendwerk mit Gewalt hintanhalten?! – O das wird sicher auch ein ganz sonderlich gewaltig starkes Nocturno sein?!

O Nocturno über Nocturno in allen Winkeln der Erde! – Nocturno in der Religion, Nocturno in aller Wissenschaft, Nocturno im Glauben, Nocturno in der Liebe zu Mir und zum Nächsten, Nocturno in allem Tun und Lassen, Nocturno im Handel und Wandel, Nocturno in aller Freundschaft, Nocturno in der Treue, Nocturno im Halten des Versprechens, Nocturno in der Beharrlichkeit zum Guten und Wahren – und dergleichen Nocturnos noch eine unzählige Menge!

Daher aber auch von Mir aus ebenso viele Nocturnos gegen die Menschen! – Ihre Gebete sind für Mich Nocturno und werden nicht erhört. – Die große allseitige Not – Nocturno, Ich kenne sie nicht! – Ihr Jammer und ihre große Trübsal – Nocturno, Ich sehe sie nicht! – Seuche, Hungersnot, Pestillenz – Nocturnos, Ich will Mich alles dessen nicht annehmen! – Die Aussicht auf ein einstiges ewiges Leben in Meinem Reiche – sehr starkes Nocturno mit Begleitung des Heulens und Zähneklapperns! Ich kümmere Mich dessen kaum! – Und so noch eine Menge Nocturnos von Mir aus!

Nocturno her – also auch Nocturno hin! Und somit Nocturno für Nocturno! – Seht aber zu, dass bei euch nicht auch irgendein Nocturno einreißt, da Ich dann genötigt wäre, ihm auch mit einem Kontra-Nocturno zu begegnen! – Dieses beherzigt recht tief! Amen.“

J.L., Himmelsgaben, Band 2 / 47

Für den Lebendigen ist alles lebendig und für den Toten alles tot - Kirchengeist und Liebesgeist

Der Herr:

„Dem, der da ist ein Furchtsamer vor Mir (mehr der Kirche als Meinetwegen) und doch gerne ein tröstendes Wort hätte, da er meint, Ich hätte etwas wider ihn, der Schwäche seines Glaubens wegen – weil Ich nicht sogleich auch ihm tat, wie denen, die schon jahrelang sich nach Meinem Licht gesehnt haben, da er noch ruhig lebte in der Außenkirche und den rauschenden Wind hielt für Meinen Geist und den Donner für die Stimme des Lebens im Sohne – diesem sage:

Ich habe sein Herz angeschaut und habe einen guten Keim in demselben gefunden. Er soll ja recht fleißig denselben begießen mit dem Wasser des Lebens aus Mir, das er in großer Fülle finden wird in der Schrift des Alten und Neuen Testamentes. Dann wird dieses Senfkörnlein aufgehen in üppiger Frische. Und dann werden viele Geister der Himmel munter und fröhlich kommen und werden Wohnung machen unter seinen vielen Ästen und Zweigen. Und so Ich dann sehen werde die große Freudigkeit der munteren Geister unter den Ästen und Zweigen des neuen Gewächses aus Mir (in ihm), dann werde Ich kommen und auch seinen Geist in Bälde völlig erwecken und ewige Wohnung machen bei ihm.

Er soll nicht ängstlich sein, so er Mich liebt, und soll nicht denken, die Kirche aus Steinen sei lebendig, die doch ebensogut wie ein anderes Haus von Menschenhänden gemacht ist! Noch soll er denken, das Heil bringen ihm die Messen, die da sind ein stummer Dienst, oder die Beichte, die euch unnütz ist, so ihr euch nicht ganz ändert in euren Herzen, oder all die Sakramente, die ein wahres Gift der Seele sind, so ihr sie nicht lebendig macht durch die wahre Liebe zu Mir in eurem durchläuterten Herzen.

Er soll wissen: für den Lebendigen ist alles lebendig und für den Toten alles tot. *Wer Meine Liebe d.h. die reine, himmlische Liebe zu Gott und zum Nächsten hat, der hat Mich Selbst, das Leben alles Lebens, in sich.* Wer aber Meine Liebe nicht hat, der ist gleich der Materie, die tot ist aus dem Tode des Zornes Gottes; er ist selbst tot, und das Leben geht stumm an ihm vorüber, wie er selbst stumm fürs Leben ist.

Daher sehe du, Samuda, nur nach Meiner großen Liebe und suche sie überall! Und wo du sie finden wirst, da, glaube Mir, ist auch Leben. Und darum *lasse dich an nichts binden, als nur einzig an Meine Liebe, so wirst du leben,* und wenn du auch stürbest zu tausend Malen!

Suche nicht das Licht, welches tot ist, sondern die Liebe – so wird dir Licht werden in großer Fülle lebendig aus Mir, der Ich bin die Liebe und das Leben selbst von Ewigkeit zu Ewigkeit. – Amen. – Ich, Jesus-Jehova, Amen."

J.L., Himmelsgaben - Band 1 / 8. Kirchengeist und Liebesgeist

Liebt Mich zuerst - dann wird euer Glaube lebendig werden

Auf eine Anfrage über Markus 12,30
„Du sollst Gott, deinen Herrn, lieben von ganzem Herzen, von ganzer Seele, von ganzem Gemüte und mit allen Deinen Kräften! – Das ist das vornehmste Gebot.“

Jesus:

„O ihr, Meine lieben Kinder! So kleine Dinge begreift ihr nicht, die doch euer tägliches Brot sind und sein sollen?! Sagt, wie werdet ihr denn dann Größeres verstehen, etwa ein Evangelium der Kräuter, der Pflanzen, der Sträucher, der Bäume und all des Grases, so auch der Steine, der Erde, des Wassers, der Luft, des Feuers und all der Gestirne, wie auch all der Tiere, welches alles zeugt von Mir!? Und wie viel weniger werdet ihr hernach erst fassen Unbegreifliches, Geistiges und Himmlisches!? Wie wollt ihr einst speisen an der großen Tafel Abrahams, so alle eure Zähne (Weisheit aus dem Glauben des Wortes) hohl geworden sind von den Weltsüßigkeiten und somit unfähig, euer tägliches Brot zu verkauen, um welches ihr doch täglich in Meinem Gebete bittet (leider die große Menge ums Brot der Würmer!)!?

Seht, die Ursache ist: Da ihr mehr liebt die Weisheit denn die Liebe und habt deshalb wenig Liebe und darum auch ebenso wenig wahren Verstand als gerechte Mitgabe der Liebe.

Liebtet ihr Mich aber zunächst wie die Kinder ihre Eltern vor der Zungenlöse, oder wie eine rechte Braut ihren Bräutigam vor der eigentlichen näheren Bekanntschaft – dann würden Ströme des Lichtes aus euren Lenden fließen!

Daher müsst ihr umgekehrt werden und *zuerst lieben*! *Dann wird euer Glaube lebendig werden.* Sonst aber wird euer Kopf angestopft mit allerlei, gleich dem Magen eines Ochsen, und euer Herz aber wird leer bleiben wie ein Windbeutel. – An euren Kindern aber sollt ihr euren Irrtum gutmachen – und dann werden wie sie.

Das ist aber das Verständnis jenes „täglichen Hausbrotes“:

„Aus ganzem Herzen“; hier ist unter „Herz“ zu

verstehen der Geist des Lebens, der als treues Ebenbild Meiner Liebe in der Prüfungsperiode in euch und eigentlich die pure Liebe ist. – Dann „aus ganzer Seele“; hier ist unter „Seele“ zu verstehen ein ätherischer Leib des Geistes, der ganz durchdrungen werden soll von der Ur-liebe in ihr, damit sie dadurch lebendig werde in allen ihren Teilen. – „Von ganzem Gemüte“; hier sind unter „Gemüt“ zu verstehen eure naturmäßigen Wisstümlichkeiten, die da alle sollen gefangen werden von Meiner Liebe in euch, damit die Seele, als Leib des Geistes, Festigkeit bekomme mit Haut und Haaren und bekomme Füße zum Stehen und Gehen und Hände zum Greifen und Handeln und Augen zum Sehen und Ohren zum Hören und Nase zum Riechen und einen Mund, versehen mit all dessen Bestandteilen und tauglich, zu nehmen höhere und bessere Speisen und selber zu reden Worte des Lebens aus Mir – welches alles hernach sind „all die Kräfte“, die da auch sein sollen voll Liebe!

Seht, das ist das kurze und sehr leichte Verständnis des kleinen Textes aus den Worten Meines lieben Markus und aller Gleiches Sagenden. Aber wohlgemerkt, nicht für euren Verstand, sondern für euer Herz habe Ich es euch gegeben, damit ihr Mich Meiner Bereitwilligkeit wegen doch endlich einmal sollt zu lieben anfangen, so auch alle übrigen Dinge von Mir nicht vermögen würden, euch zur Liebe zu Mir zu stimmen.

Daher fasst es wohl in euer noch leeres Herz, damit es täglich gesättigt werde mit dem Hausbrot der Himmel. – Das wünsche vor allem Ich, euer heiliger und überguter Gott, als Vater im Sohne Jesus-Jehova. – Amen, Amen, Amen."

J.L., Himmelsgaben - Band 1 / 15. Das vornehmste Gebot

Die Liebe bringt alles mit sich, der Glaube aber nur sich selbst

Der Herr:

„Denn wahrlich sage Ich euch: Der Sünder mag tun, was er will, er mag die Gebote noch strenger halten als der Mond seine Viertel und die Erde ihrer Jahreszeiten, er mag beten bei Tag und Nacht und mag Buße tun auf glühenden Eisen und mag fasten und sich kasteien, dass alle Welt darob in das größte Erstaunen gesetzt würde, so sie die außerordentlichen Werke seiner Buße sehen möchte – ja Ich sage, er möge seine Haut ausziehen und einen Toten damit bekleiden, und er kann einen Glauben haben, dass er sich sogar die Sterne untertänig machen mag – so er aber die Liebe nicht hat, wahrlich, sage Ich, dann wird er wohl seinen Lohn bekommen, um den er gearbeitet und solches getan hat; aber mit dem Kleide der Unschuld wird er nimmer angetan werden, weil nur die Liebe einzig und allein das wahre Kleid der Unschuld ist. Und es werden über seinem Haupt schweben mit dem Kleid der Unschuld Angetane gleich den lichten Nebelstreifen, die ihr gestern hoch über die Berge habt schweben gesehen.

Wer aber statt alles dessen das einzige, unendlich sanfte Gebot der Liebe ergriffen hat und hat dasselbe lebendig gemacht in seinem Herzen, der hat durch dieses innere, heilige Feuer alle Schuld aus sich hinausgeschafft und hat sich vollkommen gereinigt in seiner Demut durch Meine Liebe in ihm. Und es werden die sogestalt hinausgeschafften „Dünste“ selbst geläutert werden durch Meine Gnade und lebendig durch den Geist, der aus Meinem ewigen Morgen weht. Und so wird aus der gereinigten Schuld selbst das Kleid der Unschuld für die bereitet werden, *die Mich nicht in ihrem Glauben, sondern in der Demut und in der Liebe gefunden haben.*

Denn wenn es heißt, dass da vor allem Mein Reich gesucht werden soll und alles andere dann als freie Gabe hinzugegeben werde, so bedenkt, *dieses Meine Reich ist eben nur die Liebe! – Wer Mich also sucht durch die Liebe und in der Liebe, der sucht Mich im Geiste und in der Wahrheit. Und dieses ist „Mein Reich"*.

Wer Mich alsdann so gefunden hat, der hat auch Mein Reich mit Mir gefunden. Und da er das gefunden hat, sagt selbst, was er hernach noch suchen sollte, das er nicht schon dadurch gefunden hätte?

Die Liebe bringt alles mit sich, der Glaube aber nur sich selbst. Und es können viele glauben ohne Liebe, aber ihr könnt unmöglich denken, dass die Liebe je vermöchte den Glauben auszuschließen.

Daher sage Ich jetzt wie allezeit: Wachset in der Liebe, so werdet ihr wachsen in allem! Denn die Liebe vergibt alles und die Liebe gibt alles! Das sage Ich, euer Vater, als die Ewige Liebe Selbst. Amen."

J.L., Himmelsgaben - Band 1 / 40

Die wahre Kirche Christi - Der lebendige Glaube – Petrus, der Fels

Der Herr:

„'Du bist Petrus (ein Fels), auf diesem Felsen will Ich Meine Kirche bauen, und die Pforten der Hölle sollen sie nicht überwältigen! – Dir will Ich die Schlüssel des Himmelreichs geben; was du lösen wirst auf Erden, das soll auch im Himmel gelöst sein, und was du binden wirst auf Erden, das soll auch im Himmel gebunden sein.'

Dieser Schrifttexte wegen herrscht noch bis jetzt in allen christlichen Bezirken auf der Erde der größte Irrtum und Wahn; denn alle, ohne Ausnahme, halten sich mehr oder weniger für den Kirchfelsen Petri und vermeinen, die wirklichen Schlüssel zum Reich Gottes zu haben und dasselbe für die Hineinkommen-wollenden nach Belieben zu öffnen oder zu schließen, das heißt, das Wort des Evangeliums nach Willkür zu geben, zu verstümmeln, vorzuenthalten, zu untersagen, dafür willkürliche Gebote zu geben und darauf die ewigen Strafen zu legen, die Menschen durch derlei

Gebote zu möglichst vielen Sünden zu verleiten, diese dann nach Willkür nachzulassen oder vorzuenthalten und gegen gewisse Bußwerke sogar vollkommene oder unvollkommene Ablässe für alle begangenen Sünden zu erteilen oder wohl auch vorzuenthalten!

Hätte da jemand nur ein Atom groß reinen Verstandes, so müsste er es um Meiner Gottheit willen ja doch einsehen, dass Ich, der Ich lediglich nur das Gesetz der allgemeinen Bruderliebe bei jeder Gelegenheit predigte, unmöglich dem Apostel Petrus wie allen anderen Aposteln konnte eine solche Vollmacht gegeben haben und eine solche Bestimmung, die sich doch offenbar mit der Nächstenliebe gerade also verhält, wie Hölle und Himmel!

Wer Gesetze gibt, der gibt auch das Gericht; ist das Gericht Liebe? Ich nahm aber ja darum alles Gericht am Kreuz auf Mich, auf dass den Menschen allein die Liebe bliebe, – wo aber ist diese denkbar, wo eine Milliarde Richterstühle unter den sein sollenden Brüdern aufgerichtet sind und wo man hinsieht, nichts als Gesetze über Gesetze erblickt?! Ist das Petrus der Fels, auf dem *Meine Kirche, welche nichts ist und sein soll als bloß nur Liebe und wieder Liebe,* erbaut werden solle?!

Jeder, der Mich wie Petrus erkennt und liebt, ist ein rechter Fels, auf dem Ich Meine wahre Kirche, die wahre Liebe und Weisheit aus Mir, erbauen kann und auch voll-ernstlich wirklich erbaue...

...Wie aber soll dann irgendeine große oder kleine Gemeinde unter irgendeinem Oberhaupt ein Fels sein, da jeder denkt und glaubt, was er will; wo der eine mit den Lippen unverständliche Worte plappert und solche Plapperei für ein nützliches Gebet verkauft, der andere darüber flucht und spottet und lacht, ein dritter als Richter auftritt und alles in den tiefsten Grund der Hölle hinein verdammt?! – Kann solch eine Gemeinde oder ihr Vorstand der Fels sein, auf dem Meine Kirche gebaut ist, die die Pforten der Hölle nimmer überwältigen sollen?!..

Ich sagte: An der Liebe, so ihr euch untereinander liebt, wie Ich euch liebe, wird man erkennen, dass ihr wahrhaft Meine Jünger seid! – Die Liebe also gab Ich als das alleinige Kennzeichen, aus dem man erkennen kann, ob jemand ein wahrer Fels ist, auf dem Meine Kirche erbaut ist. – Wie soll aber dann der nun so vervielfältigte Richterstuhl unter den sein sollenden Brüdern ein Kennzeichen des von der Hölle nicht überwundenen Felsens Petri sein und Meiner darauf erbauten Kirche?! – O du entsetzlich blinde Dummheit der Menschen dieser Zeit, die du dich von der Hölle unüberwunden hältst und befindest dich allem deinem Handeln nach schon lange, lange, lange mitten darin!

Hätte Ich wollen eine sichtbare Kirche damit stiften, so hätte Ich wohl zu allen Aposteln und Jüngern gesagt: Ihr alle seid Petrus. Allein solches sagte Ich ja doch gar zu handgreiflich allein zu Petrus darum, da er der erste war, der Mich Meiner göttlichen Natur nach erkannte! – Er war sonach auch der erste, dem Ich in seinem Glauben und Vertrauen die Schlüssel zum *Himmelreich gab, welches da ist ein Reich der Liebe zu Gott im Herzen des Menschen* und daraus erst die wahre Liebe zum Nächsten, zu welcher Liebe aber niemand *ohne* vorhergehende Erkenntnis Gottes gelangen kann, da doch sicher jedermann den zuerst kennen muss, bis er ihn lieben kann.

Diese Gottes- und Nächstenliebe ist also das wahre Reich Gottes, die einzig wahre lebendige Kirche, die auf dem Felsen der richtigen Erkenntnis und des daraus abgeleiteten festen und unerschütterlichen Glaubens und Vertrauens erbaut ist, die freilich keine Hölle mehr zerstören kann.

Aber äußeres gemeinschaftliches zeremonielles Parade- und Prunkwerk von einer sein sollenden unüberwindlichen Kirche Christi auf irgendeinem goldenen und silbernen Felsen Petri ist ebensowenig Kirche und Fels Petri, wie die Hölle ein Himmel ist oder der Kot eines Schweins ein Diamant. – Oder habe Ich wohl je gesagt: Am Golde, Silber, an Edelsteinen, kostbaren Messkleidern, an großer irdischer Macht und am größten irdischen Ansehen, an den prachtvollsten Kirchengebäuden, Glocken und Orgeln, an der lateinischen Sprache, Zungengeplapper und dergleichen mehr wird man erkennen, dass ihr Meine Jünger seid? – Wahrlich, wahrlich, so etwas ist von Mir nie als Kennzeichen Meiner wahren Kirche vorbezeichnet und vorhergesagt worden; durch Johannes wohl in der Offenbarung, wo von der großen Hure die Rede ist, – diese wird aber doch etwa der Fels Petri nicht sein?!

Simon Jona, der ein wahrer Petrus war, sagte zu einem, den er mit Meinem wahren Geiste in ihm gesund machte: „Gold und Silber habe ich nicht, aber was ich habe, das gebe ich dir!" – Ob wohl nun mit gutem Gewissen, ohne sich vor der ganzen Welt lächerlich zu machen, das auch der sein wollende und sollende Nachfolger Petri in Rom, die Bischöfe in England, manche Superintendenten in Deutschland und der mächtige Patriarch aller Griechen von sich aussagen könnten?! Ob sie etwa wohl auch keine Säcke, keine Schuhe und keine Stecken haben? – O seht, wie war Petrus und wie war seine Liebekirche auf dem Felsen seines Herzens gebaut, und was war ihr Grund, und wie sind nun alle die gegenwärtigen Kirchen gebaut, und was ist ihr Grund? Ich meine, das muss sogar ein Blinder begreifen und auch sehen, geschweige erst einer, dem die Augen doch schon ziemlich geöffnet sind.

Es kommt die Zeit, wo man Gott allenthalben im Geiste und in der Wahrheit anbeten wird, und nicht zu Jerusalem und nicht auf dem Berge Garizim! – So lest ihr es auch in der Schrift. – Demnach aber ist dann ja Geist, Wahrheit, rechte Erkenntnis, Glaube, Vertrauen und wahre Liebe zu Gott und dem Nächsten in jedes einzelnen Menschen Herzen *der einzig und alleinig wahre Fels* und die dann von Mir Selbst darauf lebendig erbaute Kirche, die allein der Hölle Trotz bieten kann ewig. Alles andere aber ist ein eitles Werk der Menschen und gilt für ganz und gar nichts und gibt gegen die Hölle nicht den allerleisesten Schutz, wenn der wahre Fels und die wahre lebendige, bei jedem einzelnen Menschen erbaute Kirche dabei mangelt.

Es ist daher auch eine eitle Frage, welche äußere, sichtbare Kirche unter den vielen, die Meinen Namen führen, die rechte sei. – Die Antwort darauf lautet und kann ewig nie anders lauten als:

Gar keine! – *Nur die Kirche im Herzen, das Ich gemacht habe, ist die alleinig rechte und vor der Hölle für ewig gesicherte;* alles andere hat die Welt ausgeheckt, gehört ihr an und gilt vor Mir ewig nichts!

Sonach sind auch die Schlüssel zu Meinem Reich nur in der lebendigen, allein wahren Kirche, nie aber in irgendeiner kirchlichen Gemeinde oder bei deren Vorstand zu suchen...

Was jemand dann aus dieser seiner eigenen, von Mir in seinem Herzen erbauten lebendigen Kirche für sich lösen oder binden wird auf der Erde seines Naturlebens und des Lebens seiner Brüder, das ist schon auch im Himmel gelöst oder gebunden, weil diese allein wahre Kirche ja schon der eigentliche Himmel selbst ist – oder noch deutlicher gesagt: Was immer jemand in und aus solcher seiner mächtigen Liebekirche verrichten wird, das wird auch im Himmel verrichtet sein für ewig.

Das sind demnach auch die rechten Schlüssel zum Himmelreiche, dass ihr Mich als euren heiligen wahrsten Gott und Vater erkennt, über alles liebt und eure Brüder und Schwestern wie euch selbst. Ist das bei euch der Fall, so habt ihr Petrus, die wahre Kirche voll ausgebaut und die echten Schlüssel zum Himmelreich; alles andere aber ist eine Null! – Dies versteht also wohl und lebt danach amen, amen, amen.“

29. Mai 1847. (Du bist Petrus der Fels, Fortsetzung)

„So aber da jemand unter euch ob des Felsens Petri

fragen möchte und sagen: Ja, wenn dieser Fels also rein geistig zu nehmen und nur in jedem Menschen einzeln zu suchen ist und im Vorstande einer Gemeinde wie in der ganzen Gemeinde nicht zu verstehen ist, warum lässt denn da der Herr zu, dass sich Jahrhunderte hindurch die Gemeinden in den Haaren stecken und einander fort und fort auf das grausamste zerzausen bloß wegen der rechten Felsenschaft Petri, da jede Gemeinde fest glaubt, in ihr sei Petrus der Fels zu Hause?!

Der Grund solcher Zulassung liegt um gar vieles tiefer, als es jemand aus euch auf den ersten Augenblick meinen möchte. Es soll freilich wohl nicht so sein, wie es ist, – und doch muss es wieder so sein, weil alles andere noch so ist! – Dem Abraham ist ein rechter Nachkomme erweckt worden geistig ohne sinnlichen Beischlaf, desgleichen ward Johannes gezeugt, die Maria, und in der Urzeit geschahen solche Zeugungen häufig, und so manche Propheten wurden auf diese Art gezeugt.

Diese Zeugung ist freilich die rechte und kommt noch jetzt nicht selten ohne Wissen der Eltern vor; aber diese Art ist des Himmels und taugt für die Welt nicht, die aber doch auch ob der möglichen Teilnahme an der Erlösung sein muss. Was bleibt da aber dann anderes übrig, als der Welt ihre sinnliche Zeugungsweise zu belassen, und sonach die alte Sünde nebst der völligen Erlösung fortbestehen zu lassen, auf dass jede gefangene Naturseele in das Reich der Gnade und Erbarmung den ungehinderten Weg habe so oder so! – Also müssen auch äußere Petrusse bestehen, an denen sich die Kinder der Welt so oder so zurechtfinden mögen.

Wie dem Geiste nur das behagt, was seiner Natur ist, so behagt auch der Welt das, was ihrer Natur ist. Da ist das Sprichwort am rechten Platz, das da besagt: Gleiches gesellt sich am liebsten mit Gleichem. Es wäre auch von den Bäumen und anderen Pflanzen zu wünschen, dass sie anstatt der vorhergehenden Blüte und noch mancher anderen gewisserart zeremoniellen Erscheinlichkeit lieber sogleich reife Früchte zutage förderten. Doch es geht die Sache einmal nicht anders, so aus dem großen Wesenkreis alles, das noch zuunterst ist, endlich nach oben soll gerichtet werden und da zur ewigen Freiheit gelangen!

So muss es auch zugelassen sein, dass neben dem einzig rechten Geistweg der Welt auch ihre verschiedenen Seitenwege und manchmal sogar die grellsten Irrwege belassen werden, auf denen sie mit der Zeit dennoch entweder hier oder dort auf den rechten Weg geleitet werden kann. Oder könnten wohl die Erstlinge, die von unten her kommen, sogleich in die allein wahre innere Kirche des Geistes eingetauft werden? Das ginge ebensowenig, als eine sogleich reife Frucht ohne vorhergehende Blüte von einem Baum.

Der Fürst der Nacht und des Todes muss also neben der rechten Kirche, die auf dem Felsen Petri erbaut ist, auch seine Weltkapelle haben. Aber aus dieser Kapelle geht dennoch ein Weg in die rechte Kirche, und er kann niemanden daran hindern, der von dieser Kapelle in die rechte Kirche übergehen will, so wie er euch nicht hindern konnte, aus der gleichen Kapelle in Meine rechte Kirche überzugehen und in selber zu verbleiben für ewig!

Stellt euch aber unter der rechten Kirche die Maria und unter der Weltkapelle die Martha vor, die viel Lärmens macht um pur Weltliches, während die Maria mit ihrem besten Teile zu Meinen Füßen Meine Lehre, die da allein ist Licht und Leben, behorcht und sie in ihr Herz aufnimmt! – Als aber ihr Bruder im Grabe war, da weinten aber dennoch beide gleich, und beide kamen zu Mir, dass Ich ihn erweckte, der tot – im Grabe – gebunden und voll Gestankes modernd lag!!!

– – –

Doch darüber nichts weiter mehr! – Ich meine, ihr werdet aus dieser Gabe gar leicht entnehmen können, warum neben der rechten Kirche Petri im Herzen auch äußere zugelassen sind; daher davon etwas Weiteres zu sagen auch völlig überflüssig wäre. Darum beachtet dieses wohl im Herzen amen."

J.L., Himmelsgaben - Band 3 / Du bist Petrus der Fels

Mein Wort und der lebendige Glaube sind das beste Heilmittel

Jesus zu Jakob Lorber:

„Schreibe nur, Ich weiß schon, was es ist. – Es handelt sich schon wieder um einen Trost oder um ein Arzneirezept. Ich sage dir, wie Ich dir schon gar oft gesagt habe, dass Ich dich nicht erwählt habe zu einem Arzt des Fleisches; sondern nur zu einem Schreiber für die Offenbarung Meines Wortes habe Ich dich berufen, welche Ich gebe dem Geiste und nicht dem Fleisch Aber dennoch kommst du Mir immer wieder von neuem mit Dingen des Fleisches. – Magst du denn noch nicht unterscheiden die Wege des Fleisches – und die Wege des Geistes?

Muss denn nicht ein jeder Mensch an seinem Fleisch gekreuzigt werden, so er im Geiste lebendig werden solle? –

So ist es auch mit dem Weibe des A. H. W. der Fall (eine mit J. Lorber befreundete Familie in Graz, d. Hg.). Daher ist es Mir nicht angenehm, so du wider Meine gestellte Ordnung kommst und verlangst Dinge von Mir, die Ich stets ungern tue, und das darum, weil Ich dich zu keinem sogenannten Wunderdoktor berufen habe, sondern lediglich zu einem Schreiber Meines lebendigen Wortes. – Ich gebe dir wohl auch – und gab dir schon – medizinischen Rat, wenn du Mir damit kommst, aber du musst daraus keine Regel machen.

Ich gebe wohl jedem gern, um was er Mich gläubig und vertrauensvoll bittet; aber um sehr vieles lieber, was zur Heilung des Geistes gehört als zur Heilung des Fleisches.

Wer da Mein Wort liest und lebt danach und hat einen starken, festen Glauben, dem wird das Wort durch seinen Glauben helfen, wie es in den Evangelien gar oft zu ersehen ist. Fehlt aber der rechte, lebendige Glaube, da wird das „Stehe auf und wandle!“ nur von geringer Wirkung sein.

Sonach sind Mein Wort und der lebendige Glaube allezeit das beste Heilmittel auch fürs Fleisch, und es hat keine Apotheke ein besseres. Aber der Schwäche eures Glaubens und der ängstlichen Mattigkeit eures Vertrauens genügt diese reinste Medizin nicht und kann nicht genügen, weil ihr noch zu ängstlich am Leben des Fleisches haltet und werdet nur zu bald überkleinmütig und schwach-gläubig, so über dasselbe etwas kommt. Daher verlangt ihr nebst Meinem Wort auch eine Arznei, also entweder Lehm oder das Wasser des Teiches Siloah; ohne dem kann euch nicht geholfen werden.

Und da eben liegt der böse Hund begraben, wie ihr zu sagen pflegt; denn so Ich es zulasse, dass Arzneien eure Krankheiten heilen, so schwächt das euren Glauben an Mein Wort. Helfe Ich euch aber trotz der Schwäche eures Glaubens und Vertrauens bloß durchs Wort, da wärt ihr gerichtet und gefangen, und das im Geiste, aus welcher Gefangenschaft euch dann nur ein übergroßes Kreuz wieder befreien könnte, wie es auch bei den ersten Christen, die zumeist durch Wunder genötigt Mein Wort annahmen, der Fall war, dass sie hernach durch eine mächtige Prüfung erst ihres Gerichtes ledig werden konnten. – Fragt euch daher selbst, was Ich hier tun soll, um euch zu erhalten.

Jede Arznei ist schwächer denn Mein Wort. Aber Mein Wort kann und darf da nicht allein wirken, weil euer Glaube noch viel zu schwach ist, was ihr gar leicht aus eurer großen Liebe zu dem irdischen Leben entnehmen könnt, denn der lebendig Gläubige sehnt sich mit Paulus nach der Auflösung, was bei euch noch lange nicht der Fall sein wird, da euch noch viel zu sehr manche Dinge der Welt am Herzen liegen. Daher müssen eures Heiles willen auch hier Arzneien neben Meinem Wort wirken, was natürlich die Heilung verzögert, besonders so das Vertrauen darauf ein mehr oder weniger ängstliches ist.

Ich habe aber ja schon im vorigen Wort gezeigt, wie die Medizinen wirken und wie die Ärzte. Habt ihr zu einer Medizin oder zu einem Arzt zu wenig Vertrauen, so nehmt eine andere Medizin, desgleichen ist auch mit dem Arzt zu tun; denn Ich sage euch noch einmal: Nicht die Medizin und nicht der Arzt helfen im eigentlichen Sinne allein, sondern hauptsächlich das festere Vertrauen. Ja, der Arzt wie die Medizin sind zumeist gleichgültig, und beide wirken nur, wenn die ruhige, vertrauensfeste Seele sich die Zeit und Mühe nimmt oder nehmen kann, die in der Arznei vorhandenen Spezifika dorthin zu verwenden, wo sie zweckdienlich sind. Ist das bei der mehr oder weniger geängstigten Seele nicht der Fall, so wirken die besten Medizinen nicht nur gar nicht, sondern oft ganz verkehrt, weil sie von der unruhigen und vertrauensschwachen Seele nicht selten an einen anderen Ort geführt werden, als wohin sie hätten geführt werden sollen.

Die Arzneien haben zufolge ihrer Spezifika wohl allezeit eine Wirkung im Fleisch. Gehen irgendwo im Fleisch gewisse Spezifika ab, so können sie aus einer guten Arznei wohl ersetzt werden und dadurch ein krankes Fleisch gesund machen, so sie von der Seele dahin verwendet werden. Werden sie aber von einer ängstlich konfusen Seele irgendwo anders hingeführt oder manchmal sogar dem Zufall überlassen, da sie dann hinkommen, wo sie das stumme Blut hinführt oder die noch stummeren Magensäfte, – dann lässt sich auch schon von selbst erraten, wie es dabei mit der Heilung des Fleisches aussieht.

Ich sage, da gleicht die Heilung des Fleisches der Herstellung eines schadhaften Hauses, wo die Bewohner aus zu großer Furcht, im Haus erschlagen zu werden, so es zusammenfiele, anstatt sich im schadhaften Hause umzusehen, wo es fehlt und wie zu helfen sei, nur in einen Winkel sich verkriechen, wo sie sich noch am sichersten glauben, oder manchmal wohl auch in aller Eile das Loch suchen, durch das sie am ehesten ins Freie kämen.

Ist so etwas bei einer Seele der Fall, da können freilich alle Ärzte der Welt zusammenkommen, und sie werden beim besten Willen und Wollen einen kranken Leib dennoch nicht gesund machen können, weil eben diese Seele nicht mitwirkt. –

Daher sind die magnetischen Kuren auch allen anderen darum vorzuziehen, weil durch sie die Seele zu jener guten Ruhe gelangt, in der sie sich Zeit nimmt, ihr Fleischhaus näher zu beschauen, wo es demselben fehlt und wie und womit ihm zu helfen ist. Wird dann dem Leibe jenes Mittel beigebracht, welches die ruhige Seele im Schlafe des Fleisches als ein zweckdienliches bezeichnete, so erkennt es die Seele auch als solches und verwendet es dann auch zumeist dahin, wohin es zu verwenden ist. Und die Herstellung des Leibes geschieht dann meistens mit gutem Erfolg und manchmal durch Mittel, bei deren Namhaftmachung sicher jeder reine Verstandesarzt Reißaus nähme!

Aber trotzdem wirken die seltenen Mittel dennoch, aber nicht darum, weil sie etwa die allein rechten wären, sondern darum nur, weil sie von der Seele als der allein rechten Baumeisterin ihres Fleischhauses am rechten Ort und mit rechter Intelligenz verwendet werden.

Würde die Seele der Elisabeth H. ebenso ruhig sein wie die Seele so mancher Somnambulen, da wäre ihr Übelchen schon lange gut. Aber da das nicht der Fall ist und sie immer von der Furcht vor ihren Eltern, weil sie keinen Arzt aufsucht – und wieder von der Furcht vor einem Arzt, was dieser tun oder sagen würde, so sie ihn nähme, ob er ihr wohl helfen oder das Leben absprechen würde – und endlich auch von der Furcht vor dem möglichen Leibestode hin und her getrieben wird, wie soll da ihre Seele Zeit haben, dort tätig zu sein, wo sie tätig sein soll? – Bei solchen Umständen muss dann aus einem Übelchen freilich ein förmliches Übel werden.

Sie gebraucht mit ihren Händen, mit ihrem Willen wohl freilich so ziemlich genau die angeratenen Mittel, aber ihre ängstliche und manchmal mehr und manchmal weniger furchtsame Seele tut es nicht und kann es auch nicht tun, weil sie fortwährend zwischen dreifacher Furcht herumspringt, wovon sie schwerlich los wird.

Hier heißt es, entweder alles Heil in Meine Hände legen und nicht denken: So ich am Ende dennoch sterben müsste, was werden da meine Eltern zu meinem Manne und was zu meinen Kindern sagen? Am Ende sie etwa gar enterben? Was wird da aus ihnen werden? Welchem Jammer werden sie preisgegeben sein? – Denn Ich allein bin der Herr auch über diese Eltern und kann deine Kinder auch ohne die Hilfe deiner Eltern vollends glücklich machen!

Wenn die Elisabeth so denken wird, und ihr alle mit ihr, da wird ruhig werden ihre Seele und wird an der

Heilung ihres Leibes arbeiten können. Da wird dann auch die Heilung leicht und bald erfolgen, sonst aber nur langsam und schwer, auch – bei erhöhter Furcht – gar nicht, weil da nur der Zufall wirkt. Denn ergreifen die wirkenden Fleischgeister aus dem Medikament die rechten Spezifika, dann geht die Heilung etwas vorwärts; ergreifen sie aber die unrechten Spezifika aus dem Arzneimittel, wie allenfalls ein blinder Maler die Farben, so geht dann die Heilung wieder rückwärts. –

Kann die kranke Elisabeth ein solches Vertrauen zu Mir fassen und auch A. H. W. samt den Kindern, dass ihr euch dadurch von dem großelterlichen Haus als vollends unabhängig stellt in euren Herzen und euch denkt:

„Herr! Geschehe da, was da wolle, Du allein bist unser Vater zeitlich und ewig. Von Dir und von niemand anderem hängt unser künftiges Wohl ab; denn wir wissen es ja, dass aller Menschen Hilfe, wer sie auch sein mögen, zu nichts nütze ist. Dein Wille geschehe! Wir wollen niemand fürchten, außer allein Dich, o Herr, und von niemand eine Hilfe erwarten, als allein von Dir, o Du guter Vater! – Dein wollen wir ganz sein im Leben dieser Welt und ebenso in ihrem notwendigen Tode, der uns frei machen wird vom Fleisch und uns dann endlich führen zu Dir hin, der

Du bist unsere alleinige lebendige Hoffnung durch den Glauben und unsere alleinige Liebe im erweckten Leben unseres Geistes!“ – –

Ist euch aber diese gänzliche und vollste Hingebung an Mich nicht möglich, in der allein der alles bewirken könnende lebendige Glaube zuhause ist, da ergreift ein anderes passendes Mittel, wodurch die Ruhe der Seele bewerkstelligt werden kann. Nehmt zum Beispiel einen Arzt, um euch dadurch der großelterlichen Furcht zu entledigen, oder nehmt zum Magnetismus eure Zuflucht, was noch besser sein wird, weil dadurch die Seele die nötige Ruhe erlangen wird.

Tut, was ihr wollt; aber tut alles, was ihr tut, ganz und in Meinem Namen, so werdet ihr leicht zu einem erwünschten Ziel gelangen. Aber mit der Halbheit wird euch nirgends und niemals geholfen sein.

Ich als die höchste Vollkommenheit wirke nur im Vollkommenen vollkommen, im Unvollkommenen aber wie die Sonne im Winter! – Daher seid alle vollkommen in allem, wie auch Ich, euer Vater, vollkommen bin, so werdet ihr leicht überall Hilfe finden, so euch irgend etwas fehlt.

Aber auf eine rein wunderbare Hilfe von Mir fürs Fleisch dürft ihr alle nicht rechnen, denn dazu gehört entweder ein nagelfestester Glaube, mit dem ihr nahe hin Berge versetzen könntet, oder aber die volle

Wiedergeburt des Geistes, was aber bei euch weder das eine noch das andere der Fall ist. Denn euer schwacher Glaube möchte eben darum Wunder, um durch sie vermeintlich stark zu werden, was aber gerade der umgekehrte Fall wäre; denn nichts schwächt den wahren Glauben so sehr wie ein Wunder, da es den ganzen Menschen aus dem Zustand der Freiheit gewaltsamst herausreißt und ihn in den Zustand der unausweichlichen Nötigung versetzt, welche da ist ein Tod für den Geist. *Und nichts stärkt den Glauben mehr als das Kreuz; denn nur durch Kreuz und Leiden dieser Welt wird der Glaube genährt und gestärkt.*

Ob ihr aber als im Geiste vollends Wiedergeborene eines Wunders, als unschädlich für euren Geist, fähig seid, – Ich meine, darüber kann euch schon eure noch sehr schwache und in manchem Stücke sinnliche Natur treulichst belehren. – Aber Ich helfe euch dennoch mit und in der Natur wie ganz natürlich, nur müsst ihr euch so verhalten, wie es die Ordnung der Natur erfordert, sonst kann Ich euch selbst bei Meinem besten Willen niemals helfen außer zeitlich durch ein Gericht, womit aber in der Wahrheit sicher keinem Menschen gedient sein wird.

Auf dass ihr aber auch seht, warum Ich das Eitergeschwür der Elisabeth ein Übelchen nannte, so sage

Ich: Dies Übelchen bestand anfangs bloß in einigen wenigen unordentlichen Spezifiken, welche, als nicht zum Wesen gehörig, ihren Ausweg suchten, weil sie schon seit einigen Jahren durch ungeschickte Arzneien in das Fleisch der Elisabeth gekommen sind. Sie waren früher im Fleisch zerstreut, aber nun haben sie sich gerade in der Brustgegend gefunden, vereinigt, und brachen da gewaltsam durch. Als sie sich den Ausweg bahnten, da hätte die Seele tätig mithelfen sollen, dass sie alle samt ihrem bösen Nest hinausgekommen wären. Da wäre alles schon lange gut. Aber da war die Seele zum Teil von Freude, zum Teil aber auch heimlich von einer kleinen Furcht beunruhigt und beschäftigte sich zu wenig damit, alles Fremde aus ihrem Hause zu schaffen.

Dieses Fremde ist nun hartnäckig geworden und will nicht hinaus, weil es zu hart und sonach nicht so leicht mehr zu Paaren zu bringen ist. Aber dessen ungeachtet wird es sich doch fügen müssen, wenn die Seele recht energisch wirken wird. Aber ohne dem kann es sich auch noch lange halten, besonders in der ohnehin sehr hartnäckigen Fleischnatur der Elisabeth; denn alles Fleisch, das im tieferen Norden gezeugt wird, ist hartnäckiger, fester und dauerhafter, als das im Süden gezeugte, daher aber auch bei Krankheiten schwerer zu heilen. – Daher soll auch die Elisabeth nicht ängstlich sein, wenn sie länger zu leiden hat; denn fürs erste sind die Leiden ihrem Geiste heilsam, und fürs zweite aber ist ihre Natur danach – und besonders, so die Seele keine rechte Ruhe hat. Diese aber muss sie sich verschaffen so oder so, da wird es ihr aber auch sicher besser werden.

Ich könnte euch eine Menge guter Mittel ansagen, die alle bei der gehörigen Ruhe der Seele die entschiedenste Wirkung täten, aber auch bei der kleinsten Furcht nicht nur keine Wirkung hervor brächten, sondern die Sache noch verschlimmern würden. – Daher bekümmert euch zuvor um die volle Ruhe der Seele, entweder auf die eine oder auf die andere angeratene Art, dann werde Ich euch leicht helfen können amen. – Das sage Ich, der Ich jedermann helfen kann und will, der Meinen Rat vollends befolgt amen, amen, amen."

J.L., Himmelsgaben - Band 3 / Mein Wort und der lebendige Glaube sind das beste Heilmittel

Der Selbstwille muss mit dem Gotteswillen eins werden

Der Herr berichtet aus Seiner 3jährigen Lehrtätigkeit auf Erden:

„Während des Essens aber fragte Mich (Jesus) der Wirt, ob er nicht den Arzt davon ganz im geheimen benachrichtigen solle, dass ich hier sei.

Sagte Ich: »Da würdest du dir eine vergebliche Mühe machen; denn er und sein Weib sind über Land gezogen und werden erst in ein paar Tagen wieder heimkommen. Wenn sie zu dir kommen werden, dann kannst du es ihnen schon melden, was alles sich während ihrer Abwesenheit hier zugetragen hat. Aber nun essen und trinken wir nur ganz ungestört fort!«

Darauf aßen und tranken wir ganz wohlgemut, und der Wirt und sein geheilter Sohn taten dasselbe und konnten den Wohlgeschmack der Edelfische nicht genug rühmen.

Und der Wirt konnte sich der ganz guten Bemerkung nicht erwehren, sagend nämlich: »O Herr und Meister! Also wohl dürften die erst erschaffenen

Fische in den Wassern der Erde auch besser geschmeckt haben als die nachher unter sich gezeugten; denn diese Edelfische sind auch keine gezeugten, sondern von Dir, o Herr und Meister, frisch erschaffene, und haben darum denn auch einen außerordentlichen Wohlgeschmack.«

Sagte Ich: »Ja, ja, da magst du auch wohl recht haben! Aber so ist auch das Wort, das aus Meinem Munde geht, kräftiger und wirksamer als das Nachwort eines Propheten; es kann aber das Nachwort auch zur gleichen Kraft erhöht werden in jedem Menschen, wenn es durch die Tat im Herzen und Willen wohl zubereitet wird.

Mein Wort ist schon das Leben in sich und macht lebendig jeden, der es mit gutem Herzen vernimmt, - denn es geht da sogleich das Grundleben alles Lebens ins Leben des Menschen über; das Wort des Propheten aber ist nur ein getreuer Wegweiser und zeigt dem Menschen, wie er zu dem lebendigen Wort aus Meinem Mund gelangen und durch dasselbe ins Leben des Geistes übergehen kann.

Ich sage euch allen:

Am Ende muss ein jeder Mensch in seinem Herzen von Gott belehrt werden; denn wer da am Ende nicht vom Vater oder vom Gottgeiste in

Mir belehrt wird auf dem Wege der reinen Liebe zu Mir und zum Nächsten, der kommt nicht zu Mir, dem Sohne der ewigen Liebe, der Ich bin das ewige Licht, der Weg, die Wahrheit und das Leben selbst: denn Ich bin des Vaters Weisheit in Mir Selbst.

Solches versteht ihr zwar jetzt noch nicht völlig, aber ihr werdet es verstehen, so ihr nach Meiner Auffahrt im Geiste aus Mir wiedergeboren werdet; denn das ist der ewig in Sich Selbst vollst lebendige Geist aller Wahrheit, und der wird euch leiten in alle Weisheit. Und so hattest du wohl recht, zu sagen, dass die frisch-erschaffenen Fische ums unvergleichbare wohler schmecken denn die nachher unter sich gezeugten.«

Sagte darauf der Wirt: »O Herr und Meister, ich habe so manches von der einstmaligen Prophetenschule gehört, die besonders in den Zeiten der Richter sehr gang und gäbe war und sich dann auch noch unter den Königen nahezu bis an unsere Zeiten fort erhielt. Aber ich konnte dennoch nie so recht klar dahinterkommen, worin die eigentlichen Lehr- und Übungselemente dieser Schule bestanden. Wer aber einmal ein Prophet der vollen Wahrheit gemäß geworden ist, durch dessen Mund hatte aber auch unverkennbar der Geist Jehovas geredet, was mehrere der großen

Propheten denn auch durch die Tat bewiesen haben.

Worin bestanden denn hernach die Lehr- und Übungselemente einer Prophetenschule?«

Sagte Ich: »Höre, du Mein Freund, was damals nur in allerlei Entsprechungen für diese gegenwärtige Zeit vorbildend geschah, das steht nun in der Erfüllung vor dir! Von gottesfürchtigen Eltern schon von der Geburt an rein und wohl erzogene Kinder, natürlich vor allem Knaben, die auch sicher zuallermeist physisch völlig gesund und kräftig waren, wurden von den im Geiste geweckten Richtern und Priestern in der Weise Aarons in diese Schule aufgenommen, in der sie zuerst des Lesens, Rechnens und Schreibens wohl kundig werden mussten; dann wurden sie in der Schrift wohl unterwiesen, das heißt in den Büchern Mosis, und sodann auch in der Länder- und Völkerkunde der den Menschen bekannten Erde.

Dabei aber wurden sie auch sorglichst angehalten, die Gebote Gottes nicht nur zu erkennen, sondern auch streng, und das soviel als möglich freiwillig und sich selbst bestimmend, zu beachten. Sie wurden dabei nach ihrem Alter und nach dem Grad ihrer geistigen Entwicklung gar manchen Proben und Prüfungen ausgesetzt, auf dass sie in sich selbst zu der lebendigen Überzeugung kamen, inwieweit sie schon in der Kraft, aller Welt und ihren Reizen zu widerstehen, zugenommen haben.

Vor allem mussten sie vor der Trägheit als der Mutter aller andern Sünden und Übel bewahrt werden, darum sie denn auch zu allerlei ihren Kräften angemessenen körperlichen Arbeiten angehalten wurden.

Waren sie einmal in aller Selbstverleugnung und Selbstbesiegung groß und stark geworden, so wurden sie durch die Wissenschaft der Entsprechungen in ihr Inneres geführt, wodurch sie zum lebendigen Glauben und zu einem unbeugsamen Willen unter der Einung mit dem wohl-erkannten und auch schon von Kindheit an stets genau beachteten Willen Gottes gelangten, wodurch sie dann auch schon so manche Zeichen zu bewirken imstande waren, weil ihr eigener Selbstwille mit dem Willen Gottes eins geworden war und der Glaube, als ein wahres, lebendiges Licht aus den Himmeln, in ihren erleuchteten Herzen keinen Zweifel mehr zuließ.

War das alles einmal in der wahren und lebendigen Ordnung, so wurden sie eben durch den lebendigen Glauben und durch den in aller Tat mit dem Willen Gottes geeinten Selbstwillen mit dem Geiste Gottes nach der individuellen Fähigkeit erfüllt, wodurch die innere Sehe erweitert ward und sie dadurch auch zukünftige Dinge und Begebenheiten voraussahen in entsprechenden Bildern, die sie dann für die Nachwelt aufzeichneten.

Wer einmal in diesen Zustand, in welchem er Gesichte bekam, gelangte, der gelangte auch zum innersten, lebendigen Wort und vernahm so die Stimme Jehovas in sich, und das war das Gotteswort, das der Prophet wie aus dem Mund Gottes den Menschen verkündete und eigentlich verkünden musste, weil er von dem in ihm waltenden Geist Gottes dazu angetrieben worden ist. Und siehe, so sah die Schule der Propheten aus, und auf die beschriebene Art wurden die Menschen in einer förmlichen und wahren Lebensschule zu Propheten gebildet!«

J.L., Das Große Evangelium Johannes - Band 9 / 56. Kapitel — Die Prophetenschulen

Gott fürchten heißt Gott über alles lieben

Der Herr berichtet:

„Sagte der Schriftgelehrte:»Es gemahnt mich leise

im Herzen, als verstünde ich das wohl; aber in meinem Kopf mengt sich nun alles bunt durcheinander, und ich sehe es nun ein, dass derlei (geistige) Dinge nur im Herzen der Seele, aber niemals mit dem Gehirn-Verstand begriffen werden können. Aber Moses hat befohlen, Gott zu fürchten und Ihn allein allzeit anzubeten! Soll ich Dich nun nicht mehr fürchten und Dich nach der vorgeschriebenen Weise anbeten?«

Sagte Ich (Jesus): »Ja, ja, das hat Moses wohl anbefohlen, und es war denn auch wohl recht so; aber in dieser Zeit versteht auch nicht einer mehr, was »Gott fürchten« heißt, und ihr Priester habt den Menschen teils infolge eurer eigenen Blindheit und zum größten Teil aber aus eurer unersättlichen Gewinnsucht ganz falsche und gänzlich verkehrte Begriffe von der Gottesfurcht beigebracht, und so fürchten die noch ein wenig an einen Gott glaubenden schwachen Menschen Gott wie einen bösen, aller Liebe und Erbarmung ledigen und allerunerbittlichsten Tyrannen und schaudern bei dem Wort und Begriff »Gott« zurück, weil sie in Ihm nahezu nichts denn einen ewigen Zorn und eine ewige Rache erblicken.

Es heißt aber auch, dass der Mensch Gott anbeten und über alles lieben soll. Wie kann man aber ein Gottwesen lieben und dadurch auch am wahrsten anbeten, vor dessen Namen man schon ärger erbebt als vor dem Tode?

Du wirst aus dem nun wohl einsehen, welch einen unwahren und im höchsten Grade verkehrten Begriff ihr und durch euch die andern Menschen von der Gottesfurcht habt.

Was heißt denn »Gott fürchten?« Gott fürchten heißt: Gott als die ewige, höchste und reinste Liebe über alles lieben und, weil Gott die höchste Wahrheit ist, in der göttlichen Wahrheit verharren und nicht der Lüge der Welt des materiellen Eigennutzes wegen huldigen.

Wer in allem wahrhaft ist, der hat die wahre Gottesfurcht im Herzen; und wer diese hat, der betet Gott auch allzeit und vollgültig an. Denn wie die Lüge eine größte Verunehrung Gottes ist, so ist die reine und lebendige Wahrheit auch eine allzeitige und höchste Verehrung und wahrste Anbetung Gottes. Verstehst du nun das?«

Sagte der Schriftgelehrte: »Ja, Herr und Meister, das verstehe ich nun für mich wohl und sehe es ein, dass sich diese Sache gar nie anders verhalten kann; aber es wird nun eben nicht so leicht sein, diese Wahrheit auch den andern Menschen begreiflich zu machen, weil sie sich schon zu sehr in allerlei Irrtümern begründet haben und die Lüge für eine Wahrheit halten. Zu dem kommt noch der Tempel mit seinen

Vorschriften, was und wie wir vor dem Volk zu reden haben. Und so wird es wohl schwer werden, in der Folge einen rechten Volkslehrer abzugeben. Doch jedem Sieg muss ein Kampf vorausgehen! Du als der Herr Selbst hast uns die Wahrheit enthüllt, und Du wirst uns auch behilflich sein im Kampf gegen die Feinde der Wahrheit, darum wir Dich nun bitten und auch allzeit bitten werden; denn ohne Deine allzeitige Hilfe werden wir nichts vermögen.

Es fragt sich aber nun, wie wir Dich zu bitten haben, auf dass Du uns erhörst und uns hilfst. So wir Dich nun in Deiner Gegenwart um etwas Rechtes bitten, so erhörst Du denn auch bald und leicht unsere Bitte; aber wie dann, so Du persönlich nicht so gegenwärtig bist wie jetzt? Wie haben wir dann zu bitten?«

Sagte Ich: »Diese Deine Frage sieht wohl noch ganz pharisäisch aus! So du lebendig an Mich glaubst, so wird dir auch allzeit werden, was du den Vater in Mir in Meinem Namen bitten wirst, und dazu bedarf es Meiner persönlich sichtbaren Gegenwart nicht, da Ich im Geiste überall gegenwärtig bin und alles sehe und höre und um alles vom Größten bis zum Kleinsten auf das allergenaueste und klarste weiß.

So du denn im Geiste und in der vollen Wahrheit Mich um etwas bitten wirst, so werde Ich dich sicher auch hören und erhören; aber eine Bitte, wie sie mit den Lippen in rätselhaften Worten bei euch gang und gäbe ist, erhöre Ich nicht.

Weißt du als ein Schriftgelehrter ja doch auch, was Gott durch den Mund eines Propheten zu dem Volk geredet hat, als dieser der damaligen Bedrängnisse wegen sich dahin zu Ihm gewendet hatte, dass Er die Bitten desselben erhören möchte: »Ich kenne dich und das Volk, das Mich mit den Lippen ehrt und bittet, sein Herz aber ist fern von Mir!« Sieh, so wird auch von nun an kein pures Lippengebet, und am allerwenigsten ein bezahltes, je erhört werden

Wer aber voll lebendigen Glaubens im Herzen Mich um etwas Rechtes bitten wird, dem wird auch werden, um was er gebeten hat.

Wer aber in Meinem Namen nach Meiner Lehre *lebt und handelt*, der betet wahrhaft ohne Unterlass, und es wird ihm darum auch allzeit gegeben werden, wessen er bedarf.«

Sagte der Schriftgelehrte: »O Herr und Meister, ich danke Dir im Herzen für diese Deine trostvolle Belehrung, und ich glaube nun, dass dem recht nach Deinem nun laut ausgesprochenen Willen Bittenden auch das zuteil wird, um was er bittet.«“

J.L., Das Große Evangelium Johannes - Band 9 / 86. Kapitel — Von der wahren Gottesfurcht

Das Priestertum als Feind des Lichts - Unterschied zwischen blindem und lebendigem Glauben

Die aufklärende Rede des in Gestalt eines Jünglings im Kreise des Herrn anwesenden Erzengel Raphael:

»Ich sage dir, dass es kommen wird, dass Menschen auf Eisenstraßen so schnell, wie da fliegt ein abgeschossener Pfeil, dahinfahren werden (Eisenbahn, d. Hg.) und werden reden mit der Zunge des Blitzes von einem Ende der Welt bis zum anderen (Elektrizität, Elektro-Magnetismus, Internet, Telefon d. Hg.), und werden in der Luft herumfliegen wie die Vögel, weithin über Meere, Länder, (moderner Flugverkehr, d. Hg.) - und doch wird sie niemand für Magier und noch weniger für Götter halten! Wohl wird sich die allzeit bestehende Priesterschaft stets alle Mühe geben, beim Volk solch eine Aufklärung zu verhindern (der Wissenschaften, d. Hg.); aber es wird ihre Mühe auch allzeit eine völlig vergebliche sein!

Je mehr sie sich vornehmen wird, das Volk in die

Nacht und alle Finsternis zu führen, desto mehr wird sie dadurch die allzeit da seienden Lichtgeister wecken zur desto größeren Gegentätigkeit, und es wird dadurch stets ein größeres und intensiveres Licht unters Volk ausgebreitet werden, bis am Ende die Priesterschaften selbst werden genötigt sein, in den für sie äußerst sauren Apfel des Lichtes zu beißen und Apostel des Lichtes zu werden; aber es wird dazu viele Kämpfe benötigen.

Es wird kommen, dass die Magier höchst verfolgt werden, und der Keim zu diesen Verfolgungen besteht bereits schon zum Teil im Pharisäertum, das den Magiern sehr ungeneigt ist, und zum größten Teil aber bei euch Essäern, die ihr euch nun von aller Welt die Zauberkünste zusammenkauft. Ihr seht nun schon mit heimlich sehr eifersüchtigen Augen auf jeden Wundertäter, besonders wenn er etwa irgendein Wunder bewerkstelligt, das ihr schon zu eurem volks-täuschenden Erwerb in eure Mauern eingereiht und eingeschlossen habt.

Es ist aber Gott dem Herrn nun so gefällig, nach und nach nicht die Priester, sondern ganz unscheinbare Menschen ganz außerordentliche Erfindungen machen zu lassen, durch die die Menschen in einen außerordentlichen Kulturzustand versetzt werden.

Dagegen werden die Priesterschaften freilich überlaut und gar mit Feuer und Schwert zu eifern anfangen, aber es wird ihnen das alles nichts nützen; denn je heftiger sie dagegen au kämpfen beginnen werden, desto nackter werden sie ihre selbst- und herrschsüchtigen, bösen Begierden vor die Augen des Volkes stellen und sich dadurch jedes Glaubens und Vertrauens verlustig machen.

Denn bei dem man einmal nur gemerkt hat, dass er jemanden hat betrügen wollen, auf den wird man künftig hin auch kein Vertrauen setzen, ja sogar dann nicht, wenn er mit einer ganz reellen und wahren Sache zum Vorschein käme; denn man fürchtet dabei irgendeine, auf böser Lauer im Hintergrunde steckende, schlechte Absicht. Daher wird es mit einer Priesterschaft, die durch ihren argen Eifer sich einmal zu sehr entblößt hat, nicht nur teilweise, sondern ganz aus sein.

Solches aber hat Gott der Herr aus Seiner Ordnung schon für immer so eingerichtet, dass alles Schlechte und Falsche sich allzeit selbst zerstört; und je mehr dieses nach einer Alleinherrschaft zu streben anfängt, desto eher wird es sich selbst zerstören.

Es gleicht alles Arg-tun der Menschen dieser Erde einer losen Maschine, die um so eher ganz unbrauchbar wird, je unausgesetzter und emsiger sie gebraucht wird. Auch des Menschen Leib nützt sich selbst ab und zerstört sich um so eher, je leidenschaftlicher er in seinem habgierigen Bestreben tätig wird.

Es ist daher für einen wahren Lebensphilosophen nimmer ein Grund, darum an keinen wahren Gott zu glauben, weil er alle die Priesterschaften Arges wirken und Dinge begehen sieht, worüber sich seine Vernunft ganz umkehren möchte. Denn alles das lässt der Herr so zu: erstens, dass dabei die wahre, reine Vernunft desto geweckter werde zur wahren Tätigkeit, und zweitens, dass sich das Arge dadurch desto eher selbst zerstöre und gänzlich zugrunde richte.

Am Tage sucht niemand ein Licht und achtet nicht einmal den wahren Wert desselben; denn es drückt ihn ja nirgends die Bürde der Nacht. Am Tage lässt sich gut wandeln, weil man da jedem Graben, jedem Steine an der Straße und jedem Abgrund ausweichen kann, da man alles das schon von weitem sehen kann. Aber in einer stockfinsteren Nacht ist das ganz anders; da kann man nur mühsam und höchst vorsichtig vorwärts kommen!

Wie willkommen ist dem Wandler da auch nur ein kleines Lichtflämmchen, das ihm den Pfad zur Not nur auf einige Schritte weit erleuchtet, und mit welcher Sehnsucht wird der lichtfreundliche Wanderer in der Wüste dem kommenden Morgen entgegen harren!

Und siehe, gerade so ergeht es den geistigen Lichtfreunden in der Mitte einer geistigen Nacht, die zum größten Teil die schnöde Hab- und Herrschgier der Priester unter die oft zu leichtgläubigen Menschen gebracht hat; aber je finsterer es wird, desto mehr wird auch stets der Lichtmangel wahrgenommen und desto höher geschätzt der volle Wert des geistigen Lichts.

Menschen, die einmal durch die Erziehung schon von der Wiege an völlig verfinstert sind, die merken den geistigen Lichtmangel freilich nicht und fühlen sich ganz behaglich unter den blinden Tröstungen ihrer Priester, die ihnen stets eine Menge erbaulicher Geschichten zwar schon lange Verstorbener, aber nach den Satzungen der Priester dereinst fromm und treu gelebt habender Menschen zu erzählen verstehen, und das mit der möglichst frischesten Färbung. Das beruhigt die total Blinden ganz und gar; sie weinen dabei oft vor lauter Rührung und werden ganz gemütlich gestimmt, was natürlich dem Priester niemals einen Schaden bringt.

Solche Menschen, wie gesagt, verspüren den Druck ihrer geistigen Nacht ebensowenig, wie da ein Stockblindgeborener von dem Druck einer noch so finsteren Nacht je etwas verspürt hat; ihm geht nie eine Sonne auf noch unter! Aber ganz anders drückt die Nacht den, der fortwährend im Licht des ewigen Wahrheitstages zu wandeln gewohnt war und dann als ein bester Sänger mit den Wölfen mitzuheulen anfangen muss, wenn er seine gesunde Haut erhalten will!

Stelle dir eine Lage vor, wo einige wenige Sehende sich unter einer Gemeinde befänden, in der jeder ein Blinder ist! Es finge nun aber einer der Sehenden an, eine Beschreibung von der großen Herrlichkeit des Lichtes zu machen und von seinem herrlichsten Farbenspiel. Die Blinden würden ihm aber sogleich zu schweigen gebieten und ihn einen frechen und böswilligen Lügner schelten, während er von der hellsten Wahrheit doch mehr als handgreiflich überzeugt wäre! - Sage mir oder denke dir es, wie es da den Sehenden nach und nach zumute werden müsste, und besonders, so die Sehenden die besten Mittel besäßen, die meisten Blinden der ganzen Gemeinde sehend zu machen, so diese es nur wollten! Wie würde es dir da mit deiner reinen Vernunft zumute werden?«

Sagt Roklus: »Das wäre ein allerverzweifeltster Zustand, für einen sehenden Arzt auch noch dazu! Da wäre es ja tausend Male besser, schon gar nicht zu bestehen, denn als Sehender unter den Blinden, die voll Misstrauens, Eigendünkels und Hochmutes sind, zu leben! Aber du hast recht, lieber wohl- und hochweiser Junge! Es ist in der Welt einmal so und nicht anders; daher ist es meines Erachtens besser, die Blinden zu verlassen und jeden Zusammenstoß mit ihnen soviel als möglich zu vermeiden. Werden sie dadurch jedes sehenden Führers ledig, so müssen sie alle endlich über kurz oder auch der Zeit nach etwas länger an den Rand eines Abgrundes gelangen, der sie alle unvermeidbar verschlingen wird. Ihr Ende ist zwar ein trauriges, aber ein sicheres, und niemand kann sie bewahren vor demselben!«

Sagt Raphael: »Nun hast du einmal ganz gut geurteilt, und siehe, so handelt der Herr mit den Menschen auch gleichfort aus Seiner Ordnung heraus! Wenn immer irgendeine Menschengemeinde oder auch ein ganzes Volk frei- und böswillig der Wahrheit und dem Licht aus den Himmeln feind wird, so lässt der Herr es dann auch zu, dass solch ein Volk in die vollkommenste Lebensnacht übergeht. In dieser begeht es dann bald eine schreiende Unklugheit um die andere und offenbart dadurch allen nur ein wenig Sehenden die eigene böse Blindheit und Lüge in allem Wollen, Streben und Handeln. Solch ein unheilbares Volk muss dann ja endlich an den Rand eines Abgrundes kommen, der es ohne alle Gnade und Erbarmung verschlingen muss. Die Sehenden aber werden sich auszubreiten und mit ihrem Licht zu segnen anfangen den Erdboden, geistig und körperlich.

Aber der Herr lässt ein Volk, solange es nur einen ganz leisen Schimmer des wahren Lichtes unter sich hat, sicher nicht an den Rand des Abgrundes gelangen, weil im Schimmer doch noch eine warnende Ahnung vor dem Verderben wohnt.

Aber wo bei einem Volk einmal ein förmlicher Hass gegen das Licht der Wahrheit eingetreten ist und das Volk und seine Priester einmal die Sehenden auf jede mögliche Weise anzufeinden und zu verfolgen anfangen, wie es nun, ich sage es dir, soeben schon seit langem bei den Juden der Fall ist (siehe heute z.B. auch die arabischen Völker mit dem radikalen Islam, d. Hg.), da hat dann auch des Herrn Geduld ein Ende, und solch ein Volk entgeht seinem Untergang nimmer.

Da ist es dann, dass der Herr aus den Himmeln Selbst zur Erde kommt und ein Gericht hält über die bös-blinden Frevler, wie es nun auch soeben auf der Erde, und zwar im schönsten Lande der Juden, dem einstigen Volke Gottes, der Fall ist!

Der Herr aber wird nun noch die wenigen Treuen und Sehenden um Sich versammeln und ihnen geben ein vollstes Licht aus den Himmeln: aber neben diesem Licht wird alles Lichtlose nicht bestehen können, sondern getrieben werden an den vollsten Rand des unvermeidlichen Abgrundes. Da nützt dir vor den Sehenden kein falsches Wunder mehr, sondern nur ein solches, das ganz wahrhaftigst aus der Kraft Gottes hervorgeht, die Er in eines jeden Wahrheit sehenden Menschen Herz gelegt hat.

Denn wie der falsche und der blinde Glaube, der eigentlich ein Aberglaube ist, sich nur zu bald erweist durch allerlei Lüge und Trugwerke und durch eine stets steigende Lieblosigkeit, also erweist sich ein wahrer, lebendiger Glaube durch die vollste Wahrheit in allen Dingen ohne irgendeinen Rückhalt und durch eine stets steigende Liebe unter den Menschen und zu Gott und aus solcher Wahrheit und Liebe in der Gotteskraft und Macht, die Gott in eines jeden wahrsehenden Menschen Herz gelegt hat.

Was nützen dem Menschen dann alle seine geheime Kunst und Wissenschaft, wenn sogar am Ende die sehenden Sperlinge von den Dächern herab es dem falschen Propheten vor aller Welt zurufen: >>Du bist ein stets eigennütziger, arger Betrüger und machst deine Wunder so und so vor den Blinden! Aber die wahren, sehenden Kinder Gottes täuschst du nimmer; denn diese vermögen etwas anderes aus der Gotteskraft in ihren Herzen, welche da ist der Geist der ewigen Liebe, und durchschauen dein elend Machwerk und deine schnöde Absicht auf das allergenaueste. Packe daher zusammen deine alten Trugmittel und werde ein sehender Mensch in der wahren Kraft Gottes, - oder wir Sperlinge werden dich noch des bisschen Schimmers, den du besitzest, berauben!<< - Sage! Könntest du den Sperlingen darum gram werden? Wohl ist dem Betrüger sicher nichts ärgerlicher, als so man ihm mit dem Voll-Licht der Wahrheit entgegentritt; aber anerkennen muss er sie am Ende dennoch auf Gnade oder Ungnade!

Da sieh an das unverkennbare Wunderwerk, hervorgegangen aus der wahren Kraft Gottes! - Du bist ein Essäer und dazu ein Hauptmagier dieses Ordens. Du machst Tote lebendig, den Mond ziehst du den geistig blinden Staunenden nahezu gerade vor ihre Nasen herab, machst Bäume und Gras und Wasser, Felsen und Mauern reden. Was möchtest du dazu sagen, so diese Sperlinge von Menschen aller Rassen und Klassen es dir nun ganz laut zu erklären anfingen, wie du und deine Helfershelfer, wenn euch eure Dienstzeit ins Kloster ruft, eure Toten erweckt und eure Bäume, Gras, Wasser, Felsen und Mauern reden macht, und brächten dir dann einen Toten her und forderten dich auf, ihn ins Leben zurückzurufen? Was würde deine reine Vernunft und dein scharfer Verstand dazu sagen?«

J.L., Das Große Evangelium Johannes - Band 5 / 46. und 47. Kapitel

Der wahre, lebendige Glaube – Unterschied zwischen Gehirn und Herz

Nachdem Johannes dem stoischen Fischer Aziona dessen Leben enthüllt hatte:

„Hier sah Aziona den ganz gemütlichen Johannes groß an und sagte: »Höre, du mein übrigens höchst schätzbarer Freund! Das, was ich nun aus deinem Mund vernommen habe, ist mehr als meine gefüllte Speisekammer und bei weitem mehr als der aus reinem Wasser hergestellte Wein; denn was du mir gesagt hast, ist buchstäblich von Alpha bis Omega wahr! Du hast mich zuvor nie gesehen und gesprochen und kennst meine und meiner ganzen Gesellschaft Lebensverhältnisse so genau, als hättest du das alles mit uns durchgemacht! Das ist viel - und etwas, das mich sehr stutzig zu machen beginnt. Dass dein Kollege, der zuerst den Redner machte (Jesus, d. Hg.), um meinen Namen wusste, fiel mir durchaus nicht auf, da um den ganz Cäsarea weiß, von wo aus ihr habet hierher beschieden werden können; aber meine Lebenserfahrungen sind von gar keinem von uns irgend jemandem bekanntgegeben worden, und du hast sie daher auch von niemandem in Erfahrung bringen können, - und du weißt um jede Kleinigkeit, ja sogar um meine damals gehabten Gedanken, Beschlüsse und inneren, oft nicht einmal irgend jemandem aus meiner Gesellschaft mitgeteilten Absichten! Freund, das ist etwas, das sich auf gar keinem natürlichen Weg erklären lässt!

Wohl soll es einst in Ägypten Weise gegeben haben, die da aus den Linien der Hand und der Gestirne einem Menschen weissagen konnten, was er getan hat, und was er zu erwarten habe; auch gab es gewisse Tempelschläfer, die in einer Art Schlaf-Ekstase so manche Dinge weissagten, die entweder irgend so bestanden oder erst geschehen und bestehen werden. Aber mit welchen mystischen Bildern wurde all dergleichen Orakelzeug an das Tageslicht gefördert! Es bedurfte da wieder neuer Weiser, die da solche höchst unverständlichen Orakelsprüche den Laien zumeist auf eine witzige und sehr pfiffige Weise erklärten, nach welchen oft sehr pomphaften und kostspieligen Erklärungen der Fragende eben das wusste, was er entweder gar nie zu wissen begehrte, oder was er schon lange früher gewusst hatte. Aber bei dir ging die Sache ohne allen Tempelschlaf, ohne alle Besichtigung meiner Hände und ohne allen mystischen Wortkram ganz gerade heraus! Ja, so eine Weissagung lasse ich mir gefallen! Aber jetzt kommt der hinkende Fragebote und sagt: Wie, wie ist so etwas möglich? Außer einer allsehenden, und allfühlenden Götterkraft ist das vollkommen undenkbar! Sollte sich so etwas im Ernst allein durch den Vollglauben erreichen lassen?«

Sagt Johannes: Jawohl, Freund; aber freilich kommt es sehr darauf an, was man glaubt! Es könnte dir jemand eine Lüge vorsagen, und du glaubtest sie fest, so würde solch ein noch so ungezweifelter Glaube keine Wirkung haben, weil man darauf, wo es keinen wahrhaft festen Kerngrund gibt, kein Haus bauen kann.«

Sagt Aziona: »Das ist alles in der Ordnung; aber wo ist der Probierstein, mittels welchem ich zur vollsten Überzeugung gelangen könnte, dass das eine vollste Wahrheit sei, was mir jemand zu glauben vorgestellt hat?«

Sagt Johannes: »Über dies Kapitel haben wir zwar schon gesprochen; allein, um dir noch einen näheren Fingerzeig zu geben, sage ich dir, dass Gott, der Herr Himmels und dieser Erde, einem jeden nach der Wahrheit strebenden Menschen ein Gefühl in sein Herz gelegt hat, das die Wahrheit noch viel eher erkennt und erfasst als ein noch so durchgebildeter Verstand.

In diesem Gefühl weilt auch die Liebe zur Wahrheit, die sie als solche wahrnimmt, bald mit ihrer Lebenswärme durchdringt und so lebendig macht. Wird der Glaube als eine von der Liebe durchdrungene Wahrheit aber einmal lebendig, dann wird er auch sich zu regen, zu bewegen und am Ende selbst zu handeln anfangen. In solchem zuversichtlichen Handeln liegt dann erst auch das volle Gelingen dessen, was man im Herzen, und nicht etwa im Gehirn des Kopfes, als ungezweifelt glaubt.

Im Gehirn hat die Seele nur ihre Augen, Ohren, ihren Geruch und Geschmack; von diesen geht aber kein Leben aus, da sie selbst nur Wirkungen des Lebens sind.

Soll denn ein Glaube wirken, so muss er eins sein mit dem Leben selbst und nicht, gleich den Augen und Ohren, der Nase und dem Gaumen, als eine bloße Wirkung des Lebens für sich einzeln dastehen ohne einen tieferen Verband als allein den des nötigen äußeren Gebrauchs. Ist aber dein Wahrheitsglaube einmal eins geworden mit deinem Leben, so hat er schon von selbst jeden Zweifel aus sich ausgeschieden, und er darf dann nur wollen, und es wird geschehen, was solch ein Lebensglaube will.«

J.L., Das Große Evangelium Johannes - Band 5 / 177. Kapitel

Jesus gibt Verhaltensregeln für die Gläubigen

»Dies aber merkt euch alle wohl: So ihr in Meinem Namen irgendwo versammelt seid, da werde Ich auch stets wirkend unter euch, bei euch und in euch sein.

Wer euch hören wird, der wird auch Mich hören, und Ich werde ihm barmherzig sein; und so ihr über einen an Mich haltenden Kranken in Meinem Namen eure Hände auflegen werdet, so wird es besser mit ihm werden.

Wer euch aufnehmen wird, der hat in euch auch Mich aufgenommen, und Ich werde ihm darum vergeben seine Sünden und ihn segnen zeitlich und ewig. Wer aber euch nicht aufnehmen wird, der wird auch Mich nicht aufnehmen, und seine Sünden werden bleiben in seiner Seele, und ferne von ihm wird Meine Barmherzigkeit sein.

So ihr aber zu jemandem kommen werdet in Meinem Namen, und er wird euch wohl hören und auch glauben, was ihr ihm von Mir sagen werdet, wird aber nach der Annahme Meiner Lehre aus dem Grunde seines Herzens zu euch nicht sagen: "Bleibt bei mir, liebe Freunde, und haltet mit mir Mahl!", bei dem bleibt auch nicht! Denn wer da hat und gegen euch kargen wird, da ihr doch nicht mit Meinem Worte als dem höchsten Gut für das Leben seiner Seele gekargt habt, da werde auch Ich kargen mit Meinem Segen; denn *der Glaube an Mich wird lebendig wirksam durch die Werke der Liebe.*

Wer euch um Meines Namens willen lieben wird, der wird auch Mich lieben, und Ich werde ihn wieder lieben, und Mein Segen wird über ihm sein fortan. Wer euch aber hassen und verfolgen wird, der wird in euch auch Mich hassen und verfolgen; er wird aber da mit seiner Zunge gegen den Stachel stoßen und wird sich so mächtig verwunden, dass er an diesen Wunden den Tod und das Verderben seiner Seele finden wird.

Ihr sollt um Meines Namens und Wortes willen für euch wohl von keinem Menschen weder eine Ehre noch einen Lohn verlangen; doch wer euch verunehren und harten Herzens sein wird gegen euch, der wird so auch sein gegen Mich, und Ich werde auch so sein gegen ihn.

Was Ich euch umsonst gebe, das gebt wieder umsonst! Was euch aber die Liebe der erleuchteten Menschen bieten wird, das nehmt und dankt Mir darum; denn nur Meine Liebe in den Herzen der Menschen wird es euch geben, und so denn verschmäht auch die kleinste Gabe nicht!

Sucht aber dennoch nirgends einen irdischen

Gewinn um Meines Namens und Wortes willen, noch irgendein weltliches Herrscherreich; denn fürs erste ist Mein Reich nicht von dieser Welt, fürs zweite aber würdet ihr mit dem gesuchten und empfangenen irdischen Gewinn und mit einem überkommenen Reiche dieser Welt den Lebenslohn für eure Seele schon empfangen haben und hättet dann von Mir aus im Himmel keinen weiteren zu erwarten.

Es werden zwar in den späteren Zeiten falsche und herrschsüchtige Propheten in Meinem Namen das ebenso tun, wie es nun tun die Pharisäer und ihre Anhänger, und werden Mich vor den Augen des Volkes ehren mit allerlei Zeremonie und mit Gold, Silber und Edelsteinen; aber Ich werde zu ihnen durch den Mund Meiner durch Meinen Geist Erweckten sagen: „Siehe, dies elende Volk ehrt Mich, den Herrn des Lebens, mit dem Kot und mit dem Tod und Gericht der Materie, aber sein Herz ist fern von Mir!“ (jes.29,13; mt.15,08) Darum werde auch Ich fern von solch einem Volk sein.

Darum sollt ihr Mir in der Folge auch nicht irgendwo Tempel und Altäre erbauen; denn Ich werde nimmerdar wohnen in den von Menschenhänden erbauten Tempeln und werde Mich nicht ehren lassen auf den Altären. Wer Mich liebt und Meine leichten Gebote hält, der ist Mein lebendiger Tempel, und sein

Herz, voll Liebe und Geduld, ist der wahre und lebendige und Mir allein wohlgefällige Opferaltar zu Meiner Ehre. Alles andere ist Gericht, Tod und Verderben.

Ihr wisst, wie nun alle Priester, unsere jüdischen so gut wie eure heidnischen, gewisse äußere Heiligungs- und Reinigungsmittel haben, deren Annahme und Gebrauch sie ihren Bekennern aufdrängen und den mit allen Schrecknissen und ärgsten zeitlichen und ewigen Strafen bedrohen, der den Gebrauch vorbesagter Mittel nicht annehmen und sie als leer und völlig wirkungslos bezeichnen würde. Ich aber sage es euch: Mit all dem soll es bei euch für alle Zukunft sein vollkommenes Abkommen haben, und Ich werde den, der sich auch in Meinem Namen solcher Mittel zur Heiligung und Reinigung bedienen möchte, mit zornigen Augen ansehen. Es genügt, dass ihr den, der Meine Lehre im Herzen angenommen hat, in Meinem Namen tauft und ihm einen Namen der Ordnung wegen gebt, und Ich werde ihn stärken.

Dann mögt ihr auch in Meinem Namen und in Meiner Liebe in euch denen, die an Mich lebendig glauben und Meine Gebote halten, von Zeit zu Zeit, so ihr es habt, Brot und Wein geben zu Meinem Gedächtniss. Wo ihr ein solches Liebesmahl unter euch halten werdet, da werde auch Ich sein unter euch, bei euch und in euch, wie nun mit Fleisch und Blut; denn das Brot, das eure Liebe zu Mir bieten wird, wird auch gleich sein wie Mein Fleisch und der Wein wie Mein Blut, das bald für viele wird vergossen werden. Wie, das werdet ihr schon vernehmen.

Das allein genüge euch als ein äußeres Zeichen, das aber nur durch die Liebe einen rechten Wert von Mir überkommen wird.

Und da Ich euch nun in diesen wichtigen Dingen unterwiesen habe, so wollen wir uns nun wieder vom Tisch erheben und uns ins Freie hinaus und zwar auf unseren Berg begeben; dort soll euch noch manches gezeigt und gegeben werden.«

Auf diese Rede dankten Mir alle, und wir erhoben uns und bestiegen leichten Fußes unseren Berg.«

J.L., Das Große Evangelium Johannes - Band 9 / 166. Kapitel

Durch die Werke der Liebe in Meinem Namen verbleibt ihr im lebendigen Glauben

Nach einer Wundertat Jesu im Hause der zehn Judenfamilien

Der Herr: „Nach einer Weile sprach der Älteste folgende Worte aus: »Nein, nein, nein, - das ist unerhört! Moses und Elias, als die zwei größten Propheten, haben Großes geleistet, ja Größeres, als ein Mensch vom reinsten Verstand je zu fassen und zu begreifen imstande ist und selbst das gläubigste Gemüt kaum mehr glauben kann! Aber was sind alle jene Wundertaten, die von den genannten zwei Propheten gewirkt wurden nach dem Willen Jehovas, von dessen Machtgeist sie erfüllt waren, gegen dieses Wunderwerk?! Alle Propheten, die großen wie die kleinen, sagten: "Der Herr will es, und der Herr spricht so!", Du, o großer Herr, aber sagtest: "Ich will es, und es sei!" Und es ward im Augenblick, was Du wolltest! Daher bist Du mehr denn Moses und Elias!

Dein Ich ist der Herr Selbst in aller Fülle, und ich

als ein Greis habe nun in Dir mein Heil gesehen und möchte nun sagen: O Herr, Herr, lasse Deinen alten Diener im Frieden ins große Jenseits übergehen! Denn Du bist der Verheißene aus Dir Selbst! Dein ewiger Geist sprach aus dem Munde der Propheten und weissagte von Deiner Darniederkunft, und Du als die ewige Wahrheit und Treue Selbst hast Dein Wort gehalten und bist, mit Fleisch und Blut angetan, zu uns sündigen Menschen gekommen, um uns von neuem wieder aufzurichten, die Juden sowohl als auch die Heiden, die auch Kinder Noahs sind und einst mit den Vorabrahamiten ein Volk unter dem großen Großkönig und Höchstpriester Melchisedek von Salem ausmachten. Daher alle Ehre und alles Lob Dir allein, Du Herr, Herr, Herr!«

Sagte Ich: »Nun, nun, es ist schon gut und wahr so! Dass euer gesunkener Glaube durch diese Meine Tat auf einmal wieder aufgerichtet wurde, ist wohl sehr begreiflich, wie auch, dass ihr Mich alsbald erkannt habt; aber ihr müsst in der Folge diesen euren Glauben erst durch die Werke der wahren Nächstenliebe lebendig machen, ansonsten er für das Leben eurer Seele keinen Wert hätte vor Mir. Denn Ich bin nur durch Meine übergroße Liebe zu euch Menschen gekommen, und so könnt ihr Menschen auch nur wieder durch die Liebe zu Mir und zum Nächsten zu Mir und so zum ewigen Leben eurer Seelen als Meine rechten Kinder gelangen, was ihr euch wohl zu merken habt!

Der Glaube an Mich ist wohl ein lebendiges Licht aus den Himmeln, aber erst durch die Werke der Liebe. Wie aber ein Licht, das in der Nacht leuchtet, erlischt, so es nicht durch ein stets erneuertes Hinzutun des Öles genährt wird, ebenso erlischt auch der anfangs noch so ungezweifelte Glaube ohne die steten Werke der Liebe.

Ich habe durch dieses Mir leicht mögliche Wunderwerk nicht nur euren völlig gefallenen Glauben in eurer Seele aufgerichtet, sondern auch eure Liebe zu Mir angefacht; aus dem Licht dieser wahren und ewigen Lebensflamme habt ihr denn auch bald und leicht erkannt, wer in Mir zu euch gekommen ist.

Weil ihr aber das alsbald und ohne viele Mühe und Predigt erkannt habt, so tut nun auch danach, dass ihr und eure Nachkommen durch die Werke der Liebe in Meinem Namen verbleibt im lebendigen Glauben!«

Sagte der Älteste: »O Herr, Herr, dieses Werk wird in dieser Gegend der sechzig Städte ein größtes Aufsehen erregen, sowohl bei den wenigen Juden, wie auch bei den vielen Heiden sowohl dieser Stadt, als mit der Zeit auch in den andern Städten. Wenn die Menschen von allen Seiten hierher kommen und sehen werden, dass unser schon so lange verfallenes Haus auf einmal in eine wahre königliche Burg umgewandelt worden ist und werden uns fragen, wie das vor sich gegangen ist, - was werden wir ihnen dann zur Antwort geben können?«

Sagte Ich: »Darum sorgt euch nicht; denn so ihr vor den Menschen von dieser Tat und von Mir zu reden genötigt seid, dann wird es euch schon in den Mund gelegt werden, was ihr zu reden habt! Die gar zu Zudringlichen aber verweist an den Hauptmann und an seine Unterdiener, die alle das Werk mit angesehen haben, - da werden sie schon die rechte Aufklärung erhalten; denn diese kennen Mich gar wohl schon und wissen, wie Mir nichts unmöglich ist.«"

J.L., Das Große Evangelium Johannes - Band 10 / 57. Kapitel - Des Ältesten Zeugnis von Jesus

Lebendiger Glaube durch das Handeln nach dem Worte Jesu

Nach einem für die bekehrten Heidenpriester gewirkten Zeichen durch den Herrn:

Jesus: „Das machte unsere Heidenpriester vor lauter Verwunderung über Verwunderung ganz stumm; denn sie merkten es jetzt erst ganz klar, wen sie in Mir vor sich hatten.

Auch unser Wirt, der auch bei uns war, wurde, obschon er am Abend das große Heilungszeichen von Mir gewirkt sah und höchst bewunderte, auf dies Morgenzeichen erst ganz dahin überzeugt, dass Ich nicht wie irgendein großer Prophet erfüllt mit dem Geiste aus Gott, sondern ganz selbständig aus eigener Macht und Kraft handle und wirke und sagte darum denn auch zum Hauptmann, der mit den Seinen selbst voll des höchsten Staunens dastand: »Hoher Gebieter, dieser Mann ist kein Mensch, der mit der Hilfe des einen, allein wahren Gottes der Juden solche nie erhörten Zeichen wirkt, sondern in Ihm wohnt die ganze, ewig endlose Fülle der Gottheit sichtbar vor uns körperlich! Denn Er sagte: "Ich will es!" und nicht: "Gott hat so zu Mir geredet, und dies und jenes, dass es geschehe und werde"!«

Sagte der Hauptmann zum Wirt: »Freund, das weiß ich schon von Pella aus, dahin Er kam und auch so lehrte und große Zeichen wirkte wie hier; doch ein solches Zeichen wie dieses habe ich selbst noch nicht gesehen, obschon diesem ähnliche mehrere, die mir nur zu klar und zu laut sagten: "Siehe, das ist wundersamstermaßen der Herr Selbst!"

Er sagt freilich wohl: "Ich bin vom Vater in diese Welt gesandt!", doch Er ist eben Derjenige, der Sich Selbst durch Seine Liebe zu uns Menschen in diese Welt gesandt hat, um uns fürderhin kein unsichtbarer und unbegreiflicher Gott und Vater, sondern ein wohl sichtbarer und begreiflicher zu sein, und dass wir in der Folge lebendig glauben können, dass eben Er ein allein wahrer Gott ist und es außer Ihm keinen andern Gott und Herrn gibt und geben kann.

In Ihm wohnt das Ursein alles Seins, die Urkraft aller Kräfte, die Urmacht aller Mächte, das klarste Seiner-Selbst-Bewusstsein alles Bewusstseins aller Kreaturen in der ganzen ewigen Unendlichkeit, die erfüllt ist von Seinen Werken, und so wohnt in Ihm denn auch die höchste und nie erforschbare Weisheit.

Und siehe, dieses alles glaube ich nicht nur, wie ein Mensch gewöhnlich irgendeine vernommene Wahrheit zu glauben pflegt, aber neben solchem Glauben mit seinem Verstand doch noch nachforscht und grübelt, ob die vernommene große Wahrheit wohl auch in allen ihren teilweisen Beziehungen völlig wahr sei, und wie man sich davon vollkommen überzeugen könne, sondern ich bin von all dem vollkommenst und lebendigst überzeugt und bin bereit, für solch meine vollste und lebendigste Überzeugung mein Leben hinzugeben!«

Sagte der Wirt: »Hoher Gebieter, so tief wie du kann ich in dies hochheiligste Geheimnis noch nicht eingeweiht sein; aber ich glaube nun alles ungezweifelt, was du nun ausgesprochen hast, und hoffe, dass auch mir und meinem ganzen Hause von all dem die lebendigste Überzeugung werden wird! Darum alle Ehre und Liebe nun dem einen, sichtbaren Gott vor uns!«

Ebenso wie der Hauptmann und der Wirt besprachen sich auch die Priester und auch die Jünger untereinander.

Und ein Priester ging zu einem Jünger hin und befragte ihn, ob Ich solche Zeichen schon zu öfteren Malen gewirkt hätte.

Sagte der Jünger: »Ziehe hin in alle Orte von ganz

Galiläa, von Judäa, von Samaria und noch andern Ländern im Süden und Norden und von Osten nach Westen, und forsche, und man wird dir sagen und zeigen, was der Herr gewirkt hat!

Zeichen, wie dieses hier, sind viele gewirkt worden, und es sind alle Länder, die wir mit Ihm durchwandert haben, voll von Seinen Taten und voll von Seiner Ehre; denn Er ist es, der Seinesgleichen nicht hat weder im Himmel noch auf Erden. Aber Er will es nicht, dass wir viel reden von den großen Zeichen, die Er zur Bekräftigung der Wahrheit Seiner euch nun schon in den Hauptteilen bekannten Lehre gewirkt hat. Denn die Zeichen werden veralten und mit der Zeit so vergehen, wie auf dieser Welt alles vergänglich und wandelbar ist, und so man nach vielen Jahren davon reden wird, so werden die Menschen es nicht glauben und nicht fassen; aber Seine Worte werden nicht vergehen, sondern ewig als die Wahrheit aller Wahrheit bleiben in allen Himmeln und auf der ganzen Erde und in der großen Welt der Geister!

(vergleiche auch: Mt.24,35; Mk.13,31; Lk.21,33; Mt.05,18; Jes.51,06; J.L.GEJ01.165,10; J.L.GEJ09.094,17; J.L.GEJ09.132,14; J.L.GEJ10.110,05; 35-37: J.La.VatB.378)

Er will demnach nur, dass dieses von Ihm aus den

Himmeln in diese Welt gebrachte Lebenswort allen Menschen gepredigt werde und sie an Ihn *den lebendigen Glauben überkommen durch das Handeln nach dem Wort.*

Werden die Menschen das, so werden sie durch Ihn schon so geweckt und gestärkt werden, dass sie in Seinem Namen selbst Zeichen wirken werden, wie auch wir schon in Seinem Namen gar manche Zeichen gewirkt haben, indem wir allerlei Kranken die Hände auflegten und sie darauf vollkommen gesund geworden sind. Euch selbst wird dieses Zeichen erst dann zum Nutzen werden, so ihr nach Seiner Lehre leben und handeln werdet.

Es ist aber ein solches Zeichen wohl als ein übergroßes Wunder anzusehen, so die Menschen, die davon persönlich Zeugen waren, über die Wesenheit des Zeichenwirkers noch nicht hinlänglich im klaren waren; haben aber die Menschen den Zeichenwirker einmal in Seiner Wesenheit erkannt, dann ist das gewirkte Zeichen an und für sich kein Wunder mehr, denn sie sehen es ja ein, dass Gott, dem ewig Allmächtigen, kein Ding unmöglich ist.

Was ist diese Erde denn anderes als des Herrn Wort und Wille aus Seiner Liebe und Weisheit? Was sind der Mond, die Sonne und alle die zahllosen Sterne mit all dem, was sie tragen und fassen, indem sie - wie wir es genauest wissen - auch Weltkörper sind, und die meisten, die wir mit unseren Augen erschauen können, ums unvergleichbare größer denn diese Erde, die uns trägt und nährt?

So es Gott dem Herrn von Ewigkeit aber sicher möglich ist, solche großen Werke auch nur durch Seinen Willen entweder augenblicklich oder nach Seiner Liebe und Weisheit in gewissen Zeitperioden ins Dasein zu rufen, so ist es Ihm ja auch ebenso leicht möglich, durch Sein Wort und Seinen Willen einen kleinen Fleck der kahlen Erde mit fettem Erdreich zu überdecken und dasselbe nach seiner Art so zu befruchten, wie es die Beschaffenheit des Landes erfordert nach der von Ihm festgestellten Ordnung.

Wenn ihr sonst sehr verständigen und mit vielen Erfahrungen wohlversehenen Römer das ganz leicht einsehen und begreifen könnt, so werdet ihr es auch einsehen und begreifen, dass die nun vom Herrn gewirkten Zeichen nicht die Hauptsache für uns Menschen sind, sondern Sein Wort und Seine Lehre, die uns den Weg zum ewigen Leben zeigt. Das Wort aus dem Munde Gottes ist demnach für uns alles in allem, und wir werden sein und leben durch dasselbe ewig und dort sein, wo Er ist, und wirken durch Sein Wort und durch Seinen Willen in uns.«

Als der Priester solches von dem Jünger vernommen hatte, da sagte er: »Freund, du bist in der rechten Weisheit aus Gott schon weit vorgedrungen, und mich nimmt es nun nicht wunder, dass ihr alten Jünger des Herrn euch nach dem gewirkten, unerhört großen Wunderzeichen um vieles gleichgültiger benommen habt als wir Heiden! Aber was du mir nun gesagt hast, werde ich eben so behalten, als hätte es mir der Herr Selbst gesagt, und ich danke dir für deine Freundschaft und Geduld.«

Darauf ging der Priester wieder zu seinen Kollegen und besprach sich mit ihnen über das, was er von dem Jünger, der Andreas hieß, vernommen hatte.“

J.L., Das Große Evangelium Johannes - Band 10 / 104. Kapitel - Des Jüngers Andreas Rede von den Werken und Worten Jesu

Die Bedingung zur persönlichen Offenbarung Gottes

Jesus:

»Jetzt musst du freilich das alles nur glauben; so

aber dein Glaube durch Werke lebendig wird, so wirst du durch den lebendigen Glauben schon auch ins Schauen, Selbstfühlen und tiefstes dich überzeugendes Erkennen übergehen, und das ist für die Seele des Menschen um gar vieles besser, als so sie erst etwas als für überzeugend wahr annimmt, was sie durch ihr eigenes Suchen und Forschen mühevoll auf dem Erfahrungswege sich als eine Wahrheit zu eigen gemacht hat.

Es ist wohl solch eine suchende und emsig forschende Seele sicher auch ihres Lohnes wert, da doch jeder Arbeiter seines Lohnes wert ist, aber besser ist eine Seele, die, so sie die Wahrheit - sage - aus dem Munde Gottes vernimmt, da glaubt und danach tätig ist; denn dadurch eint sie durch die Liebe Meinen Geist mit sich, der ihr in einer Stunde Zeit mehr der lichtvollsten Weisheit geben kann und auch gibt, als sie sich auf dem Wege des höchst eigenen Forschens in hundert Jahren erwerben kann. Aber darum sollte auch eine fromm-gläubige Seele das gerechte Suchen und Forschen nicht auf die Seite setzen! Denn es sollte ein jeder Mensch alles prüfen, was er von Menschen vernimmt, und das Gute, das auch allzeit wahr ist, behalten; doch was leicht erkennbar von Mir Selbst den Menschen geoffenbart wird, das braucht der Mensch nicht viel zu prüfen, sondern nur zu glauben und danach zu handeln, und die lebendige Wirkung wird sich ihm bald sehr bemerkbar zu machen anfangen.

Wer an Mich glaubt, Meinen Willen tut und Mich liebt über alles und seinen Nächsten wie sich selbst, zu dem werde Ich Selbst kommen und Mich Ihm treulich offenbaren. In der Folge aber wird es so sein, dass am Ende ein jeder, den es wahrhaft nach Mir als der ewigen Wahrheit dürstet, von Mir belehrt werden wird; denn Ich, als die Wahrheit im Vater, bin gleich wie ein Sohn, der Vater aber ist die ewige Liebe in Mir. *Wen sonach die Liebe oder der Vater zieht, der kommt auch zum Sohne oder zur Wahrheit.*

Darum ist es besser, sich Mir durch die Liebe zu nahen als durch das Erforschen der puren Wahrheit. Denn mit der Liebe kommt auch der Geist der Wahrheit unfehlbar gleich so, wie mit dem Feuer, so es sich zur lebendigen Flamme gesteigert hat, das Licht; aber so jemand ein irgend fernes Licht wohl sieht und demselben nacheilt, da wird er sicher länger zu tun haben, bis er an die Stelle des Lichtes gelangen mag, um daselbst auch von des Lichtes lebendiger Flamme zum Leben erwärmt zu werden.

Wer Gott wahrhaft sucht, der muss Ihn im eigenen Herzen, also im Geiste der Liebe, in der alles Leben und alle Wahrheit verborgen ist, suchen, und er wird

Gott und Sein Reich auch so leicht und bald finden, - auf jedem andern Weg aber schwer und in dieser Welt oft wohl gar nicht.

Es heißt auch in der Schrift, dass der Mensch Gott anbeten solle. Wie aber soll er Gott anbeten, so er erstens Gott noch niemals anders als höchstens vom Hörensagen erkannt hat und dabei kaum glaubt, dass es einen solchen Gott gibt, und zweitens, er auch nicht von ferne hin weiß, was Gott anbeten heißt! An dem gewissen Lippengebet, bei dem das Herz fern ist, kann aber Gott ja doch wohl, als Selbst die ewige und reinste Liebe, kein Wohlgefallen haben.

Gott anbeten heißt: Ihn stets über alles lieben und den Nächsten wie sich selbst. Und Gott wahrhaft lieben heißt: Seine Gebote treust halten unter oft noch so misslich scheinenden Lebensverhältnissen, die Gott, so es nach Seiner Liebe und Weisheit irgend nötig ist, über einen und den andern Menschen kommen lässt zur Stärkung und Lebensübung der von der Materie zu sehr angezogenen Seele; denn Gott allein kennt jede Seele, ihre Natur und Eigenschaft, und weiß es auch am klarsten und besten, wie ihr auf den wahren Lebensweg zu helfen ist.

Gott ist in Sich also der höchste und reinste Geist, weil die reinste Liebe, und muss daher von jenen, die Ihn wahrhaft anbeten wollen, im Geiste und in der

Wahrheit angebetet werden, und das ohne Unterlass das ganze Leben hindurch, wie das auch tun alle Engel im Himmel ewig!

Wäre das Lippengebet eine rechte und Gott wohlgefällige Anbetung, und Gott verlangte das von den Menschen und Engeln, so wäre Er ebenso schwach, eitel und unweise wie ein blinder und hoffärtiger Pharisäer, der von jedermann über alles hochgeehrt sein und über alles herrschen will. Denn so ein Mensch zu Gott Tag und Nacht mit dem Munde beten sollte, und das ohne Unterlass, wo würde er dann die Zeit zur andern nötigen Arbeit hernehmen und wie für sich und die Seinen die nötige Leibesnahrung schaffen? Leider gibt es nun unter den Juden eine Menge solcher Narren und wird es auch fürderhin geben, die Gott mit nahe endlos langen Lippengebeten anbeten und meinen, dass das ein wahrer Gottesdienst sei und Gott daran ein Wohlgefallen habe, besonders, wenn ein solches Lippengeplärr mit allerlei Zeremonie begleitet wird.

Allein, wahrlich sage Ich euch allen: Wo Ich so von den Menschen angebetet und geehrt werde, da werde Ich sofort Mein Gesicht abwenden und einer solchen Anbetung und Verehrung nimmerdar achten, und das darum, um den dummen Menschen praktisch zu zeigen, dass vor Mir derlei Anbetungen und Verehrungen ein wahrer Gräuel sind und Ich ihrer niemals achte, besonders jener schon gar niemals, die von den Priestern ums Geld verrichtet werden, weil da der Betende, der darum von einem andern bezahlt worden ist, bloß zum Schein, zumeist ohne allen Glauben, ein solches Gebet hinmurmelt, und der, dem das Gebet helfen soll, selbst zu träge ist, seine Knie vor Gott zu beugen und daher lieber andere für sich beten lässt

Liebt daher Gott über alles und eure Nächsten wie euch selbst, und tut sogar denen Gutes, die euch Böses tun, und betet somit auch für eure Feinde, und bittet ebenso für die, welche euch hassen und verfluchen, und vergeltet nicht Böses mit Bösem - außer im höchsten Notfall, um einen wahren Bösewicht dadurch vom Weg des Lasters möglicherweise auf den Weg der Tugend zu setzen -, und Ich werde solch eine wahre und lebendige Anbetung mit dem innigsten väterlichen Wohlgefallen ansehen und wahrlich keine eurer Bitten unerhört lassen! Aber ein pures Lippengebet ohne Herz und vollsten Glauben werde Ich niemals ansehen und irgend erhören. Ich habe euch nun getreuest den rechten Lebensweg gezeigt; wandelt und handelt so, und ihr werdet dadurch sein und bleiben in Mir und Ich in euch!

In wem aber Ich bin durch seine Liebe zu Mir und daraus zum Nächsten, der wird nicht in der Nacht des

Gerichtes und des Todes der Seele, sondern gleichfort am hellsten Lebenstage wandeln.

Und nun sage, du Mein lieber Sohn, Mir, wie und ob du das wohl verstanden hast? Denn so du es recht verstanden hast, so wirst du auch recht danach handeln und voll Lichtes werden!«

J.L., Das Große Evangelium Johannes - Band 9 / 37. Kapitel

Verstand und Gemüt müssen gleichsam bearbeitet werden

Der Herr, nach Seiner vorausgegangenen Erklärung über das Wesen Gottes, klärt weiterhin auf über Jesus als den Sohn:

»Wenn ferner der Sohn von Ewigkeit her war, wie konnte Er gezeugt werden? Und wenn der Heilige Geist eben auch von Ewigkeit her war, wie konnte er vom Vater und Sohn ausgehen und so seinen Ursprung nehmen? Wenn nach eurem Sinn und Verstand die von euch beanstandeten drei göttlichen Personen, aus denen die späteren Menschen leicht drei Götter machen könnten, insgesamt ewig, das heißt ohne Anfang sind, so konnte dann ja nicht einer dem andern den Anfang des Seins geben!

Ich bin, als nun ein Mensch im Fleisch vor euch, der Sohn und bin niemals von einem anderen als nur von Mir Selbst gezeugt worden und bin eben darum Mein höchst eigener Vater von Ewigkeit. Wo anders könnte da der Vater sein als nur im Sohne, und wo anders der Sohn als nur im Vater, also nur ein Gott und Vater in einer Person?

Dieser Mein Leib ist sonach die verherrlichte Gestalt des Vaters der Menschen und Engel wegen, damit Ich ihnen ein begreiflicher und schaubarer Gott bin, und ihr könnt Mich nun schauen, hören und sprechen und doch leben dabei! Denn vorher hieß es, dass Gott niemand sehen und dabei leben könne. Ich bin denn nun durchgängig Gott; in Mir ist der Vater, und die von Mir nach Meiner Liebe, Weisheit und nach Meinem allmächtigen Willen ausgehende Kraft, die den ewig endlosen Raum allenthalben erfüllt und auch überall wirkt, ist der Heilige Geist.

Ich, wie ihr Mich nun als Gottmenschen unter euch seht, bin mit Meiner ganzen Urzentralwesenheit sicher vollkommen und ungeteilt unter euch hier in diesem Speisesaal auf dem Ölberg und befinde Mich darum als ein wahrster Gott und Mensch zugleich nirgends anderswo, weder auf dieser Erde und noch weniger auf einer andern; aber durch die von Mir ausgehende Kraft, die da ist der Heilige Geist, erfülle Ich wirkend dennoch alle Himmel und den irdisch materiellen und endlosen Raum. Ich sehe da alles vom Größten bis zum Kleinsten, kenne alles, weiß um alles, verordne alles und schaffe, leite und regiere alles.

Wenn ihr aber nun solches wohl wisst aus Meinem Munde, so werdet ihr auch verstehen, aus welchem Grund ihr die Menschen, die an Mich glauben und nach Meiner ihnen bekanntgemachten Lehre auch handeln werden, im Namen des Vaters, des Sohnes und des Heiligen Geistes durch die Auflegung der Hände stärken sollt

So ihr nun den Grund einseht, da werdet ihr auch einsehen, dass infolge der Nennung der drei Eigenschaftsnamen die Menschen, so sie von euch wahr und richtig unterrichtet werden, nicht leicht auf die Idee von drei persönlich wesenhaften Göttern verfallen werden. Aber Ich lege euch das denn auch teuerst ans Herz, dass ihr den Menschen durchgehend ein rechtes und wahrheitsvolles Licht gebt; denn wo es an dem gebrechen wird, da werden die Menschen denn auch leicht und bald verkümmern und in allerlei Irrlehren übergehen, und es wird dann schwerhalten, sie auf die Wege der vollen Wahrheit zu bringen.

Dass aber auch bei aller eurer Treue dennoch falsche Lehrer und Propheten aufstehen und gar viele Menschen verführen werden, das werdet ihr wohl nicht zu verhindern vermögen, und es wird euch das auch nicht zur Last gerechnet werden, sowenig als es einem Landmann, der reinen Weizen auf seinen Acker säte, und dem sein Feind zur Nachtzeit Unkraut darunter streute, zur Sünde gerechnet werden kann, so auf seinem Acker unter dem Weizen das Unkraut wuchert und die gute Frucht schwächt.

Es ist wohl Mein Liebeswunsch, dass alle Menschen dieser Erde die lichten Wege der Wahrheit betreten und auf denselben dem ewigen Leben zu wandeln möchten; aber weil Ich Mich aus euch schon bekanntgegebenen Gründen mit Meiner Allmacht da völlig zurückziehen muss, so ist ein jeder Mensch völlig frei und kann am Ende glauben und tun, was er selbst will.

Ihr aber werdet bei der Weiterverbreitung Meiner Lehre am besten tun, so ihr den Verstand und mit demselben das Gemüt der Menschen bearbeitet. Denn wo einmal der Verstand und das Gemüt durchdrungen sind, da wird der Glaube durch den guten Willen lebendig und erfolgreich tätig; ohne die rechte Aufhellung des Verstandes und Gemütes aber bleibt der Glaube nur eine stumme und blinde Annahme dessen, was der Mensch von irgendeiner autorisierten Seite her vernommen hat. Solch ein Glaube aber ist so gut wie nahe gar keiner; er belebt das Gemüt nicht zur freiwilligen und das Herz beglückenden Tat und ist sonach denn auch tot, weil er ohne freie und Freude erzeugende Werke ist.

Werke aber, die der Mensch durch ein äußeres Muss erzwungen verrichtet, haben für die Seele keinen Wert, da sie dieselbe nicht beleben, sondern erdrücken, weil sie nicht freiwillig aus innerer Überzeugung mit Freude, sondern nur aus Furcht vor der angedrohten Strafe unter geheimem Ärger, Grimm und Zorn vollbracht werden.

Wenn Ich aber schon zu euch sage, dass ihr so vollkommen in der Erkenntnis und reinen Liebe sein sollt, als wie vollkommen da ist der Vater im Himmel, so sollen das auch eure Jünger sein! Darum sage Ich euch noch weiter: Prüft alles wohl zuvor, und behaltet dann das Gute und Wahre!

Was Ich euch aber anrate, dass ihr es für euch selbst beachten möget, das tut auch euren einstigen Jüngern! Ich könnte von euch nun ja auch gar wohl verlangen, dass ihr Mir auch ohne weitere Erklärungen glaubt, was Ich euch sage und zu tun anrate, denn die Zeichen, die Ich vor euren Augen gewirkt habe, haben Mir doch sicher jene Autorität verschafft, die euch nötigt, Mir zu glauben; aber ein solcher genötigter Glaube ist noch lange kein inneres Licht der Seele und belebt sie nicht freudig zur Tat.

Dass es aber so ist, das beweist ihr durch eurer beständiges Fragen, und ihr bekennt dadurch offen, dass der pure Autoritätsglaube der Seele viel zu wenig Licht bietet, dessen Mangel in euch dann erst meine Erklärungen decken. Wenn ihr aber nun neben allen Meinen gewirkten Zeichen und Lehren noch immer helle Erklärungen verlangt und diese euch wohltun, so werden das auch eure Jünger von euch verlangen, und ihr sollt damit nicht sparsam sein, so ihr dem Auftreten der falschen Propheten nach aller Möglichkeit gegensteuern wollt!

Ihr werdet auch Zeichen wirken, und die Falschen werden durch allerlei Trugwerk dasselbe tun, und es werden daher die von euch gewirkten Zeichen stets ein magerer Beweis für die Echtheit der von euch dem Volk gepredigten Lehren sein und bleiben; aber was ihr dem Verstand und dem Gemüt der Menschen durch lichtvolle Worte einprägen werdet, das wird als ein lebendiger Beweis für die Wahrheit der Lehre aus Meinen Himmeln ewig unvertilgbar bleiben. Solch eine hell begriffene Wahrheit wird euch und eure Jünger dann erst vollends frei machen. - Und nun habe Ich euch allen wieder vieles enthüllt und euch viel Licht gegeben und frage euch darum abermals, ob ihr das auch wohl begriffen habt.«

Sagten alle: »Ja, Herr und Meister, das haben wir nun gar wohl begriffen; denn nun hast Du wieder einmal ganz frei und offen geredet!«

(Hierauf sagte Ich:) »Es ist noch Zeit; so jemand noch weiter etwas wissen will, der komme und frage!«

J.L., Das Große Evangelium Johannes - Band 8 / 27. Kapitel — Jesus als Sohn

Den Menschen heiligt nichts als der lebendige Glaube in seiner tätigen Liebe

Jesus berichtet aus Seiner Lehrzeit auf Erden:

„Lazarus ließ sogleich einen frischen Wein bringen und sagte: »Das Große und Aller-Erhabenste, was wir nun aus Deinem Gottesmund vernommen haben, muss auch mit einem frischen Wein bekräftigt und in unseren Herzen besiegelt werden!«

Sagte Ich: »Da hast du, Freund und Bruder Lazarus, recht! Alles Gute und Wahre findet im Brot und Wein seine volle Entsprechung. Darum werdet ihr nach Mir zu Meinem Gedächtnis auch beim mäßigen Genuss des Brotes und des Weines stets versichert sein können, dass Ich im Geiste, so wie nun im Leibe, bis ans Ende aller Zeiten dieser Erde Mich unter euch, Meinen Kindern, Brüdern und Freunden, persönlich befinden werde. Werdet ihr Mich mit euren Fleischaugen auch gerade nicht allzeit erschauen, so wird es euch aber dennoch euer Herz sagen: "Freut euch; denn euer Herr, Gott und Vater ist unter euch und segnet für euch das Brot und den Wein! Seid denn fröhlich und heiter in Seinem Namen, und gedenkt dabei der armen Brüder und Schwestern und besonders der Armen im Geiste!"

Wenn euch euer Herz eine solche Mahnung geben wird, da denkt und glaubt allzeit, dass Ich Mich persönlich unter euch befinde, und um was Gutes und Wahres fürs Leben der Seele ihr Mich da bitten werdet, das werde Ich euch denn auch allzeit bereitwilligst und wohlverständlichst geben.

Die Mich aber da mit großer Liebe ihrer Herzen begrüßen werden, die werden sich auch bald mit ihren Augen überzeugen, dass Ich wahrhaft persönlich Mich unter euch befinde. Was Ich aber hier euch sage und beteuere, das gilt auch ganz gleich allen euren wahren und getreuen Nachfolgern. - Aber nun gib den frischen Wein her; denn Ich bin durstig geworden!«

Hierauf ward ganz frischer und bester Wein kredenzt. Ich trank, und auch alle anderen tranken und lobten den Wein, der durch Meinen Willen sehr gewürzt und versüßt war.

Als wir uns so gestärkt hatten, da sagte abermals der Schriftgelehrte, ob Ich nun schon willens wäre, ihm das zu beantworten, um was er Mich gefragt hatte.

Ich aber sagte: »Freund, es gibt da noch andere

Dinge, die nun nötiger sind, dass sie besprochen werden, als das Ende des Heidentums. Lassen wir erst den Morgen herankommen und die im anderen Gemach ruhenden Pharisäer zuvor von hier abziehen, und Ich werde euch dann im Freien das Wie- und Wann-Ende des Welt- und Heidentums bildlich dartun.

Nun aber wollen wir, wie schon bemerkt, von etwas anderem reden, das zunächst wichtiger sein wird, als das traurig und höchst bedrängnisvoll aussehende Welt- und Heidentums-Ende. Was dünkt euch, worüber wir nun zuerst reden könnten und was zu wissen und zu glauben euch allen recht Not tut?«

Hier sagte einmal wieder Petrus: »Herr, ich hätte nun etwas; so auch ich nun reden dürfte - darum ich Dich bitte -, so wüsste ich an Dich eine Frage zu stellen!«

Sagte Ich: »So rede! Denn nun hat ein jeder von euch das Recht zu reden und zu fragen.«

Sagte nun Petrus: »Herr, Moses hat zur Reinigung der Sünder gewisse äußere Mittel verordnet, wie sie jedem Juden wohlbekannt sind. Sollen wir uns deren auch bedienen? Haben sie für den Menschen eine ihn heiligende Kraft, und sind sie zur Erlangung des ewigen Lebens der Seele unumgänglich notwendig?

Sollen auch die Heiden sich beschneiden lassen, so sie Deine Lehre annehmen werden, oder genügt bei ihnen schon die Taufe allein? Und sollen auch die anderen Läuterungsmittel nebst der Beschneidung bei den zu uns bekehrten Heiden stattfinden?«

Sagte Ich: »Wer ein Jude ist und die Beschneidung hat, der soll sie auch gleichfort haben; aber die Beschneidung selbst für sich ist nichts und hat für niemand einen irgend geheimen und gewisserart seelenmagisch heiligenden Wert.

Den Menschen heiligt nichts als der lebendige Glaube und seine tätige Liebe zu Gott und zum Nächsten.

Wer aber gesündigt hat gegen Gott und gegen seinen Nächsten, der erkenne wahrhaft reuig seine Sünden, bitte Gott ernstlich um Vergebung, mache am Nächsten die ihm zugefügten Unbilden gut und sündige fürderhin nicht mehr, so ist er dann auch schon völlig gereinigt; denn dadurch, dass er die Übel gutgemacht hat und keine Sünde mehr begeht, werden ihm selbstverständlich auch die Sünden nachgelassen.

Wer aber das nicht tut, der bleibt in den Sünden und in ihren argen Folgen auch dann ganz gleich fort, so für ihn auch zehntausend Böcke wären geschlachtet und in den Jordan geworfen worden. Dieses und auch alle anderen äußeren Reinigungsmittel bessern und heiligen den Menschen nicht im geringsten, sondern allein sein wahres und aufrichtiges Handeln nach Meiner Lehre, und dass er glaubt an den einen, wahren Gott, und so auch an Mich im Herzen.

Ich aber habe euch ja ohnehin gesagt, dass ihr jedermann, der lebendig und wahrhaft Meine Lehre und so auch Mich Selbst an- und aufgenommen hat, im Namen des Vaters, des Sohnes und des Heiligen Geistes taufen sollt; dazu aber genügt die Auflegung der Hände und als ein äußeres Zeichen der wahren, inneren Reinigung durch den Geist Gottes ein Waschen mit reinem Wasser. Und das genügt für Juden und Heiden völlig.

Alles andere hat hinfort keinen Wert vor Mir, so wie da vor Mir auch keinen Wert hat ein äußeres und noch so langes Lippengebet. Wer da will und wünscht, dass sein Gebet bei Mir erhört werde, der bete im stillen Kämmerlein seines Herzens vollgläubig zu Mir, und Ich werde ihm geben, um was er gebeten hat.

Ich sage euch abermals, wie Ich das schon oft gesagt habe: Sucht in allem allein nur die Wahrheit, diese wird euch völlig frei machen!

Es ist ganz gut, dass der Mensch nach der Lehre Mosis rein halte auch seinen Leib. Durch Unreinigkeit kommen allerlei böse Krankheiten in das Fleisch und Blut und erzeugen Unlust und Traurigkeit in der noch schwachen Seele; aber was das Fleisch vom Schmutz reinigt, das reinigt die Seele nicht von ihren Sünden. Waschen sich doch die Juden vor und nach einem Mahl die Hände und oft auch die Füße, und wir tun das oft nicht, und doch sind wir reiner mit ungewaschenen Händen als die strengen Juden mit allzeit gewaschenen Händen und Füßen.

Und nun kurz und gut: Kein äußeres Reinigungsmittel hat für den inneren Menschen irgendeine Heiligung, sondern allein der lebendige Wahrheitsglaube, seine Liebe und seine guten Werke. - Habt ihr das nun verstanden?«

Sagte Petrus: »So denn wird es in der Folge auch nicht nötig sein, dass wir gleich den Tempelpriestern die Ehen einsegnen?«

Sagte Ich: »An und für sich ganz und gar nicht; denn das Band der Ehe schließt genügend das gegenseitige Gelöbnis vor den Eltern oder sonstigen wahrhaftigen Zeugen. Aber so ihr in einer Gemeinde, die ihr irgend in Meinem Namen werdet gegründet haben, die Ehen einseht (für gut befindet) und sie segnet in Meinem Namen, so wird ihnen das zum Nutzen und zur Bekräftigung ihres Bundes dienen. Es geschehe das nur von eurem guten Willen als ein Liebesdienst ausgehend.

Ich gebe euch aber dieses nur als einen guten Rat

und nicht etwa als ein Gesetz. Und so soll auch von euch um so weniger ein Gesetz daraus gemacht werden; denn welch eine arge Wirkung Mussgesetze auf die frei wollende Seele ausüben, habe Ich euch in dieser Nacht mehr denn zur Genüge gezeigt, wie auch deren notwendige Folgen, und

> *so sei unter euch alles nur eine freie Handlung der wahren und reinen Liebe und nie eines gebieterischen Zwanges.*

Daran nur wird man erkennen Meine wahren Jünger, dass sie unter sich nur das freie Gesetz der Liebe üben und sich untereinander lieben, wie nun Ich euch liebe.

Aber solch eine bezahlte Einsegnung der Ehe durch einen gebieterischen und über-hochmutsvollen Priester in oder außer dem Tempel hat vor Mir nicht den allergeringsten Wert, sondern nur Mein vollstes Missfallen. Was Mir aber missfällt, das ist auch sicher wider Meine Ordnung und ist ein Übel und eine Sünde, die wahrlich keinem Menschen einen Segen bringt. So ihr aber das wohl begriffen habt, da handelt auch so, und ihr werdet dabei wohl tun!«"

J.L., Das Große Evangelium Johannes - Band 8 / 40. Kapitel — Brot und Wein in geistiger Entsprechung. Von den Zeremonien

Die Bedeutung der Tat nach dem Worte Gottes

Jesus:

„»Hört! So ein Mensch einen schwachen Magen hat, so nimmt er einmal einen euch wohlbekannten Kräutertrank, durch den die schlecht verdauten Speisen auf dem bekannten natürlichen Wege aus dem Magen und den Gedärmen hinweg geschafft werden; die schlecht verdauten Speisen aber gleichen den in der Seele erwachten Bedenken, ob sie dies und jenes wohl völlig glauben und danach tätig sein soll.

Wenn aber der natürlich schwache Magen einmal gereinigt ist, was ist dann zu tun, damit er wieder stark werde und stark bleibe? Der Mensch werde recht tätig und mache dabei in der frischen und reinen Luft eine rechte Bewegung, und der Magen wird dadurch zuerst seine volle und gesunde Kraft wieder erhalten. Und seht, das tue denn auch die Seele! Sie reinige ihr Herz von all den irrtümlichen Lehren, Begriffen und Ideen, nehme die Wahrheit, wie Ich sie euch lehre, liebewillig und vollgläubig auf und werde danach recht tätig und regsam, und sie wird dadurch bald sehr erstarken und auch völlig und unverändert bleibend gesund werden!

Darum sei denn keiner von euch nur Hörer, sondern sogleich auch ein ernst-williger und emsiger Täter Meines Wortes, so werden dadurch auch ehest alle Bedenken und Zweifel aus seiner Seele entwichen sein.

Wie aber der natürliche Leibesmagen in seinem kräftig gesunden Zustand allerlei reine und im Notfall auch unreine Speisen in sich aufnehmen kann, ohne einen Schaden zu leiden, weil er durch seine Tätigkeit alles Unreine entweder von sich wegschafft oder ins Reine verkehrt, ebenso tut das auch der kräftige und völlig gesunde Magen der Seele; und es ist demnach dem Reinen alles rein, und selbst der unreinste geistige Pestdunst der Hölle kann in ihm keinen Schaden bewirken.

So ihr denn im Vollbesitz Meines Reiches in euch sein werdet, da werdet ihr über Schlangen und Skorpionen einher wandeln und Gifte aus der Hölle trinken können, und es wird euch das nimmerdar schaden.

So ihr nun das alles wohl begriffen und aufgefasst habt, so werdet ihr denn nun auch das der vollen und lebendigen Wahrheit nach einsehen, was Ich in Kapernaum unter dem "Mein-Fleisch-essen" und unter dem "Mein-Blut-trinken" von euch verstanden haben wollte, und ihr werdet das hinfort auch sicher keine harte Lehre mehr nennen.

Es sind aber für den puren Menschenverstand die Dinge und gar viele Erscheinungen schon in der sichtbaren Naturwelt grund-ursächlich schwer dahin zu erklären, auf dass er darauf von allen möglichen, den bösen Aberglauben nährenden Irrtümern frei werde und so den Weg der Wahrheit wandle; um wie vieles schwerer begreiflich erst sind dann die dem Fleisch-Auge des Menschen unsichtbaren, himmlisch geistigen Dinge, Kräfte, Wirkungen und Erscheinungen für den puren Gehirnverstand und für die Seele ersichtlich zu machen!

Darum sage Ich euch denn auch allzeit: In alle Weisheit in geistigen, himmlischen Lebensverhältnissen und in deren Kraft und Macht werdet ihr erst dann eingeweiht werden, so ihr auf die Art und Weise, wie Ich sie euch ausführlich klar gezeigt habe, in Meinem Geiste völlig neu geboren sein werdet. Und nun fragt euch selbst, ob ihr das alles auch in der rechten und vollen Wahrheitstiefe verstanden und begriffen habt!«

Sagten die Jünger: »Ja, Herr und Meister, wenn Du so vor uns die Geheimnisse des Reiches Gottes enthüllst, dann sind sie für uns denn auch leicht verständlich; aber so Du Deinen Mund in Gleichnissen auftust, dann ist der Sinn Deiner Worte für uns stets schwer und manchmal gar nicht verständlich. Aber so Du dann die Gleichnisse uns erklärst, da erst sehen wir ein, dass derlei Bilder und Gleichnisse zu geben nur der göttlichen Allweisheit möglich ist. O Herr, wir danken Dir aus dem tiefsten Herzensgrund für Deine übergroße Geduld mit und für Deine Liebe zu uns! So wir aber als Menschen irgendwann schwach und müde werden sollten auf dem Weg zur wahren Neu- und Wiedergeburt Deines Geistes in uns, dann, o Herr, verlasse uns nicht, sondern stärke uns, und lass uns nimmerdar schwach werden! Und wenn unser Gemüt ängstlich und traurig wird, wenn Du in der Zukunft nicht mehr sichtbar unter uns wandeln wirst, dann komme mit Deiner Gnade und Erbarmung, und tröste uns, und belebe unsere Liebe, unsern Glauben und unser Hoffen und unser Erwarten!«

Sagten der Wirt und sein geheilter Oberknecht: »O Herr und Meister, um das, um was Dich die Jünger gebeten haben, bitten auch wir Dich!«

Sagte Ich: »Wahrlich, wahrlich sage Ich euch: Um was ihr den Vater in Meinem Namen bitten werdet, das wird euch auch gegeben werden! Wo aber ist ein Vater unter den Menschen, die doch zumeist eitel böse sind, der einem Kind, das ihn um ein Stück Brot bittet, einen Stein gäbe, oder einer Tochter, die ihn um einen Fisch bittet, eine Schlange?

So aber schon die Menschen, die wie gesagt eitel böse sind, ihren Kindern gute Gaben erteilen, um wieviel mehr wird der ganz allein übergute Vater im Himmel denen Gutes erweisen, die Ihn liebend und gläubig darum bitten.

Darum möget ihr allzeit fröhlichen Herzens und frohen Mutes sein; denn der heilige und übergute Vater wacht allzeit über euch und sorgt um euer Wohl und Seelenheil.

Der Vater aber ist in Mir, wie Ich allzeit und ewig in Ihm bin, und Ich gebe euch die volle Versicherung, dass Ich euch niemals als Waisen belassen werde bis ans Ende der Zeiten dieser Erde.

Wahrlich sage Ich euch: Wer Mich wahrhaft lieben und Meine Gebote halten wird, zu dem werde Ich kommen und Mich ihm selbst offenbaren, und es wird sich dann ein jeder überzeugen können, dass er sich nicht als Waise in der Welt befindet! Wem Ich Mich aber so offenbaren werde, der behalte das nicht für sich, sondern teile solchen Trost auch seinen Brüdern mit, auf dass auch sie dadurch getröstet und gestärkt werden.

Wer die Schwachen gerne stärkt, die Betrübten tröstet und den Leidenden gerne hilft, der wird in allem dem den zehnfachen Lebenslohn von Mir zu gewärtigen haben. Dessen könnt ihr allzeit völlig versichert sein!«

Diese Meine Worte machten alle fröhlich und heiter, und der Wirt ließ unsere Becher abermals mit seinem besten Wein füllen, und wir tranken denn auch und unterhielten uns noch bei einer Stunde lang."

J.L., Das Große Evangelium Johannes - Band 9 / 74. Kapitel

Die wahre Weisheit und die lebendige Gottesverehrung

Der Herr:

„Als Ich Mich aufgerichtet habe und alle, die mit Mir über drei Stunden lang recht süß geschlummert haben, berufe Ich sogleich die drei zu Mir und frage sie, warum sie sich denn nicht auch die drei Stunden hindurch dem stärkenden Schlaf ergeben haben.

Sagt Mathael: »Herr! Du Herrlicher, Du Weisester! Wer kann schlafen, so er durch Dein Wort ohnehin die mächtigste Stärkung erhielt! Wir sind alle drei so gestärkt, als hätten wir die ganze Nacht allerbestens geschlafen! Wir aber haben die drei Stunden in Deinem Namen - so gut, als es uns möglich war - benutzt und haben vermittels Deiner gnädigsten Zulassung Dinge erfahren, von denen wohl noch keinem Sterblichen je etwas geträumt hat. Dafür wir Dir nun aber auch den innigsten und wärmsten Dank abstatten; Du bist der Herr, und allenthalben bist Du allein alles in allem; Dir allein darum aber auch alle unsere Liebe und höchste Achtung!«

Sage Ich: »Gut denn, Ich weiß, was ihr alles besprochen und erfahren habt vor der für euch einberaumten Zeit! Aber da ihr solches erfahren habt, so behaltet es zunächst bei euch und macht auch später keinen unrechten Gebrauch davon; denn solches fassen die Kinder dieser Erde nicht; denn sie sind nicht von dorther, von woher ihr seid. Ihr werdet aber noch viel Größeres erfahren; wenn der Heilige Geist über euch kommen wird, den Ich dereinst aus den Himmeln über euch ausgießen werde, der wird euch erst in alle Wahrheit leiten! Das wird sein der Geist der Liebe, der Vater Selbst, der euch ziehen und lehren wird, auf dass ihr alle dorthin kommen möget, da Ich sein werde.

Denn wahrlich sage Ich es euch: Niemand wird zu Mir kommen, so ihn nicht der Vater zu Mir hinziehen wird! Ihr müsst alle vom Vater, also von der ewigen

Liebe in Gott gelehrt sein, so ihr zu Mir kommen wollt! Ihr alle müsst also vollkommen sein, wie der Vater im Himmel vollkommen ist! Aber das viele Wissen, wie auch die reichlichste Erfahrung wird euch nicht dahin bringen, sondern allein die lebendige Liebe zu Gott und im gleichen Maße zum Nächsten; darin liegt das große Geheimnis der Wiedergeburt eures Geistes aus Gott und in Gott.

Jeder aber wird zuvor mit Mir durch die enge Pforte der vollsten Selbstverleugnung ziehen müssen, bis er wird, wie Ich bin. Ein jeder muss aufhören, für sich etwas zu sein, um in Mir alles werden zu können.

Gott über alles lieben, heißt: in Gott ganz auf- und eingehen, - und den Nächsten lieben, heißt ebenfalls: in den Nächsten ganz eingehen, ansonsten man ihn nie ganz lieben kann; eine halbe Liebe aber nützt weder dem, der liebt, noch dem, der geliebt wird.

Wenn du von einem hohen Berg die volle Aussicht nach allen Seiten hin haben willst, so musst du in jedem Fall dessen höchste Spitze erklimmen; denn von einem unteren Höhenpunkt wird dir von der Ganzaussicht stets ein guter Teil verdeckt bleiben. Also muss denn auch in der Liebe alles und das Äußerste aus dem Innersten heraus geschehen, damit ihre Früchte an euch offenbar werden.

Euer Herz ist ein Acker, und die tätige Liebe ist das

lebendige Samenkorn; die armen Brüder aber sind der Dünger für den Acker. Wer aus euch in den wohlgedüngten Acker viel der Samenkörner legen wird, der wird auch eine Vollernte machen. Mit je mehr Armen ihr den Acker düngen werdet, desto kräftiger wird er sein; und je mehr der guten Samenkörner ihr hineinlegen werdet, desto reicher wird die Ernte ausfallen. Wer da reichlich säen wird, der wird auch reichlich ernten; wer aber sparsam säen wird, der wird auch sparsam ernten.

Darin aber liegt die höchste Weisheit, dass ihr weise werdet durch die lebendigste Liebe. Alles Wissen aber ist ohne die Liebe nichts nütze! Darum bekümmert euch nicht so sehr um ein vieles Wissen, sondern dass ihr viel liebt, so wird euch die Liebe geben, was euch kein Wissen je geben kann! Es ist ganz gut, dass ihr drei die drei Stunden zur vielfachen Bereicherung eures Wissens und eurer Erfahrungen aller-emsigst verwendet habt; aber alles das würde für sich eurer Seele wenig nützen. So ihr aber in der Folge die Zeit so emsig der Liebe zum Nächsten opfern werdet, so wird euch ein Tag schon von größerem Nutzen für eure Seelen sein!

Was nützte es euch vor Mir, so ihr euch nahe auflösen möchtet vor Verwunderung über Meine Macht, Größe und nie ergründbare Herrlichkeit, außerhalb eures Hauses aber weinten arme Brüder und Schwestern vor Hunger, Durst und Kälte? Wie elend und zu gar nichts nütze wäre ein lautes Jubel- und Lobgeschrei zur Ehre und zum Ruhm Gottes, über dem man das Elend des armen Bruders überhörte! Was nützen all die reichen und prunkvollsten Opfer im Tempel, wenn vor dessen Tür ein armer Bruder vor Hunger verschmachtet?

Darum sei euer Forschen vor allem nach dem Elend eurer armen Brüder und Schwestern gerichtet; denen bringt Hilfe und Trost! Da werdet ihr in einem Bruder, dem ihr geholfen habt, mehr finden, als so ihr alle Sterne bereist hättet und Mich gepriesen mit Zungen der Seraphim!

Wahrlich, Ich sage es euch, alle Engel, alle Himmel und alle Welten mit all ihrer Weisheit können euch nicht geben in Ewigkeit, was ihr erreichen könnt, so ihr einem Bruder, der im Elend war, wahrhaft geholfen habt nach aller eurer Kraft und nach allen euren Mitteln!

Nichts steht höher und näher bei Mir denn allein nur die wahre, tätige Liebe!

So du zu Gott betest und hörst, solange du betest, die Klagestimme deines armen Bruders nicht, der in deiner Betstunde zu dir um Hilfe gekommen ist, dann sei verflucht dein leeres Geplärr! Denn Meine Ehre besteht in der Liebe - und nicht im eitlen Geplärre deines Mundes!

Ihr sollt nicht sein, wie da Jesajas gerufen hat: >Siehe, dieses Volk ehrt Mich mit den Lippen; aber sein Herz ist ferne von Mir!<, sondern so ihr zu Mir betet, da tut das im Geiste und in aller Wahrheit! Denn Gott ist ein Geist und kann nur im Geiste und in der Wahrheit angebetet werden.

Das wahre, Mir allein wohlgefällige Gebet im Geiste besteht demnach nicht im Bewegen der Zunge, des Mundes und der Lippen, sondern allein in der tätigen Ausübung der Liebe. Was nützt es dir, so du mit vielen Pfunden Goldes eines Propheten Grab geschmückt hast, hast aber dabei die Stimme eines leidenden Bruders überhört?! Meinst du, Ich werde daran ein Wohlgefallen haben? Narr! Mit zornigen Augen wirst du von Mir angesehen werden, darum du eines Toten wegen die Stimme eines Lebendigen überhört hast!«“

J.L., Das Große Evangelium Johannes - Band 4 / 1. Kapitel

Der vollendete lebendige Glaube kann wahrlich Berge versetzen

Vollkommenheit bedeutet Angleichung an göttlichen Willen....

Der Herr:

„Ein vollendeter lebendiger Glaube kann wahrlich Berge versetzen. Und ihr würdet über alle Elemente der Natur gebieten können, hättet ihr diesen lebendigen Glauben. Ihr würdet euren Willen auf Menschen und Tiere übertragen können, wenn ihr im lebendigen Glauben dadurch helfen wolltet in irdischer Not. Und ihr würdet dann immer wirken mit Meiner Kraft, weil ihr im lebendigen Glauben innigst mit Mir verbunden seid und dann Meine Kraft unbegrenzt nützen könnt.

Was aber heißt es, einen lebendigen Glauben zu besitzen? Es heißt dies, einen so hohen Liebegrad zu besitzen, dass ihr in vollster Erkenntnis steht, um alle Zusammenhänge wisst und nun auch wisst um eure einstige Beschaffenheit, als ihr überaus mächtig und weise von Mir ausgegangen wart. Dieses Wissen, das ihr, als selbst zur Liebe geworden, nun besitzt, lässt euch an nichts mehr zweifeln, weil ihr nun auch Mich und Mein Wesen recht erkennt, das in sich Liebe, Weisheit und Macht ist. Und da ihr als Meine Ebenbilder einst erschaffen wart, erkennt ihr auch, dass euch die gleiche Macht innewohnt, wenn ihr im Verband steht mit Mir, oder auch: weil ihr im Verband steht mit Mir.

Dann also ist euer Glaube lebendig, ihr seid voll überzeugt, dass ihr alles vermögt. Ihr wendet nun aber auch eure Macht an eurer inneren Erkenntnis gemäß. Ihr werdet nun niemals etwas auszuführen suchen, was nicht in Meinem Willen wäre, denn euer Wille ist dann auch der gleiche wie der Meine, weil ihr zur Erkenntnis, zum Licht, zum rechten Wissen gelangt seid.

Einen lebendigen Glauben zu haben ohne die Liebe ist nicht möglich....

Die Liebe aber verbürgt auch einen Einblick in Meinen Heilsplan von Ewigkeit. Die Liebe verbürgt, dass ihr richtig denkt und handelt, dass euer Wille gleich gerichtet ist dem Meinen, dass ihr nicht wider Meinen Heilsplan von Ewigkeit wirken werdet, wenn in euch die rechte Erkenntnis ist, wenn ihr im Licht der Wahrheit wandelt. Denn ob ihr dann auch einen lebendigen Glauben besitzt, der alles zu leisten euch fähig macht, so werdet ihr doch nicht die euch nun innewohnende Glaubenskraft nützen zum Wirken entgegen Meiner Liebe und Weisheit, denn euer Wille, der sich dann auch dem Meinen angeglichen hat, verhindert solches, so dass also auch jedes Liebewerk am Nächsten, das der lebendige Glaube vollbringt, auch Meinem Willen entsprechen wird, wenn es zu dessen Seelenheil dient.

Denn Mein Ziel ist und bleibt die Seligwerdung Meiner Geschöpfe, das Ausreifen der Seelen, die Rückführung des einst gefallenen Geistigen zu Mir. Und Meine Liebe und Weisheit wird immer nur diesem Ziel entsprechend sich äußern. Und da Ich seit Ewigkeit weiß um den Willen der Menschen, ist auch Mein Heilsplan seit Ewigkeit festgelegt, und er wird nicht umgestoßen werden können von Menschen, denen es noch an der tiefen Erkenntnis mangelt.

Wollt ihr mächtig sein auf Erden und Großes vollbringen, dann müsst ihr die Liebe in euch entfachen zu höchster Glut. Diese Liebeglut aber strahlt hellstes Licht aus, und in diesem Licht erkennt ihr Mich und Mein Wesen, das Liebe, Weisheit und Macht ist.

Dann aber wisst ihr auch um Mein Ziel und um Meinen überaus weisen Liebeplan. Und es würde euch dann wahrlich nicht einfallen, diesem Plan entgegengesetzt euch zu betätigen. Ihr würdet nur immer in Liebe auf eure Mitmenschen einzuwirken suchen, dass auch sie sich zur Liebe gestalten, weil ihr erkennt, dass die Liebe der einzige Weg ist zur Höhe, zu Mir und zum ewigen Leben.

Ein lebendiger Glaube ist das Zeichen einer hohen Seelenreife, eines hohen Liebegrades, der diesem Glauben das Leben gibt. Und ihr könnt wahrlich in einem solchen Glauben auch Berge versetzen. Ihr werdet aber immer im Verband mit Mir wirken, weil euch eure Liebe innig mit Mir zusammengeschlossen hat. Und dann wisst ihr um Meinen Willen, ihr fühlt ihn in eurem Herzen, und ihr handelt danach. Dieser Wille aber wird niemals entgegen Meiner Liebe und Weisheit gerichtet sein. Denn auch in euch kann kein verkehrter Wille wirken, auch ihr werdet dann nur noch denken und wollen gleich Mir, auch euch wird dann nur noch die Erlösung des Geistigen wichtig sein, und ihr werdet den Seelen helfen wollen, die noch in der Finsternis schmachten. Irdische Begehren aber werden euch fremd sein und euch niemals veranlassen, die Kraft des Glaubens wirksam werden zu lassen."

B.D., Nr. 7893 vom 14.05.1961, enthalten in Buch 82

"Lebendige Christen", die keine sind. Eine ernste Mahnung

Der Herr:

„Es genügt nicht, dass ihr nach außen hin euch ausweist als Christen, dass ihr einer kirchlichen Organisation angehört, dass ihr tut, was diese von euch verlangt an Äußerlichkeiten und Gebräuchen, sondern nur eines ist nötig: dass ihr die Lehre auslebt, die eine jede kirchliche Organisation vertritt und ihren Mitgliedern auch unterbreitet .... dass ihr die göttlichen Liebegebote erfüllt, die euch der "Gründer der Kirche" Selbst auf Erden gegeben hat.

Er, Der Selbst ein Leben der Liebe geführt hat auf Erden, Der hat auch die Liebe zum Grundprinzip derer gemacht, die Seiner Kirche angehören wollen, denn Seine Kirche ist kein totes Gebilde, Seine Kirche ist Geist und Leben, Seine Kirche ist auf einem lebendigen Glauben erbaut, der nur durch ein Leben in Liebe gewonnen werden kann.

Liebe und Glaube, das sind die Kennzeichen der Kirche, die Jesus Christus Selbst auf Erden gegründet hat, denn Liebe und Glaube lassen das "Wirken des Geistes" zu, das Seiner Kirche rechtes Wahrzeichen ist ....

Und solange ihr Menschen nicht dieses Wahrzeichen aufweisen könnt, seid ihr nur blinde Mitläufer der Organisation, an die ihr euch angeschlossen habt, aber ihr seid keine "lebendigen" Christen, ihr seid keine Anhänger der Kirche Christi, welche geistig ist .... Und ihr seid dann in großer Gefahr, dass eure Seele verlorengeht, die auf Erden eine Willensprobe abzulegen hat und diese nicht bestehen kann, wenn sie nicht die Kraft von oben bezieht, die aber einen lebendigen Glauben voraussetzt.

Erst der lebendige Glaube, welcher ist die Folge uneigennütziger Nächstenliebe, stellt die innige Verbindung her mit dem Kraftquell von Ewigkeit, von Dem ein jeder Mensch Kraftzufuhr benötigt, will er sein Ziel erreichen auf Erden: vollkommen zu werden, wie der Vater im Himmel vollkommen ist.

Ihr Menschen nehmt es sehr leicht mit eurer Erdenaufgabe; ihr glaubt, genug zu tun, wenn ihr pflichtgemäß erfüllt, was euch vorgeschrieben wird von Seiten der Menschen, die sich als "Stellvertreter Gottes", als Prediger oder Lehrer ausgeben. Ihr denkt nicht einmal darüber nach, ob diese auch wirklich das sind wofür sie sich halten, oder ob sie sich nur selbst dazu gemacht haben .... ihr denkt auch nicht darüber nach, ob ihr denn auch in der Wahrheit unterwiesen werdet.

Ihr glaubt bedenkenlos alles, was euch als Wahrheit vorgetragen wird, aber ihr prüft nicht den Ursprung dessen, und ihr wendet euch nicht an Den, Der die Ewige Wahrheit Selbst ist, um Ihn zu bitten, dass Er euch in die Wahrheit leite ....

Ihr verlangt nicht nach der Wahrheit, ansonsten ihr wahrlich auch eingeführt werden würdet! Ihr nehmt es nicht ernst genug mit eurer Erdenaufgabe, und ihr glaubt, dem Willen Gottes Genüge zu tun durch Erfüllen vorgeschriebener Handlungen und Gebote, die jedoch niemals von Gott Selbst euch Menschen gegeben worden sind.

Aber der Gebote Gottes achtet ihr nicht, ansonsten ihr euch bemühen würdet, ein Leben in Liebe zu führen, und ihr dann von selbst auf den rechten Weg gelangtet, der zur Höhe führt. *Die Liebe allein ist es, die Gott von euch verlangt; die Liebe allein ist es, die euch das Recht gibt, euch Seiner Kirche zugehörig zu fühlen, denn die Liebe allein zeitigt einen lebendigen Glauben .... den Fels, auf dem Jesus Christus Seine Kirche erbaut hat.*

Darum nennt euch erst dann Christen, wenn ihr auch die Gebote Christi erfüllt und dadurch rechte Anhänger Seiner Kirche geworden seid. Und das könnt ihr in jeder kirchlichen Organisation erreichen, denn eine jede lehrt euch die Liebe. Doch stellt nicht menschlich erlassene Gebote in den Vordergrund, die nicht fruchtbringend sind und eurer Seele nicht das ewige Leben zu geben vermögen. Denn alles ist wertlos, was nicht die Liebe zur Begründung hat!

Und ihr würdet von selbst hinter die Wahrheit dessen kommen, wenn ihr es nur ernst meintet mit eurer Pflicht Gott gegenüber. Solange ihr aber nur formgemäß kirchliche Forderungen erfüllt, wird eure Seele auf immer gleicher Stufe stehenbleiben, sie wird keinen Fortschritt auf Erden erzielen, denn dieser wird nur erreicht durch uneigennützige Nächstenliebe, die aber auch unwiderruflich das Erkennen nach sich zieht: Erleuchtung des Geistes, so dass sich der Mensch dann nicht mehr genügen lässt an einem Formchristentum, sondern er ernsthaft streben wird nach Vollendung, die er dann auch sicher erreichen wird.“

B.D., Kundgabe Nr. 7779

Lebendige Christen. Kraft des Glaubens. Gegenwart Gottes

Der Herr:

„Wenn ihr in große Not geraten werdet, dann erst wird es sich erweisen, ob ihr lebendige Christen seid oder ihr euch nur Formchristen nennt, die dann versagen, wenn sie sich bewähren müssen. Und es wird diese Zeit über euch kommen, wo nur ein lebendiger Glaube euch helfen kann, wo ihr euch bewähren müsst, wo die Kraft des Glaubens erprobt werden muss, die eben nur ein lebendiger Glaube aufbringen wird.

Die Mehrzahl der Menschen steht nur in einem Formglauben; sie lehnen nicht ab, was ihnen gelehrt wurde, aber sie haben sich noch nicht ernsthaft gedanklich auseinandergesetzt mit den Lehren. Und sowie es einmal dazu kommen wird, dass sie veranlasst werden, zu ihrem Gott und Schöpfer zu rufen, dann werden sie Ihn in der Ferne suchen, weil sie noch keine Gemeinschaft mit Ihm haben, eine Gemeinschaft, die sich als Gefühl der Gegenwart Gottes auswirkt. Und solange dieses Gefühl noch nicht im Menschen ist, ist Gott noch nicht lebendig in ihm geworden, und der Glaube an Gott ist nur eine leere Redensart, denn er besitzt ihn nicht.

Erst das Gefühl der Gegenwart Gottes kennzeichnet einen lebendigen Christen, und dieser wird dann auch die Glaubensstärke besitzen, die ihn in großen Nöten den Weg zum Vater nehmen lässt und sich von Ihm Hilfe erbittet. Es wird viel Leid und Elend kommen über die Menschen, eben um ihrem Glauben eine Probe zu stellen.... Und es kommt nicht auf die Konfessionen an, denn jede Konfession kann lebende und tote Anhänger umfassen, Menschen, die innige Bindungen mit Gott eingegangen sind, und solche, denen Gott der ferne Gott ist und bleiben wird, Den sie wohl dem Namen nach kennen, aber selbst noch keinerlei Bindung haben mit Ihm, um Ihn in Fällen plötzlicher Not anzurufen um Beistand und Hilfe.

Doch die Not kommt! Sie muss kommen um der Menschen willen, die gleichgültig dahingehen und sich selbst noch nicht entschlossen haben, wie sie sich einstellen zu ihrem Gott und Schöpfer von Ewigkeit. Sie muss kommen für die Menschen, die da glauben, Christen zu sein, und es nur dem Namen nach sind. Von allen wird ein Bekenntnis gefordert für Jesus Christus, und ein solches Bekenntnis ablegen kann nur der Mensch, der im lebendigen Glauben steht, nicht aber, die nur wissen von Ihm, aber noch nicht das rechte Verhältnis zu Ihm hergestellt haben, das Er fordert, um ihr Erlöser sein zu können von Sünde und Tod.

Jeder Mensch kann sich einmal für das rechte Verhältnis zu Jesus entscheiden, und er sollte es im freien Willen tun, weil ihm das Erdenleben immer wieder Gelegenheit gibt zu diesem Entscheid. Wer aber saumselig ist, wer immer nur ein Formchrist bleibt, also wohl weiß um den göttlichen Erlöser, aber noch niemals Seine Liebe und Gnade in Anspruch genommen hat, um aus seiner Gebundenheit erlöst zu werden.... wer noch nicht wie ein Kind mit seinem Vater gesprochen hat, der wird erst durch Leiden und Nöte gehen müssen, um den Weg zu Ihm zu finden; er wird erst so empfindlich getroffen werden müssen, dass ihm nur noch der eine Ausweg bleibt, zu Gott in Jesus Christus zu flüchten und dadurch zu bekennen, dass er lebendig an Ihn glaubt.... während der Formchrist oft noch seinen seichten Glauben verliert, wenn es hart auf hart geht, und er dadurch beweist, dass er noch keinerlei Bindung hatte mit Ihm, dem göttlichen Erlöser Jesus Christus, mit Gott Selbst.

Je näher es dem Ende zugeht, desto nötiger wird diese Erprobung des Glaubens sein, denn immer mehr sondern sich die Menschen ab, selbst wenn sie einer kirchlichen Gemeinschaft angehören, aber es ist nur noch eine Scheinbindung der Mitmenschen wegen, es ist nichts Wahres, Lebendiges mehr, das zu einer "Gemeinschaft der Gläubigen" gezählt werden kann. Es sind die Kirchen nur noch weltliche Organisationen, aber nicht mehr der Zusammenschluss von tief gläubigen Menschen, die in Jesus Christus den Gründer ihrer Kirche sehen, die nur auf festen Glauben gegründet wurde. Und die Menschen werden darum durch das Leben gezwungen werden, ein Bekenntnis abzulegen, denn die kommende Zeit wird sehr schwer sein für viele Menschen, aber doch für den lebendigen Christen auch von Segen, weil er die Bindung mit Gott immer fester knüpfen wird und er auch durch seinen Glauben herausgeführt werden wird aus aller Not und Bedrängnis, weil es für den lebendigen Christen nichts gibt, was nicht mit der "Kraft des Glaubens" bewältigt werden könnte.“

B.D., Kundgabe Nr. 7256

Lebendiger Glaube, Vertrauen und Zuversicht können u. a. Naturgesetze aufheben

Jesus:

„Nachdem du gestern diese drei Worte in einem spiritistischen Buch gelesen hast und sie dir nicht aus dem Kopf gehen, so will Ich auf deine Bitte dir auch einige Worte über diese drei wichtigen Eigenschaften geben, die für dich besonders und auch für deine ganze Gesellschaft sehr notwendig sind; denn es mangelt auch bei ihr am Glauben, noch mehr an Vertrauen, und Zuversicht ist fast gar keine da. So höre denn:

Der Glaube, dieses schöne und edle Wort, welches ausdrückt, dass der Mensch oder sein geistiges Wesen sich ganz dem hingibt, was er als Wahrheit erfasst hat, und darauf seine fernere Handlungsweise baut, seinen Frieden daraus erhält und seine zukünftige Seligkeit darauf gründet – dieser Glaube, wie wenige haben ihn, und wenn er auch bei einzelnen vorkommt, wie gering ist seine Dosis!

Der Glaube ist die Grundbasis in allem, wie Ich es

erst vor kurzem in Meinen Worten an deinen zweifelnden Freund gesagt habe. Ohne Glauben gibt es nichts, was geistig begründet werden sollte. Der Glaube ist mit den ersten Begriffen des Kindes das erste Band, das es an seine Mutter und an die Welt kettet. Was die Mutter dem Kind, das heißt seinem aufstrebenden Geiste vertrauensvoll ins Herz legt, gläubig nimmt es das auf; es ist überzeugt, dass seine Mutter ihm nur Wahrheit sagt, es hat diese feste Überzeugung – durch die geistigen und körperlichen Bande geknüpft – als die einzige angenommen, durch welche es mit der Mutter und mit der umgebenden Welt in Verbindung steht; der Glaube an diese ersten eingeprägten Wahrheiten ist oft so anhaltend, was seine Stärke beweist, wenn er rein und aufrichtig ist, dass auch in den letzten Tagen des Greises der Mensch die Wirkungen nicht vergisst, welche ihm die ersten eingeprägten Lehren der Jugendjahre machten, welche er so ganz im Vollmaß als von seiner Mutter kommend kindlich annahm, und sie als die ersten geistigen Schätze in seinem Herzen aufbewahrte.

So mancher von euch Menschen wird oft ausrufen: „O schöne Zeit der ersten Jugendtage, wo ich als unmündiges Kind den lehrenden Erzählungen meiner Mutter horchte, und alles für wahr, ja nicht anders möglich seiend, annahm, was sie mir damals ins Herz legte, und das noch jetzt, trotz allen Widerwärtigkeiten des Lebens und entgegengesetzten Erfahrungen, dennoch nicht aus dem Herzen zu verwischen ist.“

Ja, der Glaube, diese Tugend, mit kindlicher Einfalt an dem zu hängen, was man als Wahrheit erkennt, eben dieser Glaube ist der erste Grund, der den Menschen in den Friedenstempel einführen und ihm als Stütze dienen sollte gegen alle auf ihn einstürmenden Zweifel.

Wenn ich nun den Glauben im religiösen Sinne anwende, was sollte er erst da noch sein! – Die heilige Fahne, zu welcher der begeisterte Mensch schwört, sie nie mehr zu verlassen, als Fundament aller Lehren und Wahrheiten, die euch von Mir einst sichtbar und jetzt unsichtbar durch geistiges Einfließen gegeben werden!

Manche schon haben zu dieser Fahne geschworen, sie bis zum letzten Atemzug verteidigt, und sie auch öfters mit dem eigenen Blut besiegelt. Aber wie viele andere haben sie verlassen und sind zu ihr nie mehr zurückgekehrt. Und wie viele haben auch nebenbei ihren schönen Eifer des Glaubens in fanatische Wut ausarten lassen, welche dann zu Schändlichkeiten führte, wie sie die Geschichte des Priestertums bis auf den heutigen Tag in Unzahl aufweisen kann.

So ist es mit dem Glauben wie mit dem Feuer; das Feuer, ein so wohltätiges und nützliches Element es ist für den, der es weise gebraucht, so furchtbar ist es für den, welcher die Wirkungen desselben missachtet und vernachlässigt, und welchem es am Ende, statt ihm nützlich zu sein, den größten Schaden zuzufügen imstande ist.

Alles, was Ich geschaffen habe, hat zwei Seiten, eine gute und eine schlechte; ebenso der Glaube. Als reines Hingeben in den göttlichen Willen, welche sanfte Wärme verbreitet er über das menschliche Herz, – und wie brennend, wild und auflodernd, intolerant ist er, wenn von schlechter Hand benutzt, er dem Frieden suchenden Menschen, statt ein kleines Lämpchen als Wegweiser ihm eine Brandfackel in die Hand drückt!

Deswegen, Meine Kinder, hütet euch vor den Extremen, besonders in jetziger Zeit; nehmt den Glauben als heilenden Balsam und achtet wohl darauf, dass er nicht für euch ein verzehrendes Gift wird!

Um in allem sicherzugehen, glaubt nur Mir, hört nur auf Meine Stimme *in eurem Herzen, die trügt nicht,* und lasst euch nicht betören durch schlaue, nur ihrem eigenen Interesse folgende Ausleger Meines Wortes. Hier gilt das Wort: „Was ihr hört und lest, das prüft; das Gute behaltet, und das Schlechte entfernt!“

Wenn ihr diese Regel in eurem Leben stets treu beachten werdet, so wird die Fahne des Glaubens euch stets das heiligste Palladium (Schutzbild) sein, mit welchem ihr den Weg zu eurer Seligkeit und zu Meinem Herzen gewiss sicher finden werdet.

Damit ihr aber auch euren Glauben stets mehr festigt, so müsst ihr auch das zweite Wort im höchsten Grade besitzen, das heißt, ihr müsst unbedingtes Vertrauen in Meine Worte legen, und wenn ihr es eigentlich genau nehmt, so ist Glaube und Vertrauen beinahe dasselbe.

Der Glaube ist die feste Annahme der Wahrheit, und das Vertrauen besagt ebenfalls nichts anderes, als die innigste Überzeugung, dass das Gesagte und gläubig Angenommene nicht anders sein kann, und nur zu dem Endziel führt, welches man wünscht, indem man festes Vertrauen darauf hat, dass so oder so handelnd das Geglaubte durch die Tat bestätigt werden muss

Um euch diese beiden Begriffe bildlich näher zu bezeichnen, so setze Ich den Fall, ein Mann hat sich in einem Wald verirrt, er weiß keinen Ausweg mehr, da begegnet ihm wie zufällig ein anderer, der, um Holz zu sammeln, in den Wald gegangen war; der Verirrte fragt den andern um den Weg, welchen er einschlagen soll, um aus dem Wald zu kommen; der Holzsammler beschreibt ihm genau die Richtung, die er zu nehmen hat. Der Verirrte glaubt den Aussagen des Holzsammlers, verfolgt den beschriebenen Weg, fest vertrauend, dass er ihn aus dem Wald führen wird.

Hier habt ihr den Unterschied zwischen Glauben und Vertrauen bildlich dargestellt; wollt ihr nun dieses Bild auf euer eigenes Leben, auf das Bekenntnis Meiner Lehre und auf das praktische Ausführen derselben anwenden, so muss Ich euch sagen, dass ihr so manches von Mir Gesagte glaubt, aber nicht das feste Vertrauen habt, dass beim Anwenden und leben danach das gewünschte und vorausgesagte Resultat die Folge davon sein wird.

Es geht aus dem hervor, dass, wenn ihr zwar dem Anschein nach glaubt, was Ich in Meinen Evangelien und in Meinen nun euch gegebenen Worten sage, ihr aber doch nebenbei nicht das unbegrenzte Vertrauen auf die Unfehlbarkeit des Gesagten habt, dann geht es euch gerade so, wie dem Verirrten, den Ich früher anführte; wenn er dem Holzsammler nicht unbedingten Glauben schenkt, nicht fest überzeugt ist und ihm vertraut, dass der bezeichnete Weg der einzig wahre sei, so wird er den Ausweg aus dem Wald nicht finden, indem er unterwegs von Zweifeln geplagt unschlüssig zu werden anfängt.

So geht es euch gar oft, ihr glaubt, seid überzeugt, wenigstens für den Augenblick, sobald es aber an die Ausführung des Geglaubten gehen soll, so steigen leichte Nebel von Zweifeln auf, bald da bald dort ein „Warum“ oder „wer weiß, wenn ich so handle, ob der

Erfolg wohl der sein wird, wie man es mir vorausgesagt hat, usw.!" Es mangelt das Vertrauen, und alles noch so eifrig Geglaubte hilft nichts, oder: Die Worte ohne Tat sind leerer Schall! –

Es muss also zum rechten Glauben das rechte Vertrauen sich gesellen; das erste ist der Baum, der gepflanzt, das zweite die Blüte, die gezogen, und das dritte – die feste Zuversicht, die als Frucht erzielt werden soll. Wo diese drei Eigenschaften vereint in einem Herzen walten, da gilt Mein Wort, welches Ich einst zu Meinen Jüngern sprach, wo es heißt: „Wenn ihr unerschütterlich glaubt und wollt, so heben sich euch auch Berge hinweg!" Das will soviel sagen als: Habt ihr den Glauben an die Kraft des Wortes, ausgesprochen mit dem festen Vertrauen der Untrüglichkeit, so ist auch die feste Zuversicht dabei, dass das Gewollte erfolgen muss!

Wo aber findet sich dieses Kleeblatt von göttlichen Eigenschaften in einem von euch vereint? Überall ist seichter Glaube, wenig Vertrauen und gar keine Zuversicht. Hundertmal wiederhole ich es euch: „Handelt und lebt nach Meinen Worten, und ihr werdet Wunder sehen!"

Des Glaubens schönste Eigenschaften, gekrönt durch unerschütterliches Vertrauen, werden eure himmlische Zuversicht erhöhen, dass auch ihr gleich

Mir Elementen gebieten und gegen alle gewöhnlichen Gesetze der Natur Dinge ausführen könnt, die den andern als Wunder erscheinen müssen, weil sie nicht wissen, dass euer Wille gepaart mit dem Meinen das erste Gesetz ist, wovor sich alle übrigen Gesetze beugen müssen.

Ich weiß recht wohl, dass bei jedem Versuch euch Zweifel in Menge aufsteigen werden; denn solche Eingriffe in das Wesen Meiner Naturgesetze kann eben auch *nur einer wagen, der ein Wiedergeborener geworden,* und auch nur Meine Hilfe in sich anruft zu solchen Taten, wenn diese zum Besten der Menschen notwendig sind, und nicht aus Scherz, Ruhmsucht oder Eitelkeit, wo ihn auch das Gelingen im Stich lassen würde. –

Ich sage euch nur, dass es möglich und schon Meinen Jüngern und anderen, geistgeweckten Menschen gelungen ist, aber nicht so leicht erreicht werden kann, wenn nicht diese drei Eigenschaften – der Glaube, das Vertrauen und die Zuversicht – im höchsten Grade bei einem Menschen ausgebildet sind.

Die feste Zuversicht des Gelingens ist die Frucht des Glaubens und des Vertrauens, darauf arbeitet hin.

Befestigt zuvor euren Glauben, dass er nicht wanke wie ein Schilfrohr, sondern fest stehe wie eine Mauer; sodann baut auf diese Fundamentmauer das unerschütterliche Gebäude des Vertrauens, und die Vollendung des Ganzen wird euch dann die Zuversicht geben; in diesem Hause, auf solchen Grund gebaut, könnt ihr allen Stürmen von *innen und außen* trotzen und euren Weg der Vervollkommnung ungehindert verfolgen.

Dies, Meine Kinder, bedeuten diese drei Worte!

Auch du, Mein lieber Schreiber, leidest sehr an Mangel dieser drei Tugenden, und wenn diese Tugenden ebenfalls, wie Gottes-, Nächsten- und Selbstliebe, in Zahlen ausgedrückt werden sollten, so wäre das numerische Resultat für dich sehr gering und nicht zu deinem Vorteil; denn du hast wenig Glauben, noch weniger Vertrauen und beinahe keine Zuversicht, dass Meine Worte, die Ich dir gegeben, in Erfüllung gehen werden, trotzdem Ich dir tagtäglich wiederholen muss: Lass die Leute reden, bleibe bei Mir, bei Mir ist Wahrheit und keine Lüge!

Allein Ich kenne dein Herz und deine Gründe, welche dich zum Zweifel drängen. Es sind Prüfungen, die Ich dir sende, du wirst sie überstehen, und dann werden deine Kapitalien des Glaubens, Vertrauens und der Zuversicht schon zunehmen, damit du auch die übrigen deiner Gesellschaft mit diesen Gaben bereichern kannst, und dann – statt wie jetzt der Letzte – der Erste werden wirst. Bedenke diese wenigen Worte, es liegt viel darin, wie in allem, was aus

Meinem Munde fließt. – (Hier einschließlich aus Diktat vom 20. Januar 1871): „Ihr alle müsst euch aber nicht denken, dass Ich ihn wegen seiner besonderen moralischen Eigenschaften zu Meinem Schreiber gewählt habe, als sei er besser als ihr. Mitnichten, Ich wählte ihn, weil seine Verhältnisse ihm mehr Zeit lassen, seine Kenntnisse Mir mehr anzupassen zur Entwicklung höherer Erklärungen, die ein anderer nicht so fassen könnte; aber wegen seines moralischen Wertes und seines Vertrauens zu Mir steht er nicht besser, als viele von euch. Ebendeswegen müsst ihr nicht glauben, wenn er in eure Versammlung tritt, dass Ich bei ihm bin, da würdet ihr ihm eine Verehrung zollen, die weit über seinen Bereich hinausgeht. Es ist da wie bei einem Vater, der seinen Kindern schreibt, nur die Feder oder der Vermittler ist er, mehr nicht! Wenn ihr einen lieben Brief empfangt, nach was sehnt ihr euch denn bei Lesung desselben? Gewiss nicht nach der Feder, mit welcher der Brief geschrieben worden, sondern nach dem Verfasser selbst.

So ist auch er ein Mensch, wie ihr alle, mit seinen Schwächen und Gebrechen, mit seinen Wünschen und Sorgen; er kämpft ebenfalls täglich, alles dieses loszuwerden, bittet auch oft Mich um Abrufung aus dem Jammertal, und zeigt eben dadurch, wie ihr alle, dass er ganz wenig Vertrauen zu Mir besitzt und bei weitem mehr haben sollte. Ihr seht aus allem diesem, dass überall das schwache Vertrauen der Hauptmangel bei euch und das Haupthindernis bei eurem Fortschritt ist.

Noch habt ihr alle nicht begriffen, warum Ich euch alle Tiefen Meiner Schöpfung, alle innersten Falten Meines göttlichen Ichs aufdecke und erkläre. Seht, Meine Lieben, alles dieses geschieht, um euch gerade eben das einzuflößen, was euch allen mangelt, das ist das Vertrauen zu Mir. Denn, wenn ihr mit Mir die unermesslichen Räume Meiner Unendlichkeit durchfliegt, wenn Ich euch Meine geistigen Himmel eröffne, euch ahnen lasse, was dort alles noch für euch aufbewahrt und bereitet ist; wenn Ich euch Mein eigenes Ich erkläre, das nur Liebe ist – und Liebe nur wieder will; wenn Ich euch bis in die kleinsten Atome beweise, dass Ich als Schöpfer und Vater alles mit gleicher Liebe erhalte, so will Ich damit doch nichts anderes als euch beweisen, dass ein Wesen mit dieser Macht und Kraft ausgestattet, wie Ich Mich euch zeige, doch des Vertrauens wert sein sollte, und dass im Gegensatz zu Meiner Allwissenheit und Allmacht euer Wirken und Treiben auf weniger als null heruntersinken muss.

Bedenkt diese wenigen Worte, es liegt viel daran, wie in allem, was aus Meinem Munde fließt; vertieft euch alle in den Sinn des Gegebenen, und ihr werdet nicht allein Trost und Frieden, sondern, was die Hauptsache ist, ihr werdet euren Standpunkt stets mehr und mehr erkennen, wo ihr dann das Wankende befestigen und so Mir näherkommen könnt.

Kein Wort, das Ich euch durch Meinen Knecht sende, war und ist noch ohne seine eigenen Zwecke; auch diese drei Worte führte Ich Meinem Schreiber eben jetzt vor die Augen, weil gerade jetzt es anfängt, in eurer Gesellschaft etwas wankend zu werden; es ist kein rechtes geistiges Leben da, – viele von euch leben wieder nur ihren Geschäften und Lieblingsideen, vergessen Mich und Meine Lehre fast ganz und denken nur an sie, wenn zufällig ein oder der andere eine Ansprache in diesem Sinne gehalten hat.

Wachet und betet, auf dass ihr nicht in Versuchung fallet! Treibt nicht Scherz mit Meiner Gnade! Ich gebe sie nicht so wie manche glauben denjenigen, welche sich mit Mir und Meiner Lehre nur beschäftigen, wenn sie sonst nichts anderes zu tun haben. Sie sollten sich in Acht nehmen, es könnte ein Blitz aus heiterem Himmel sie erschrecken, und dann sie zwingen aus Not einzusehen, dass sie das als Nebensache betrachtet haben, was eigentlich die Hauptsache sein sollte!

Wer von Meiner Lehre nichts weiß und dagegen sündigt, ist nicht so strafbar; wer aber Meine Lehre gelesen, sie so halb glaubt, aber kein rechtes Vertrauen in Bezug der Ausführung zeigt und an die Erreichung des eigentlichen Zweckes mit keiner Zuversicht denkt, da werde Ich wohl genötigt sein, durch einen direkten Rüttler ihn aufzuwecken, damit er nicht in den Schlaf der weltlichen Dinge verfalle und Meine geistige Schule dabei vergesse! Heute mahne Ich noch, wer außer Mir weiß, was Ich morgen tun werde? Eure Erdscholle, worauf ihr lebt und ruhig darauf herumwandelt und euch eures Lebens freut, ist unter euren Füßen hohl, furchtbare Abgründe bedeckt diese dünne Schale, und ihr mit dem festen Glauben und dem festen Vertrauen blickt ja mit großer Zuversicht zu Mir auf in der Hoffnung, Ich werde diese dünne Schale nicht einsenken und so euch alle unverhofft den Tod schmecken lassen! Ruhig legt ihr euch über diesen Abgründen nieder, während vielleicht unter euren Füßen euch unbegreifliche Kämpfe der Elemente stattfinden, legt euch nieder mit festem Vertrauen und Zuversicht, des andern Tages wieder gesund und gestärkt aufzustehen. Warum habt ihr denn diese Zuversicht in diesem Fall und in geistigen Dingen nicht? Seht, weil ihr glaubt, Ich werde es nicht tun! Und warum werde Ich es nicht tun? – Weil ihr auf einen liebevollen Vater vertraut, der Seine Kinder nicht ohne Grund mit der Vernichtung strafen wird. Was ist also eure Zuversicht? Sie ist, dass das Gehoffte, nämlich die stete Angedeihung Meiner

Gnade gegen euch, nicht wanken wird!

Nun, wenn ihr in diesem Punkt so festen Glauben, Vertrauen und Zuversicht in Mich habt, so erlaubt doch auch Mir, von euch – wenn auch nicht in diesem Maßstab göttlicher Langmut, doch in menschlicher Nachsicht – zu fordern, dass ihr in geistigen Dingen ebenfalls mehr festen Glauben, stärkeres Vertrauen und größere Zuversicht haben mögt; dass ihr begreifen sollt, dass alles, was Ich euch schon gegeben habe, nur zu eurem Besten und nicht etwa für Mich zur Unterhaltung, sondern nur deswegen geschehen ist, um euch die Ehre angedeihen zu lassen – Meine Kinder werden zu können.

Ihr fordert von Mir unbegrenzte Gnade, und Ich fordere von euch unbegrenzte Liebe. Beim Austausch dieser beiden Bedingungen gewinnt bloß ihr, indem Ich euch mit einer Macht ausstatten will, die euch zu Herren alles Geschaffenen machen soll! –

Wenn Ich also solch große Gnaden euch in Aussicht stelle, so ist es doch auch Mir erlaubt, diejenigen, welche einmal auf dem Weg zu Mir sind, falls sie während des Gehens vom Schlaf befallen werden würden, durch sanfte Stöße aufzuwecken, wie Ich es jetzt mit euch tue, damit ihr merken sollt, dass man Meine Wege nicht mit geschlossenen Augen wandeln, sondern Aug und Ohr wohl offen erhalten muss, um den rechten Weg nicht zu verfehlen und nicht auf Abwege zu geraten.

Also nochmals, bedenkt alle, was Ich euch hier gebe! Wachet und betet, auf dass ihr nicht in Versuchung fallet! – Dies sei euer Wahlspruch zum steten Wachstum im festen – Glauben, Vertrauen und in der Zuversicht! – Amen!“

G.M., Lebensgeheimnisse, 1,10, empfangen am 4. Oktober 1870

Der blinde Glaube ist wertlos, nur die Liebe zu Jesus schenkt rechte Erkenntnis

Der Herr:

„Der Mensch soll glauben, aber nicht blind glauben. Er soll zu allem, was zu glauben von ihm gefordert wird, gedanklich Stellung nehmen und dann sein Herz entscheiden lassen, ob er ablehnt oder annimmt. Dies fordere Ich von den Menschen, lasse Mir aber nicht genügen an einem blinden Glauben, dessen Forderung einen Willenszwang bedeutet, während von Mir aus der Wille des Menschen völlig frei ist. Und an die Willensfreiheit des Menschen müsst ihr immer denken, und ihr werdet dann auch erkennen, ob eine Lehre in Mir ihren Ursprung hat, denn von Mir aus habt ihr Menschen vollste Freiheit, von Mir aus sind euch keinerlei Gebote gegeben worden bis auf die göttlichen Liebegebote, deren Erfüllen aber auch den freien Willen voraussetzt.

Ich will euch nun zur Seligkeit führen, und darum leite Ich euch immer wieder Mein Wort zu. Ich belehre euch und bringe euch ein Geistesgut nahe, und wieder steht es euch frei, es zu glauben oder nicht. Doch ihr müsst selbst Stellung dazu nehmen, ihr müsst nachdenken darüber und den guten Willen haben, das Rechte zu erkennen und anzunehmen. Ich verlange auch nun nicht, dass ihr blind glaubt, was euch durch Mein Wort zugeht; doch Ich verlange, dass ihr prüft, bevor ihr urteilt, und *bei ernsthafter Prüfung werdet ihr auch das euch Dargebotene als Wahrheit erkennen, und dann glaubt ihr nicht mehr blind.*

Ich kann aber viele Menschen nicht freisprechen von dem Vorwurf, ungeprüft ein geistiges Gut angenommen zu haben und daran nun festzuhalten, welches sie bei ernstlichem Nachdenken als unwahr hätten erkennen müssen. Es lassen sich viele Menschen daran genügen, was ihnen traditionsgemäß übermittelt wurde, und jedes Nachdenken darüber sehen sie als unrecht an, weil auch dies ihnen so gelehrt wurde!!! Wie aber wollen diese sich einst verantworten?

Jeder Mensch hat von Mir die Gabe der Denkfähigkeit empfangen, aber nützt er diese? Warum prüft er irdische Güter auf ihren Wert und unterlässt es bei geistigem Gut? Warum bedeutet dem einzelnen Menschen das Heil seiner Seele so wenig, dass er sich bangend fragen würde, ob er sich auch darauf verlassen kann, dass ihm Wahrheit geboten wird? Warum ist ihm die "Wahrheit" gleichgültig? *Denn wahrlich, wer die Wahrheit begehrt, der wandelt nicht in der Finsternis....* Und dieser Zustand der Gleichgültigkeit ist überall dort zu finden, wo bedenkenlos und ungeprüft jegliches Geistesgut angenommen wird, weil es von einer bestimmten Quelle ausgeht, und gerade diese Quelle nicht von Mir erschlossen wurde, ansonsten der Mensch in der Wahrheit wandelte und sie auch klar erkennen würde als solche, sowie er dazu Stellung nimmt.

Ihr aber nehmt an und glaubt blind, und ihr stärkt so die Macht dessen, der Mein Gegner ist, der euch in die Finsternis drängen oder darin erhalten will, denn ihr habt euch einer Organisation verschrieben, nicht aber Mir, Der Ich euch wahrlich zum Licht führen will....

Euer Wille aber ist frei, und darum bin Ich niemals gewaltsam vorgegangen, sondern habe euch selbst die Entscheidung überlassen, und suchtet ihr allen Ernstes Mich, so ließ Ich Mich auch finden und zündete helles Licht an, das auch das Wirken Meines Gegners hell beleuchtet. Und jeder Mensch kann in diesem Licht stehen, der nur das Licht begehrt! Dazu gehört aber der ernste Wille, von Meinem Gegner frei zu werden, und dies erfordert enge Bindung mit Mir.

Und so stellt euch nur die Frage, ob es euch wohl hindrängte zu Mir, die ihr nur blind glaubt, weil es euch vorgeschrieben ist. Keiner, der diese enge Bindung mit Mir gesucht hat, ist leer ausgegangen, denn Ich offenbare Mich jedem und schenke ihm ein Licht, das ihm den weiteren Weg erleuchtet. *Denn sucht er Mich, dann ist auch die Liebe in ihm, die ihm bald auch das rechte Erkennen schenkt.*

Und so wird er auch Irrtum von Wahrheit zu trennen vermögen, er wird nicht mehr blind glauben, die Bindung mit Mir wird ihn von Meinem Gegner befreien, und es wird ihm nicht mehr möglich sein, den Menschen in Finsternis zu halten, dem einmal das Licht leuchtete, das ihn beglückt hat und sein Verlangen nach Licht nur vermehrt. Und dieser wird sich auch frei machen von dem Einfluss derer, die sich als Meine „rechten Vertreter auf Erden“ ausgeben, die selbst nicht in der Wahrheit stehen und darum auch keine austeilen können, die geistigen Zwang ausüben auf ihre Anhänger, der niemals Meinem Willen entsprechen kann (!), weil es im Erdenleben um den freien Willensentscheid des Menschen geht, der aber von jener Seite aus unterbunden wird.“

B.D., Nr. 7834 vom 23.02.1961, enthalten in Buch 82

Lebendig Glauben nur durch Liebe, Verstandesglauben ist tot und Verstandesweisheit ist der Tod der Liebe

Eine Begebenheit aus der Frühzeit der geistbegabten Menschheit im Kreise Adams und den Kindern der Höhe, in Gegenwart des sie lehrenden Herrn in Gestalt des hohen Abedam.

Der wiedergekommene Herr JESUS ist Selbst der Erzähler dieser Begebenheit, welche Er in Seiner unermesslichen Gnade Jakob Lorber in die Feder diktierte:

„Der Adam aber hieß sie alsbald aufstehen und sagte zu ihnen: „Meine geliebten Kinder, ich bin hoch erfreut, euch so wohlbehalten bei mir zu sehen!

Groß war in dieser Nacht meine Sorge um euch alle; denn solches bewirkten die schrecklich kämpfenden Elemente. Aber viel größer noch war mein Vertrauen auf des Herrn, unser aller geliebtesten Vaters, der da allzeit heilig, heilig, heilig ist, voll der höchsten Macht und Kraft, Hilfe und Errettung; denn wir alle waren nicht minder der höchsten Versuchung preisgegeben und mussten eine wahre Feuerprobe aushalten. Diese meine alte Hütte ist zur Wohnung der wildesten Tiere geworden. Schlangen, Hyänen, Tiger, Löwen, Wölfe, Bären und noch allerlei anderes Getier füllten diese Wohnung, und helle Flammen brachen blank aus dem Boden hervor. Und doch durfte unser Vertrauen nicht wanken, und wir alle empfanden dann gar bald die herrliche Wirkung des schützenden Segens Emanuels!

Geht aber hin zu jenem euch noch fremden Mann, der da auch Abedam heißt; der wird euch über alles den gehörigen Aufschluss geben! Amen."

Und die drei verneigten sich vor Adam und gingen dann hin zu dem ihnen noch fremden Mann.

Der Jura als der älteste führte das Wort und redete Ihn so an: „Sei von unseren Herzen vielmals gegrüßt, Abedam! Der Erzvater Adam hat uns zu dir beschieden, dass du uns näheren Aufschluss geben möchtest über diese – dem Herrn Emanuel alles Lob und allen Dank! – vergangene unerhörte Sturmnacht. Denn siehe, wir drei sind Söhne Adams und wandeln schon über achthundert Jahre auf dem Boden der Erde umher, waren zugegen bei der Flucht aus dem Paradiese, haben nach der Zeit viel Trauriges und Schreckliches erlebt, – doch etwas dieser Nacht Ähnliches ist uns noch nicht vorgekommen! Solche Schrecknisse sind noch nie über die Erde gekommen, solange wenigstens wir sie betreten, wahrlich nicht!

Ich will von all den Feuerszenen nichts reden, nichts von den ringsum noch in vollsten Flammen und Rauch stehenden Bergen, nichts von dem beständigen Beben der Erde, nichts von den zahllosen Blitzen, nichts von den brennenden und dampfenden Wäldern, feurigen Winden und dergleichen mehreren Dingen; denn der Donner bleibt sich gleich von Jahr zu Jahr und so auch andere Erscheinungen, welche im Kampf der Elemente uns zu Gesicht kommen und nicht minder furchterregend auch die anderen Sinne berühren. Aber höre, guter Mann, wenn das Meer, das endlos große Meer unerhört furchtbar tobend aus seinen Schranken tritt, höher und stets schrecklich höher herauf schäumend und sausend steigt und in diesem fürchterlichen Steigen anfängt, einen Berg um den andern zu verschlingen und endlich sogar uns Mitternachtbewohner durch die zahllosen, vor den Wogen sich flüchtenden Tiere zwingt, eilends zu verlassen alle unsere Hütten, ja sogar die Wogen am

Ende so weit zu treiben beginnt, dass diese unsere Hütten verschlangen, die Tiere der Wälder uns nachjagten und dazu noch nie gesehene furchtbar große Ungeheuer, welche wahrscheinlich gleich vielen anderen Tieren im Wasser leben, uns furchtbar untereinander kämpfend und sich hin und her wälzend schauderhaften Anblicks zuführte, – siehe, das ist etwas, was uns allen nicht aus dem Sinn vielleicht je kommen wird!

Wobei dann als im Gegensatz freilich wohl ganz hauptsächlich das zu beachten ist, dass eben diese Schauderszenen, als sie sicher ihren höchsten Punkt erreicht hatten, dann auf einmal so verstummten, als wären sie nie dagewesen, und dass also auch das Meer plötzlich und so stark zurückwich, dass es nicht nur alsbald in seine vorigen Grenzen trat, sondern sich so ganz und gar verlor, dass nun von ihm nirgends mehr eine Spur zu entdecken ist, außer der unabsehbar weit sich nach allen Seiten ausbreitende Schlammboden, der vorher dem Meere zum Bette gedient hatte.

So du es nun willst und kannst, da gib uns den Aufschluss über all diese unerhörten Dinge!“

Und der Abedam entgegnete ihnen: „Meine lieben Freunde, bei derlei Ereignissen geht es den im Geiste Schlafenden freilich wohl schlecht, – aber desto besser den Geisteswachen!

Sagt Mir, welcher wahrhaft wache, mit der Liebe des ewigen, heiligen Vaters vereinte Geist wird oder kann noch von Angst befangen werden, wenn selbst die ganze Erde unter seinen Füßen zertrümmert werden möchte und ein glühendes Meer all die Staubtrümmer der Erde verschlänge?!

Wird der mächtige Vater, dessen Wille Milliarden und zahllos viele Milliarden von noch unvergleichbar größeren Weltkörpern und Geistern trägt und wohlsorglich ordnet, nicht auch imstande sein, ein Ihn über alles liebendes und darum auch von Ihm über alles geliebtes Kind bei einem zerplatzenden Atome, das ihr ‚Erde' und ‚Welt' nennt, in den allersichersten Schutz zu nehmen?!

Seht, solches müsst ihr Mir ja doch zugeben! Es fragt sich demnach nur, wessen Frucht eure verzweifelte Angst und Furcht war! Oder warum fürchten die Kinder die Nacht?

Seht, solcher Grund liegt in der Schwäche der Liebe zum heiligen Vater! Wie aber die Liebe beschaffen ist, so auch das Vertrauen; *das schwache Vertrauen aber ist der Vater aller Angst!*

Es liegt wenig an all dem von euch Erzählten; aber es liegt alles daran, wie euer Herz beschaffen ist.

So Ich euch auch alles aufschließen möchte, so würden höchstens eure Ohren befriedigt werden; aber zur Erkenntnis des Herzens möchte es euch nimmer bringen. Und so wird es besser sein, ihr geht so recht fest in euer eigenes Herz, wendet euch da an die Liebe desselben zu Gott, und Ich sage euch, ihr werdet da in einer Minute mehr erfahren, als was euch sonst erzählende Jahrtausende geben könnten!

Bleibt aber hier, und nehmt mit uns das Morgenmahl, welches soeben der Seth mit den Seinen hereinbringt!

Seid ruhig in eurer Wissbegierde, aber nach oben desto bewegter im Herzen, so wird sich eure Sturmnacht bald in den hellsten, ruhigen Sabbat umwandeln! Versteht es wohl! Amen.“

Und als der hohe Abedam solches zu den dreien gesprochen hatte, hieß Er sie Ihm folgen. Er aber ging voran und ließ neben Sich hergehen den Henoch und den Lamech. Ihm auf dem Fuße folgte der bekannte Abedam, an dessen rechter Seite der Jared und an dessen linker Seite der Mathusalah. Hinter diesen dreien folgten Enos, Kenan und Mahalaleel, und diesen dreien schlossen sich dann erst der Kaeam und der Jura, Bhusin und Ohorion an.

Und nach wenigen Schritten beim Adam angelangt, lagerten sich alle um den Abedam so, dass sie einen bis zum Adam hin geöffneten Kreis bildeten, welcher sich mit Adam und Eva schloss

Da aber der Seth nicht im Kreise war, so beschied der Abedam die Ihn Umgebenden, Platz zu machen für den Seth.

Und alsbald wurde auch an der Seite Adams Platz gemacht für ihn. Und so nahmen nun sechzehn Personen, den hohen Abedam mitgerechnet, teil an dem Morgenmahl, welches in Brot, Honig und Milch bestand, wovon man zuerst von alters her stets das Brot nahm mit Honig und, nachdem solches verzehrt war, dann erst Milch von frischer Melke darauf trank.

Und so nach dieser Sitte wurde auch diesmal gefrühstückt.

Doch warum wird hier dieses Sabbatmorgenmahles erwähnt? – Die Ursache liegt nicht fern, so jemand bedenkt, dass an diesem Morgenmahl der höchste, heilige Vater Selbst sichtbar teilnahm unter den ersten Menschen dieser Erde und dabei den Grund gelegt hat für die erste ordnungsmäßige Kirche der Erde. Und wie vorher Adam und Eva nur als das erste Menschenpaar haben angesehen werden können, so kann es nun auch als die erste Gründung der Kirche Jehovas angesehen werden; denn knapp an diese Kirche ist dann das Judentum fest angeschlossen und besteht in vielen Stücken noch daraus. Und in der Mitte von Asien, in einer hohen Gebirgsgegend unfern des Himalaja, lebt noch ein kleines, abgeschlossenes Völkchen ganz streng nach dieser später von den Kindern Noahs auf steinerne Platten mittels gewisser entsprechender Sachbilder eingegrabenen Schrift, wovon die späteren ägyptischen Hieroglyphen nur eine verfälschte Abart sind.

Doch soll das sogenannte Sanskrit der Gebern, Parsen und Hindus nicht als ein und dieselbe Schrift angesehen werden; denn auch diese ist fürs erste viel jünger und gleich den ägyptischen Hieroglyphen eine ganz finstere Abart, voll von großen Irrtümern, darum auch ihr Gottesdienst danach ein gräuelhaftes Heidentum ist.

Seht, darum also wird hier auch dieses Morgenmahl erwähnt, welches damals für die Gründung der Urkirche fast so gehalten wurde wie nach der Vollendung des großen Völkertages, welcher nahezu viertausend Jahre angedauert hat, das letzte große Abendmahl zur Gründung eines neuen Testamentes, welches da ist eine neue Gnaden- und Erbarmungskirche, erfüllt mit dem ewigen Leben und somit erfüllt durch Gott und mit Gott!

Doch nun genug von dieser historischen Beleuchtung; und sonach gehen wir wieder in die Hütte Adams und sehen und hören da zu, was da alles geschah nach dem Morgenmahl!

Nachdem das Morgenmahl verzehrt war und alle in ihren liebe-erfülltesten Herzen dem Abedam Emanuel Abba gedankt hatten, da erhob sich alsbald der Hohe und richtete folgende Rede an alle, sagend nämlich:

„Höret alle, die ihr hier zugegen seid und Zeugen wart dieser Nacht und, mit Ausnahme des Kaeam allein, auch fast des ganzen gestrigen Tages! Damit sollt ihr euch allzeit erinnern, wer Der war, ist und sein wird ewig, der zu euch kam und euch Selbst gelehrt hat den gerechten Weg der Liebe und so auch die wahre, unendliche Weisheit aus ihr, – nicht eine Weisheit der Welt zur großen Beschwerde des Hauptes und noch größerer des Herzens, sondern eine wahre Weisheit im Geiste der Liebe und aller Wahrheit aus ihr, welches alles ist das wahre, freie, ewige Leben.

Dieses Mahl sollt ihr so auch fürderhin begehen, bevor ihr dem Vater ein Sabbatopfer darbringen wollt; denn wahrlich, Ich sage euch: Nicht eher soll das Opfer angesehen werden, als bis ihr euch beim Morgenmahl als wahre Brüder und Schwestern in Meiner Liebe und so auch als Kinder eines und desselben Vaters im Herzen wohl erkannt habt!

So oft ihr in der wahren, lebendigen Liebe eures Herzens zu Mir solches unter euch begehen werdet, werde Ich auch sein unter euch, – entweder manchen, die da zu Mir werden sein brennenden Herzens, sichtbar, oder den Laueren stets unsichtbar.

Ja, in Meiner Liebe werdet ihr alles vermögen, – ohne Meine Liebe aber nichts! Denn Meine Liebe ist ein fetter, guter Acker, auf welchen ihr gesät seid. Wer sich da nicht wird ausreißen lassen vom Feind, der wird üppig emporwachsen und wird viele herrliche Früchte bringen. Wer aber da die Wurzeln seines Liebelebens nicht tief und fest genug in den Grund dieses besagten Ackerbodens wird getrieben haben, wahrlich, es wird ihm übel ergehen zur Zeit der wiederkehrenden Versuchung, wenn der Feind der Liebe kommen wird und wird versuchen, aus dem Boden des Ackers zu ziehen die Bäumchen! Er wird nicht eines unversucht lassen; wo er aber ein schwaches antreffen wird, wird er es wohl verschonen?

O nein, er wird es samt den schwachen Wurzeln aus dem Boden des guten Ackers reißen und es dann verderben lassen, weil die Wurzeln keine Feuchtigkeit des Lebens mehr haben werden und das Bäumchen dann verdorren und endlich bald ganz und gar in den Tod übergehen wird! Denn wer von euch hat noch je gesehen in der Luft allein Pflanzen entstehen und gedeihen?!

‚Aber jedes Pflänzchen bedarf auch der Luft zum

Leben!‘, so würdet ihr sagen. Ich auch sage solches mit euch; aber das Erdreich ist das erste Notwendige, – ohne das ist die Luft zu nichts nütze!

Es ist aber die Luft gleich dem göttlichen Wort und die Liebe eures Herzens das Erdreich, in welches gesät ist ein lebendiger Geist, umgeben mit einer lebendigen Seele.

Dieser Same des ewigen Lebens in euch kann nur dann sich die heilige Luft der göttlichen Lehre fruchtbringend zunutze machen, so er aufgegangen ist und feste und tiefe Wurzeln getrieben hat im Erdreich der Liebe eures Herzens zu Mir. Wenn solches nicht geschehen ist zuvor, sagt es und urteilt selbst: wird da ihm das, nämlich die Luft, was ihn sonst hätte fruchtbringend gestalten sollen, nicht zum Tode gereichen?!

Seht, sonach nützt euch Mein Wort wenig, so eure Herzen nicht voll Liebe sind zu Mir und daraus zu euren Brüdern, und die bodenlose, luftige Weisheit eures Verstandes ist dann der Tod eurer Liebe!

So aber eure Liebe, die dem Geist zur Nahrung dienen soll, tot ist gleich dem aus dem Erdreich Meiner Liebe zu euch ausgerissenen Bäumchen, dessen Wurzeln nur noch mit dem vertrockneten Erdreich eurer Liebe zu Mir beklebt sind, woher soll da euer Same oder als noch schwaches ausgerissenes Bäumchen des Lebens Nahrung noch bekommen?!

Darum also sei euch dieses Morgenmahl ein sichtbares Mahnzeichen, dass ihr euch allzeit an die Liebe halten sollt! Und so ihr und solange ihr solches tun werdet, werdet ihr auch das Leben haben bei und in euch und so auch Mich als den Urborn aller Liebe, alles Lebens und aller Weisheit aus Mir!

Diese Worte grabt euch tief ins Herz und tut alle unabänderlich danach, so werdet ihr leben durch und durch und nicht fragen: ‚Wo ist der Vater?' und auch nicht zu Ihm rufen: ‚Komme!'; denn da wird Er sein bei euch und in euch wie jetzt, so auch ewig! Amen."

Aus: J.L.,Die Haushaltung Gottes - Band 1 / 168 und 169. Kapitel — Das Morgenmahl der Erzväter am Sabbat

Kapitel 4: Die Neuoffenbarung Gottes

Einleitung: „Noch vieles hätte Ich euch zu sagen...“ (Joh.16,12-14)

Von Prof. Franz Deml

Für die Christenheit, ja für die Menschheit als Ganzes, kann es kein größeres Ereignis geben, als dass die Verheißungen des Herrn im Johannes-Evangelium sich wahrmachen:

> “Noch vieles hätte ich euch zu sagen, doch ihr könnt es jetzt noch nicht ertragen (fassen). Wenn aber jener, der Geist der Wahrheit, kommt, wird er euch in alle Wahrheit einführen. Er wird nicht aus sich selber sprechen; er wird vielmehr reden, was er hört, und wird euch verkünden, was künftig ist.” (Joh. 16, 12-14)

Der Inhalt dieser Worte lässt keinen Zweifel daran, dass es sich hier um künftige Prophetien handelt.

Tatsächlich hat es auch in der christlichen Ära, nicht nur im Alten Bund, eine fortlaufende Prophetie gegeben, die leider bei den institutionellen Kirchen zu wenig Beachtung fand. Mit der willkürlich gesetzten und unbegreiflichen These, dass spätestens mit dem Tode der Apostel alle Offenbarung endgültig abgeschlossen sei, gewährte man der Stimme des Heiligen Geistes nur wenig Spielraum mehr.

Nun hat aber schon der zu seiner Zeit hoch gerühmte Zisterzienserabt Joachim von Fion (gest. ca. 1205), der selbst ein großer Prophet war, in seiner Dreizeitenlehre darauf hingewiesen, dass nach der Offenbarung des Johannes, zu Beginn des sogenannten Geistzeitalters (d.h. kurz vor dem Endgericht), den Menschen ein "Ewiges Evangelium" verkündet werden wird. Der betreffende Text bei Johannes lautet:

> "Und ich sah einen anderen Engel fliegen durch die Himmelsmitte, der hatte ein Ewiges Evangelium zu verkünden über die Erdbewohner und über alle Nationen und Stämme und Sprachen und Völker..." (Joh. Offb. 14,6)

Wir müssen uns nun fragen: Hat es vielleicht eine solche Verkündigung nicht schon längst gegeben oder müssen wir noch darauf warten? Wir können es jedenfalls als ein heilsgeschichtliches Omen betrachten, dass auffallenderweise sogleich mit dem Beginn der

Neuzeit die Prophetengabe in einem Ausmaß wuchs, dass niemand mehr, auch die Kirche nicht, daran vorbei kann.

Schon mit J. Böhme und E. Swedenborg waren Höhepunkte erreicht, die schließlich noch durch den größten aller christlichen Propheten, durch Jakob Lorber (1800 - 1864), weit übertroffen wurden. Durch ihn hat zweifellos der verheißene Heilige Geist sein ganzes Füllhorn ausgegossen. Besonders ist es das zehnbändige "Große Evangelium Johannes", das anhand von detaillierten Schilderungen aller Vorgänge im Leben Jesu während seiner drei Lehr- und Wanderjahre "in alle Wahrheit einführt". Erst recht aber wird in dieser Prophetie die folgende Verheißung Jesu wahr:

> „Der Beistand aber, der Heilige Geist, den der Vater in meinem Namen senden wird, der wird euch alles lehren und euch an alles erinnern, was ich euch gesagt habe.“ (Joh. 14,26)

Wie sehr treffen gerade diese Worte auf das "Große Evangelium Johannes" zu! Aber auch die großen Jenseitswerke Lorbers sind eine unerschöpfliche Quelle tiefster Erkenntnisse.

Diese sogenannte Neuoffenbarung - die nirgends in Widerspruch steht zur Altoffenbarung, das heißt zu den überkommenen vier Evangelien, sondern ihren

Inhalt erst voll zur Entfaltung bringt, - ist ein “Licht aus den Himmeln”, das in allen Dingen Klarheit schafft und keine Fragen offen lässt. Ja, sogar die alte Unstimmigkeit zwischen Wissenschaft und Glauben wird dadurch vollständig behoben, da sie auch die naturgeistigen Vorgänge im Schöpfungsbereich, in Makrokosmos und Mikrokosmos, bis ins letzte durchleuchtet. Das physische Universum in seiner Gesamtheit ist in dieser Prophetie ebenso enthalten wie der astrale und geistige Kosmos, Diesseits und Jenseits. Wir erhalten Auskunft über die Entstehung der Welten wie über den Verlauf der Heilsgeschichte, über das Wesen Gottes und der Engel, und erst recht über den Menschen und seine ewige Bestimmung. Dass Christus als der geoffenbarte Vater und Erlöser der Welten bei alledem im Mittelpunkt steht, ist selbstverständlich. -

Es ist eines der vielen Wunder, die in der Heilsgeschichte schon so oft für Überraschungen gesorgt haben, dass dieser Prozess der “Wiederkunft Christi im Wort” in aller Stille vor sich ging. In größter Verborgenheit geschah es, dass der “Schreibknecht Gottes” Jakob Lorber vor bereits über hundert Jahren den Grund legen durfte für eine neue Ära der Menschheitsgeschichte. Es war Gottes Kalkül, in einer relativen Zeit der Verborgenheit alles vorzubereiten, dass das Licht plötzlich hervorbrechen konnte. Allein schon die Naturwissenschaften bestätigen heute das Weltbild der Neuoffenbarung in einer Weise, die niemand für möglich gehalten hätte.

Wie immer bei prophetischen Kundgaben bediente sich der Herr auch bei Jakob Lorber der höchst eigenen Sprache des Mediums. Es darf uns daher nicht wundernehmen, wenn altertümelnde Ausdrucksweisen in Stil und Mentalität der damaligen Zeit vorherrschend sind. Dass es in der Hauptsache eine Herzenssprache ist, mit vielen volkstümlichen Beimengungen, erleichtert das Lesen. Wahrheitsgehalt und Weisheitstiefe der göttlichen Einsprache aber werden in keiner Weise beeinträchtigt.

Das Neuoffenbarungs-Schrifttum, z.B. durch Jakob Lorber mit seinen 25 zum Teil sehr umfangreichen Bänden, hat bereits eine Auflage von über einer Million Exemplaren erreicht. Und hatte man es früher in kirchlichen Kreisen kaum beachtet oder direkt abgelehnt, so setzen sich heute in der großen Glaubenskrise und Seelennot unserer Zeit immer mehr Geistliche ernsthaft damit auseinander; ja, manche von ihnen sind aufs äußerste beeindruckt.

So schreibt zum Beispiel der evangelische Theologe D. Dr. Kurt Hutten: "Dieses Weltbild hat Tiefe und Kraft, umfasst alle Ebenen des menschlichen Seins und der Geschichte, enthält großartige Vorstellungen wie die des großen Schöpfungsmenschen und hat in erstaunlicher Weise moderne Forschungsergebnisse vorweg genommen, so z. B. die in der Atomphysik erfolgte Auflösung der Materie in Energie und Bewegung. In einer Zeit, in der sich die Dimensionen des Universums durch die Astronomie ins Unermessliche geweitet haben, unsere Erde als ein winziges, belangloses Stäubchen erkannt worden ist, das im Reigen der Sonnen und Milchstraßen verloren umhertreibt, und der Mensch sich in einer frierenden Einsamkeit und Verlorenheit vorfindet, kann das Weltbild Lorbers eine große Hilfe sein. Es gibt der Erde samt ihrer Geschichte und Heilsgeschichte ihre Würde wieder, verleiht dem Glauben eine kosmische Weite, verwebt Diesseits und Jenseits, Mikrokosmos und Makrokosmos ineinander, preist die alle Schöpfung durchwaltende Liebe Gottes und weist mit alledem den Menschen einen Weg zur Geborgenheit."

Der katholische Theologe Robert Ernst: "...25 Bände hat Jakob Lorber in 24 Jahren geschrieben. Ein Monumentalwerk, das über das Fassungs- und Schaffensvermögen des genialsten Philosophen, Theologen und Schriftstellers hinausgeht."

Der evangelische Theologe Helmut von Schweinitz: "Das Phänomen Lorber mit der Deutung der Tiefenpsychologie abzutun, ist keine überzeugende Erklärung, denn was in seinen Schriften an die Oberfläche des Bewusstseins tritt, sind Erkenntnisse, die aus der Sphäre seines beschränkten menschlichen Wissens nicht stammen können. Zu ihrer Aneignung würde ein Menschenleben nicht ausreichen und alle schöpferische Phantasie nicht genügen. Genauso wenig kann das Lebenswerk Lorbers durch philosophische oder theologische Spekulation erklärt werden. Es bleibt bei ihm wie bei allen prophetischen Phänomenen ein unerklärbarer Rest.

Bei der Untersuchung der Frage, wie Neuoffenbarung und Altoffenbarung zusammen-stimmen, stellt der evangelische Pfarrer Hermann Luger fest: "Beide stehen auf demselben göttlichen Grund. Lorbers Schriften atmen durchaus biblischen Geist. Nicht nur der Inhalt seiner beiden Hauptwerke "Das große Evangelium Johannes" und "Die Haushaltung Gottes" ist ein biblischer, auch seine anderen Werke sind kernbiblisch. Viele Aussprüche und Reden des Herrn im Großen Evangelium Johannes könnten geradeso gut in einem der vier biblischen Evangelien stehen. Dass sich bei Lorber vieles findet, was in der Bibel, besonders in den vier Evangelien, vollständig fehlt - wie zum Beispiel die Reden des Herrn über die Himmelskörper und die Geheimnisse der Schöpfung -, braucht uns nicht wunderzunehmen und beweist nichts gegen den biblischen Charakter der Neuoffenbarung. Es ist nur verständlich, dass Jesus in den drei Jahren seiner öffentlichen Tätigkeit viel mehr geredet und getan haben muss, als in den Evangelien der Schrift erzählt wird; und wir glauben daher ein Recht zu haben, in der Neuoffenbarung geradeso gut Gottes Wort zu sehen wie in der Bibel. Bibel und Neuoffenbarung sind für uns zwei gleichberechtigte Erscheinungen, die ein und demselben Urgrund entspringen und von denen die eine durch die andere erst recht an Wert und Bedeutung gewinnt."

Vorwort aus dem „Großen Evangelium Johannes" von Prof. Franz Deml

Die 10 Hauptpunkte der Neuoffenbarung Gottes an die heutige Menschheit

Die Wiederkunft Christi im Wort, in den sinnbildlichen "Wolken des Himmels" (Dan.7:13, Mt.26,64), was bedeutet: das Licht der Wahrheit in erkennbarer und verständlicher Art offenbart.

JESUS erklärt uns in über 10.000 Kapiteln:

1. Den Weltgrund:

Es gibt keinen Stoff im Sinne des Materialismus. Alles ist Energie, nämlich Gottes- oder Geisteskraft, zergliedert in allerkleinste Urgrundteilchen (Urlebensfunken). Auch das bisher als kleinste Einheit betrachtete Stoffatom ist ein aus zahllosen Grundteilchen bestehendes lebendiges Universum in kleinstem Maßstab. (Man vergleiche dazu die neuesten Erkenntnisse der Kernphysik!) Aus den Urgrundteilchen (heute Elektronen oder Quanten genannt) - die nichts anderes als selbständig gemachte Gedankenkräfte Gottes sind - ist das ganze Weltall in planmäßiger

Entwicklung aufgebaut.

2. Das Wesen Gottes:

Gott ist ewiger, unendlicher Geist, die Urkraft und der Urgrund alles Seins. Seine höchsten Attribute sind Liebe, Weisheit und Willensmacht. Sein Heiliger Geist erfüllt das ganze All (die "Weltseele" der antiken Religionen). Allein, dieser unendliche Allgeist hat als innerstes ein Machtzentrum, von dem wie aus einer Sonne Gedanken und Willenskräfte in die Schöpfung hinausströmen, um nach einem großen Lebensvollendungskreis wieder zurückzukehren.

In diesem Urmachtzentrum ist Gott wesenhaft gestaltet, und zwar in der höchsten aller Lebensformen: als vollkommener Geistes-Urmensch. ("Gott schuf den Menschen nach seinem Bilde"!) Von diesem Urmachtzentrum aus ist der Gottesgeist ewig schöpferisch tätig.

Die ganze Schöpfung ist ein gewaltiger Entwicklungs- und Vervollkommnungsvorgang der göttlichen Gedanken und Ideen. Er vollzieht sich in ungeheuren, durch Ruhezeiten geschiedenen Perioden ("Schöpfungstagen", "von Ewigkeit zu Ewigkeit")

3. Die geistige Urschöpfung:

Der uns sichtbaren stofflichen Schöpfung gingen geistige Urschöpfungen voraus. In diesen hat Gott aus den gleichsam aus sich hinaus gestellten Urlebensfunken große Geistwesen nach seinem Urbild geschaffen (Urerzengel), die befähigt waren, weitere Geistwesen ihresgleichen aus sich ins Dasein zu rufen. So entstanden Legionen von großen Geistwesen (Engeln), die sich durch das Ordnungsgebot der Gottes- und Bruderliebe zur gottähnlichen Lebensvollendung erziehen lassen sollten. Ein Teil dieser Urwesen unter dem Hauptgeiste Satana (Luzifer) verfiel aber kraft seines freien Willens in grenzenlose Eigenliebe und Selbstherrlichkeit.

Da jedoch nach ewiger Ordnung den Gott-abtrünnigen die nährenden Lebensströme aus Gott versiegen mussten, so erstarrten sie gleichsam und verdichteten sich zu hilflosen Massen. So entstanden im Schöpfungsraum durch Verdichtung geistig-ätherischer Urwesenheiten (Materialisation) die Urnebel der Materie oder des Weltstoffes.

4. Die Stofflich Materielle Schöpfung:

Sollten die gefallenen Urwesen ewig im Banne ihres Gerichtes verbleiben oder doch noch zur Vollendung in Gottes heiliger Lebensordnung zurückgeführt werden? Die göttliche Liebe erkannte sich der gefallenen Geisterwelt: Mit Hilfe der treu gebliebenen Engelsgeister entwickelte der Schöpfer aus den Urnebeln des Weltenstoffs durch Gliederung und Neubelebung den - in seiner Gesamtheit den "verlorenen Sohn" darstellenden - Bau des materiellen Universums. (Kant-Laplace'sche Weltentstehungslehre geistig begründet!) Damit leitete Gott auf all den zahllosen Weltsystemen und Weltkörpern eine Erlösung (Lösung) der in der Materie gebundenen Urwesen ein.

5. Den Zweck des Naturlebens:

Auf allen Gestirnen werden durch das göttliche Walten die erstarrten Weltstoffmassen mehr und mehr gelockert. Die sich lösenden luziferischen Lebensfunken werden nach Gottes liebe-weisem Heilsplan in den Reichen der Naturwelt von den Engeln, den Dienern des Schöpfers, in immer neue geistige Läuterungsschulen gebracht. Dies, indem sie - zu stets reicheren Verbänden oder "Seelen" vereinigt - in immer höheren Lebensformen stufenweise durch das Mineral-, Pflanzen- und Tierreich emporgeführt werden. (Darwins Entwicklungslehre in allumfassender geistiger Sicht!) -

Auf diesem geistig-leiblichen Entwicklungsweg werden die "Naturseelen" im Bau und Gebrauch ihrer jeweiligen Lebenshüllen (alle Gebilde der drei Naturreiche) angeleitet. Sie beginnen damit, ihre widergöttliche Selbstsucht nach und nach zu überwinden und sich zur himmlischen Ordnung des Dienens in gegenseitiger Liebe zu bekehren. (Aufbau gemeinsamer Verbände, Organismen.) So predigt auch das Evangelium die "Erlösung aller Kreatur" durch die Macht der Liebe.

6. Den Menschen - das Endziel dieser Entwicklung:

Die auf diese Weise aus der luziferischen Materie aufgestiegene Menschenseele soll - unter dem Einfluss eines ihr eingehauchten Gottesgeist- oder Liebefunkens - sich nun im irdischen Leben bewähren. Durch freiwillige Erfüllung der Liebesgebote Gottes soll sich der Mensch immer höher bis zur wahren Gotteskindschaft entwickeln. um schließlich am Ziel der Vollendung zur wahren Freiheit und Seligkeit des ewigen Lebens einzugehen.

7. Die Wesenheit Jesu Christi:

Als die Schöpfung so weit gereift war, um die höchste Enthüllung der göttlichen Liebe - die Gottheit als "Vater" - zu fassen, wählte Gott unsere äußerlich so unscheinbare Erde zur größten Liebetat seiner Erbarmung aus. Hier, wo der innerste Geistkern Luzifers gebannt gehalten wird, hüllte Gott sein geistmenschliches Urmachtzentrum ins Gewand der Materie. ("Und das Wort ward Fleisch.") In Jesus Christus trat Gott selbst ins Menschenreich, um dieses und alle Geister der Unendlichkeit zu belehren. Als höchstes Zeugnis der Liebe zog Er selbst das Kleid der Materie an, um die Gefallenen aus ihrem Gerichte zu erlösen und die Geläuterten wieder ins Vaterhaus zurückzuführen. (Gleichnis vom verlorenen Sohn.)

Jesu Geist, das heilige Urmachtzentrum Gottes, ist der "Vater". Jesu Seele (und Leib), d.h. sein Menschliches, ist der vom Vater geschaffene "Sohn". Die in die Unendlichkeit ausstrahlenden Gotteskräfte, ausgehend vom Vater durch den Sohn, sind der "Heilige Geist". Und so sind in Christus vereint Vater, Sohn und Hl. Geist (Lösung der Dreieinigkeitsfrage!). Jesus: "Wer mich sieht, der sieht den Vater" und "Ich und der Vater sind eins!"

8. Den Heilsweg zur geistigen Wiedergeburt:

Als einzigen, zu Vollendung und ewigem Leben in Gott führenden Heilsweg lehrte Jesus das Grundgesetz der ganzen Schöpfung: "Liebe Gott über alles und deinen Nächsten wie dich selbst!" Weder äußerliche Werkgerechtigkeit (Sakramentenempfang) noch äußerliche Glaubensgerechtigkeit (Bekenntnisglaube) genügen; sie sind bestenfalls Hilfsmittel für den Heilsweg der reinen, tatkräftigen Liebe, dem Urgrund alles Seins.

Ist im Menschen mit Hilfe des Gottesgeistes die reine Himmelsliebe zum unbeschränkten Herrscher geworden, dann ist der Mensch dem Gerichte der Materie entronnen und hat die geistige Wiedergeburt erreicht. Mit dem ihr eingepflanzten Gottesgeist völlig verbunden, vermag die geläuterte Seele sodann zu einem wahren Gotteskind zu werden, "eins" mit ihrem

Schöpfer und himmlischen Vater und ewig teilhabend an der Fülle seiner göttlichen Lebens- und Wirkungskräfte.

9. Die Fortentwicklung im Jenseits:

Die meisten Erdenmenschen treten nach ihrem Leibestod noch unvollendet in die feinstofflichen Jenseitssphären ein. Ihnen bietet die göttliche Liebe drüben neue Schulungsstätten, um schließlich alle - wenn auch oftmals auf weit schwierigeren und peinvolleren Wegen - doch noch zur Vollendung zu führen. Denn der göttliche Plan einer allgemeinen Erlösung kennt keine ewige Verdammnis!

Um das Endziel zu erreichen, gelangen die noch unreif aus dem Leben scheidenden Seelen im "Jenseits", d.h. in der irdisch unsichtbaren geistigen Welt zunächst in eine Art Traumleben. Hier wird ihnen zu ihrer Belehrung ein von ihren Schutzmächten geleitetes innergeistiges Schauen und Erleben zuteil, das je nach ihrer guten oder bösen Gesinnung ein paradiesisch-wonnevolles oder höllisch-qualvolles Empfinden hervorruft. "Himmel und Hölle" sind somit keine Örtlichkeiten, sondern geistige Entwicklungszustände der Seele. - Stark selbstische, erdgebundene Seelen werden auch durch Wiedereinzeugung (Reinkarnation) auf anderen stofflichen Welten oder zuweilen auch auf unserem Erdplaneten weiter geschult.

10. Das Ziel der Vollendung:

Seelen, die sich auf Erden oder in der jenseitigen Welt zur reinen Gottes- und Nächstenliebe läutern ließen, gelangen zu stets neuer und beseligender Wirklichkeit. Ihre geistige Schau und Wirkungsmacht erweitert sich in den dreifach gestuften Himmeln, entsprechend der Reinheit und Stärke ihrer Liebe. Die endloser Steigerung fähige Seligkeit der Vollendeten besteht in immer tieferer Erkenntnis Gottes, immer größerer Liebe zu Ihm und all seinen Geschöpfen, sowie in stets wirkungsreicherer Mittätigkeit am hohen Werke der Schöpfung als der Offenbarung alles Seins und Lebens.

* * * * * * *

Schon diese kurzen Andeutungen lassen erkennen, dass bei den neuen Offenbarungen Gottes (den "Wolken des Himmels", siehe Daniel 7,13 und Matthäus 26,64, *HH*) eine geistige Religion von größter Weite, Einheitlichkeit und Folgerichtigkeit vorliegt. Sie vermittelt eine erhabene Lebenslehre reinster Liebe und höchster Tatkraft, in der die Gottheit, der Vater in Jesus, den Grundstein bildet.

Die ganze Fülle und Vielseitigkeit der Lehre eröffnet freilich erst das eingehende Studium der Wiederkunft JESU im Wort Seiner Neuoffenbarungen. Diese bieten gerade das, worum die besten Geister unserer Generation zutiefst ringen: eine Synthese zu finden zwischen der Heilandslehre der Bibel und dem Entwicklungsgedanken der Wissenschaft. Daraus ergibt sich ein übereinstimmendes, an kein konfessionelles Bekenntnis gebundenes Christentum, das durch seinen Ethos der Liebe und die Tiefe seiner Erkenntnis alle Menschen zu einer hochgesinnten Geistes- und Lebensgemeinschaft zu einen vermag.

Aus "Ein Mann hört eine Stimme", Lorber-Verlag Bietigheim

Jakob Lorber und die Neuoffenbarung

Jakob Lorber (1800 - 1864) war ein von Gott erwählter Mann. Sein prophetisches Werk, das ihm durch inneres göttliches Diktat mitgeteilt wurde, wird in seiner Bedeutung in unserer Zeit immer mehr erkannt. Das 25bändige Werk schließt alle Fragen auf, die uns über die Heilsgeschichte, ja sogar über die gesamte Schöpfungsgeschichte bewegen. Da wird sowohl die Entstehung wie auch der Aufbau der Welten in ihrem physischen, astralen und geistigen Bereich bis ins kleinste durchleuchtet. Besonders aber erfahren wir alles über das Wesen Gottes, über die Welt der Engel, die jenseitigen Läuterungsstufen der Seelen nach dem irdischen Tod und, im Mittelpunkt stehend, das Wesen des Erlösers Jesu Christi.

Am 15. März 1840 vernahm er beim Morgengebet „in der Gegend des Herzens“ eine Stimme, klar und hell, die ihm gebot: „Steh auf, nimm deinen Griffel und schreibe!“ Diesem geheimnisvollen Rufe gehorchend schrieb er die folgenden Worte nieder: „So sprach der Herr zu mir und in mir (Jakob Lorber) für jedermann, und das ist wahr, getreu und gewiss: Wer mit Mir reden will, der komme zu Mir, und Ich werde ihm die Antwort in sein Herz legen. Jedoch die Reinen nur, deren Herz voll Demut ist, sollen den Ton Meiner Stimme vernehmen. Und wer Mich aller Welt vorzieht, Mich liebt wie eine zarte Braut ihren Bräutigam, mit dem will Ich Arm in Arm wandeln. Er wird Mich allezeit schauen wie ein Bruder den anderen, und wie Ich ihn schaute schon von Ewigkeit her, ehe er noch war."

Lorber hatte zuvor gerade das unerwartete Angebot erhalten, an der Oper in Triest die Stelle eines zweiten Kapellmeisters zu übernehmen und schon alle Reisevorbereitungen getroffen. Doch nach diesem ihn tief erschütternden Ereignis entsagte er, jetzt schon im 40. Lebensjahr stehend, diesem verlockenden Angebot und widmete sich fortan als „Schreibknecht Gottes", wie er sich zuweilen nannte, bis zu seinem Lebensende der Niederschrift dessen, was er in sich durch das „Innere Wort" vernahm und als Stimme Jesu Christi, das lebendige Wort Gottes empfand. Seinen oft dürftigen Lebensunterhalt musste er nun weiterhin als Musiklehrer und Klavierstimmer verdienen, weil er sein ansehnliches Erbteil seinem Bruder zum Existenz-Aufbau leihweise überlassen hatte, aber zeitlebens nichts mehr davon zurückerhielt.

Für den Gesamtinhalt der Niederschriften Lorbers hat sich unter ihren Freunden seit langem die Bezeichnung „Neuoffenbarung" (im Unterschied zur biblischen „Altoffenbarung“) eingebürgert. Sie will die ursprüngliche und vollständige Gottes-, Erlösungs- und Heilslehre, deren Kenntnis Jesus zum Teil seinen Aposteln und engsten Schülern vorbehalten musste, den Menschen des Industrie- und Informationszeitalters frei von traditionellen und modernen Irrtümern und Entstellungen, zusammen mit weiteren, erst den Menschen unseres Zeitalters begreiflichen Enthüllungen zugänglich machen. Das betrifft die im Mittelpunkt stehende Gottes- und Heilslehre wie auch die Aufschlüsse über die geistige Urschöpfung, den Entstehungsgrund und Zweck des materiellen Universums sowie die Läuterung und Weiterentwicklung irdischer Verstorbener in den verschiedenen jenseitigen Sphären.

Die Neuoffenbarung macht uns auch wieder bekannt mit den gesetzmäßigen Entsprechungen zwischen Dingen und Vorgängen in der geistigen und in der natürlichen Welt und dem rechten Verständnis ihrer Bildersprache. Die Kenntnis der geistigen Entsprechungen, zur Zeit Jesu nur noch wenigen Eingeweihten geläufig, ist der Schlüssel zum wahren Verständnis des inneren Sinns vieler Texte des Alten und Neuen Testaments, besonders des Johannes-Evangeliums als des geistigsten (übrigens auch in äußeren Dingen zuverlässigsten) der Evangelien, der Geheimen

Offenbarung des Johannes und auch zahlreicher Texte der Neuoffenbarung.

Letztere bietet auch die beste Grundlage für eine wirklichkeitsgerechte Verbindung von geistiger Religion und wahrer Naturerkenntnis in einem Weltbild, in das die schon in frühchristlicher Zeit verlorengegangene kosmische Dimension und auch der Bereich des Übersinnlichen (heute als Parapsychologie und Paraphysik bezeichnet) wieder einbezogen sind. Auch in der Bibel berichtete außergewöhnliche, gemeinhin als „Wunder“ bezeichnete Ereignisse und Taten, deren Tatsächlichkeit zumeist geleugnet wird, verlieren durch die Neuoffenbarung den traditionellen Nimbus des unerklärlichen Mirakels, weil sie, auch für menschliche Vernunft nachvollziehbar, einer höheren geistgelenkten Naturgesetzlichkeit unterliegen. Christentum und Wissenschaft, Schöpfungslehre und Entwicklungsgedanke, Herzenserkenntnis und rationales Denken verbinden sich in der Neuoffenbarung zu einem übereinstimmenden, an kein konfessionelles Bekenntnis gebundenen Christentum. Es vermag in Jesus Christus alle Menschen zu vereinen in der Liebe zu Gott und tätiger Menschenliebe und Fürsorge für die uns anvertraute Schöpfung.

Von den 25 umfänglichen Bänden und einer Reihe kleinerer Schriften des Lorberwerks seien hier nur das

„Große Evangelium Johannes“ und die „Jugend Jesu“ genannt. Im „Großen Evangelium Johannes“ besitzen wir gemäß biblischer Verheißung in Joh. 14,26 eine eingehende Schilderung der Lehrtätigkeit und des Wirkens Jesu. Wir werden gleichsam Ohrenzeugen auch jener Lehrgespräche, die Jesus nur im Kreise seiner reiferen Jünger und Freunde führen konnte und die, wie auch manche Heilungen, nicht zur späteren Aufzeichnung in den biblischen Evangelien bestimmt waren. Das zehnbändige Werk bildet gleichsam die „authentische Langfassung“ des biblischen Johannes-Evangeliums, dessen Chronologie es folgt, und ist das Herz- und Hauptstück der Gottesbotschaft durch Jakob Lorber.

Die „Jugend Jesu“ macht uns wieder mit dem seit frühchristlicher Zeit – bis auf geringe Teile, die in der „Berlenburger Bibel“ überliefert sind – verschollenen vollständigen Jakobusevangelium vertraut. Der von Jakobus dem Älteren (dem jüngsten Sohn Josephs aus erster Ehe und Helfer Marias bei der Betreuung ihres Kindes Jesus) verfasste ausführliche Bericht über Empfängnis und Geburt Jesu, ferner die mit römischer Hilfe gelungene Flucht der Familie vor dem Kindesmörder Herodes nach der damaligen Stadt Ostracine in Ägypten, ihr dortiger Aufenthalt und die Rückkehr nach Nazareth –, und vieles Weitere wird in einer

Weise geschildert, die unser Gemüt tief anrühren, uns das Empfinden unmittelbaren Beteiligtseins vermitteln und etwas vom Wirken des Gottesgeistes im Kinde Jesus verspüren lassen kann.

Nach den prophetischen Kundgaben Lorbers vor 150 Jahren steht die Menschheit gegenwärtig mitten in der größten inneren und äußeren Umwälzung ihrer Geschichte und durchläuft in diesen Jahrzehnten den letzten, äußerst turbulenten und durch menschliches Fehlverhalten, zunehmende Naturkatastrophen und technische Großunfälle geprägten Abschnitt (End- und Wendezeit) vor dem Durchbruch in ein neues Zeitalter, dem verheißenen Friedensreich Jesu Christi, in dem die Menschen den Geist Seiner Liebe in sich zur Herrschaft gelangen lassen.

Hermann-Josef Brodesser, Lorber-Verlag

Die Hauptwerke der Neuoffenbarung Gottes an Jakob Lorber

Die Haushaltung Gottes – 3 Bände:

Dieses Werk behandelt in einer machtvollen Propheten-Sprache die Hauptgrundfragen allen religiösen Denkens: Das Wesen Gottes, die Urschöpfung der Geisterwelt, die Entstehung der (materiellen) Sinnenwelt, die Erschaffung des Menschengeschlechts und die Urgeschichte der Menschheit bis zu der großen vorderasiatischen Erdkatastrophe der Sintflut. Was die ersten Kapitel der Bibel gewissermaßen in einem Samenkorn geben, das finden wir in dieser „Haushaltung" als einen mächtigen, das Samenkorn erst recht bestätigenden und verherrlichenden Baum der Erkenntnis. Das Wesen Gottes und seiner geistigen und stofflichen Schöpfung wird uns hier in unvergleichlicher Weise vor die Seele geführt, sowohl nach der unnahbar erhabenen Seite, wie nach der bis ins Kleinste sich hinab beugenden Liebe Gottes. Und ein tiefer, voller Strom des Lichts fällt schließlich in der Urgeschichte der Väter auf den wahren Zweck und Sinn und auf die Führungen des menschlichen Lebens.

Band 1 – Die Urgeschichte der Menschheit

- Das Geheimnis der Schöpfung
- Die Urzeit der Erde und des Mondes
- Der Sündenfall
- Die Geburt Cahins und Ahbels
- Die Entwicklung von Cahins Geschlecht
- Gründung der Stadt Hanoch in der Tiefe
- König Hanochs gottlose Regierung
- Die Nachfolger Hanochs bis zu König Lamech
- Urgeschichte des chinesischen Volkes
- Gegensätze zwischen Gott und den Menschen
- Gründung der ersten ordnungsmäßigen Kirche dieser Erde
- Vom Wesen der Zeit und der Ewigkeit
- Vom Wesen des Lebens
- Eine Verheißung des Herrn u.a.

Band 2 – Aufstieg und geistige Blüte des ersten Weltreiches Hanoch

- Ehestiftungen durch den Herrn: Lamech und Ghemela werden die Eltern Noahs sein
- Henoch vom Herrn zum Hohepriester eingesetzt und des Herrn Verheißung an ihn
- Die Verklärung Sehels
- Lamechs Bekehrung
- Erbauung des ersten Tempels in Hanoch
- Henoch: alleiniger Hohepriester dieser Zeit, „da Himmel und Erde in Eines geflossen sind"
- König Lamech: Oberpriester des neuen Tempels

Band 3 – Die ersten Hochkulturen - Entartung und Untergang in der Sintflut

- Liebesbund des Herrn mit der ganzen Erde
- Szene mit Satana
- Hanochs Goldenes Zeitalter im geistigen Sinne
- Verbannung Satanas durch Henoch in den Mittelpunkt der Erde
- Adams und Evas Tod

- Henochs Hinwegnahme
- König Lamechs Tod
- Allmählicher moralischer Verfall auf der Höhe und in der Tiefe
- Massenzuwanderung von Männern und Frauen der Höhe ins Riesenreich Hanoch und neuer moralischer Niedergang
- Hochblüte der Technik und Zivilisation, großartige Stadtkulturen
- Einführung des Heidentums in Hanoch
- Machtkämpfe, Intrigen und Kriegswirren im ganzen Reich
- Mahal (Bruder Noahs) und seine Kinder verstrickt in die tragischen Ereignisse der Tiefe
- Beginn der durch die Völker der Tiefe selbst verschuldeten Sündflut
- Mahals Verklärung und Engelsdienst in der Führung der Arche Noahs. Anhang: die vornoahische Gestalt der Erde

Kindheit und Jugend Jesu:

Bei diesem Werk handelt es sich um das durch J. Lorber wieder-empfangene Jakobus-Evangelium. Der

Herr hatte ihm diese Neuoffenbarung schon im voraus am 22. Juli 1843 angekündigt und hinzugefügt: „Jakobus, ein Sohn Josephs, hat solches alles aufgezeichnet; aber es ist mit der Zeit so sehr entstellt worden, dass es nicht zugelassen werden konnte, als echt in die Schrift aufgenommen zu werden. – Ich aber will dir das echte Evangelium Jakobi geben, aber nur von der Zeit an, da Joseph Maria zu sich nahm. Jakobus hatte auch die Lebensbeschreibung Mariens von ihrer Geburt an mit aufgenommen sowie die des Joseph."

Und nun empfing der auserwählte Mittler durch die Stimme des Geistes in seinem Herzen eine umfassende, wunderbare Schilderung der Geburt und Kindheit Jesu von so inniger, erhebender Schönheit und Macht, dass wohl kein Herz den göttlichen Ursprung und die Wahrheit dieses kostbaren Schriftwerkes verkennen kann. Das Werden und Sich-entfalten des Jesuskindleins unter der Obhut Marias im Hause des Pflegevaters Joseph, auf der Flucht nach Ägypten und dann wieder zu Hause, in Nazareth, entrollt sich vor unseren Augen.

Wir erleben das erste wunderbare Wirken und Sichbekennen des Gottesgeistes in dem Kindlein und empfangen mit freudigem Staunen ungeahnte Einblicke in das heilige Geheimnis der Person Jesu. Es wird uns die beseligende Gnade, im „Sohne" den

„Vater“ zu erkennen und mithin in Jesus „Vater, Sohn und Heiliger Geist“ vereinigt zu finden.

Mit den Bruchstücken der alten Überlieferung in der Berlenburger Bibel ist – bei Berücksichtigung der diesem Text widerfahrenen Veränderungen und Entstellungen – eine starke, teilweise wörtliche Übereinstimmung festzustellen. Und so beweist der Inhalt, dass uns in dieser Jugendgeschichte Jesu durch Jakob Lorber tatsächlich eine alte christliche Urkunde von unschätzbarem Wert neu gegeben ist.

Das große Evangelium Johannes 11 Bände:

Ist es nicht der Wunschtraum eines jeden Christen, möglichst das Ganze über Jesu Erdenwirken zu erfahren? Da die Evangelien aber mehr oder minder im Rahmen einer historischen Berichterstattung bleiben, muss es auch Propheten geben, die Eingeweihtenwissen vermitteln. So war der Menschheit der Heilige Geist verheißen worden, sie „alles zu lehren und an alles zu erinnern“. Gemäß Joh. 16,12-13 lautete ein bezügliches Wort Jesu an die Jünger:

„Ich habe euch noch viel zu sagen; aber ihr

> könnt es jetzt nicht tragen. Wenn aber jener, der Geist der Wahrheit, kommen wird, der wird euch in alle Wahrheit leiten. Denn er wird nicht von sich selber reden; sondern was er hören wird, das wird er reden, und was künftig ist, wird er euch verkünden."

Eine solche Verkündung aber konnte, wie eh und je, nur Aufgabe der Prophetie sein. So gab es auch in allen Jahrhunderten, angepasst an den Reifezustand der Menschen, eine solche nach-christliche Einweihung durch das direkte innere Wort. Das größte Einweihungswissen ging selbst-verständlich von Christus selber aus, wie er es im Kreise seiner Jünger auf Erden weitergab. Dass vieles davon unter Schweigegebot stand, bezeugt die Bibel. Mit dem Hauptwerk Jakob Lorbers „Das Große Evangelium Johannes" wird uns auf dem Hintergrund des Lebens Jesu die ganze Lehre, die ganze Heilsgeschichte, das Wunder von der Begegnung des Göttlichen mit dem Menschlichen in aller Tiefe erschlossen. Dabei gibt Jesus selbst als Sprecher und Erzähler uns authentische Berichte von seinen Erdentagen.

Von der Hölle bis zum Himmel – 2 Bände:

Mit welcher Gewalt manche Seele im Jenseits von der Gottesliebe ergriffen wird, sobald sie nur in eine lichtere Sphäre gelangt ist, zeigt uns das Beispiel von Robert Blum. Auf Erden hatte er sich als Revolutionär aus Überzeugung mit Feuereifer für die Belange der unterdrückten Schichten eingesetzt. In Dingen der Religion aber war er indifferent und skeptisch geblieben. Drüben allerdings lernte er dann sehr bald die Führungen Gottes kennen. Die Lehre von der Eigenverantwortung des Menschen, die sein Schicksal auch nach dem Hinübertritt bestimmt, wird von Stufe zu Stufe lebendig miterlebt. Und manche drastisch-realistisch geschilderte Szene in der Geisterwelt beweist uns, dass der Mensch nach dem Ablegen seines Erdenleibes zunächst ganz derselbe Mensch bleibt, mit seiner Sprache, seinen Ansichten und Gewohnheiten, Neigungen und Leidenschaften, wie während seines Leibeslebens. Das geistige Wachstum im Jenseits hängt – drüben wie hier – einzig davon ab, wie das Grundgebot der Gottes- und Nächstenliebe verwirklicht wurde und wird. Im gleichen Maße wächst auch die Christus-Erkenntnis, und alle Kräfte helfen mit, besonders die Engel und auch der Herr selbst, dass eine geläuterte Seele zu ihrem eigentlichen Erlösungsziel gelangt.

Bischof Martin:

Wir sehen hier einen Menschen, wie er nach seinem letzten irdischen Atemzug das große Tor zum Jenseits durchschreitet. Drüben angekommen, bildet sich seine „Sphäre“ – zunächst einem Traumleben gleich, das noch ganz seine irdischen Irrtümer, Vorstellungen und Wünsche wider-spiegelt. Wir begleiten ihn bei seinen mannigfachen Vor- und Rückschritten auf dem Pfad der Erkenntnis und sehen, wie sich ihm mancherlei höhere Geistwesen und Engel zugesellen, die ihn durch läuternde und belehrende Erlebnisse für eine wahre Erkenntnis Gottes zubereiten.

Wir verfolgen, wie es immer lichter in der Seele des einstigen Bischofs wird und ihn sein geistiges Erwachen endlich in die hohen Welten der himmlischen Sphären führt. Seine wachsende Liebe lässt ihn nun das Göttliche in Jesus als den Vater der Ewigkeit erkennen, und damit tritt er in den Zustand seiner Vollendung ein, in die Gotteskindschaft mit all ihrer Freiheit, Schöpfergabe und Seligkeitsfülle. Wer die ersten

Szenen dieses jenseitigen Schulungswerkes mit dem erreichten Endziel vergleicht, wird ermessen, welchen Weg ein Menschengeist zu durchschreiten vermag, der sich von Sphäre zu Sphäre durchringt bis zu den höchsten Höhen.

Für den aufgeschlossenen Leser bildet dieses Buch nicht nur ein beglückendes Zeugnis für die liebe- und weisheitsvolle Führung des Menschen nach seinem Erdenleben. In den Gesprächen und Erlebnissen Martins mit vollendeten Geistern wie Petrus und Johannes und zuletzt mit dem Herrn selbst findet jeder Suchende eine Überfülle klarster Antworten auf die Fragen nach den Letzten Dingen. Und ihn weht eine heilige Ahnung an von der Unermesslichkeit der großen Schöpfungsidee, aber auch von der Würde des Menschen, wenn er in der erreichten Gotteskindschaft zur Krone der Schöpfung herangereift ist.

Die geistige Sonne – 2 Bände:

Dieses große Lehrwerk von den Zuständen des Jenseits führt uns gleichsam in zehn Geistersphären, das heißt, wir treten in das innere Blickfeld von zehn verschiedenen Geistwesen, die einst irdisch verkörpert waren. Ihre hohe und höchste Erkenntnis hat durch den Grad ihrer Liebe zum himmlischen Vater die verwandte, jedoch eigen geprägte Art ihrer seelischen Welten gestaltet.

Mit dem Eintritt des Lesers in die Sphären dieser zehn Geister – darunter sich die Apostel Petrus, Markus und Paulus, der Prophet Daniel, der Seher Swedenborg und zuletzt Johannes als der Inbegriff errungener Liebeweisheit befinden – erschließt sich ihm ein geistiges Bild von überwältigender Größe und Weite.

In sich stets steigernden Bildern und Szenen, die zugleich eine einmalige Schule der wichtigen Entsprechungslehre bilden, erhalten wir Einblicke in die Geheimnisse der Naturschöpfung von der Erde bis zu den Zentralsonnen. Darüber hinaus eröffnen sich aus der Sphäre dieser erleuchteten Geister Zusammenhänge zwischen den sichtbaren Welten des Universums und den unsichtbaren des geistigen Alls, die geeignet sind, das zu eng gewordene Weltbild von heute grundlegend umzuformen und zu einer überzeugenden Klarheit zu führen.

Hier reichen sich wahre Religion und Wissenschaft die Hand zu einem neuen Bund des schauenden Erkennens, und der Menschengeist beginnt etwas zu ahnen von der grenzenlosen Liebe, Weisheit und Allmacht des Schöpfers, welcher auf millionenfachen

Wegen alles erdhaft Gebundene in die wahre Freiheit des Geistes zurückführt.

Die 3 Tage im Tempel:

Diese Schrift gibt einen Bericht der Vorgänge im Tempel, als der zwölfjährige Jesusknabe drei Tage lang unter den Lehrern und Ältesten weilte und mit ihnen tief-weise Gespräche, namentlich über die Messiasfrage, führte, worüber bei Lukas 2,47 nur knapp berichtet ist: „Und alle, die ihm zuhörten wunderten sich seines Verstandes und seiner Antworten.“

Paulus' Brief an die Gemeinde in Laodizea:

Der Brief des Paulus an die Christengemeinde in Laodizea (erwähnt in Kol. 4,16) musste bis heute trotz eifriger Nachforschungen als verloren gelten. Auch dieses verschollene, wichtige Dokument aus der Zeit der jungen Christengemeinden wurde an Jakob Lorber durch inneres Diktat neu gegeben. Paulus, der sich leidenschaftlich für die Reinhaltung des Evangeliums einsetzte, führt in diesem Brief an die Laodizäer scharfe Klage, da sie ähnlich wie die Kolosser aus dem reinen Geistchristentum in ein zeremonielles Kirchenchristentum verfallen waren.

Erde und Mond:

Hier offenbart sich die Erde als ein kosmischer Körper, in dem es nichts Totes, Unbelebtes gibt, als ein pulsierender Organismus mit allen Organen, wie sie analog dem irdischen Menschenleib zu eigen sind. Es eröffnet sich eine innere Wunderwelt, in der gewaltige Elementarkräfte den Ausdruck eines plan-beseelten Entwicklungsvorgangs bilden, auf den alles Naturgeschehen hinzielt. Enthüllt schon der erste Teil dieser Schrift (die natürliche Erde) neben der materiellen Beschreibung des Erdkörpers vieles von dem naturgeistigen Sinn, so schildert der zweite Teil (die geistige Erde) die metaphysischen Zustände, die der Erde zugehören. Indem diese Darstellungen vom Wesen der Urschöpfung ihren Ausgang nehmen, wird damit das ganze Werk zu einer geistigen Lichtquelle höchster Erkenntnis. Im Anhang dazu findet sich als dritter Teil (der Mond) eine Schilderung der natürlichen Mondwelt mit der verschiedenen Beschaffenheit beider

Mondhälften und ihrer Lebensbedingungen.

Jenseits der Schwelle:

Über die jenseitigen Schicksale der Seelen ist noch immer wenig bekannt, da ja jede Seele entsprechend ihrem Erdenleben zunächst eine ihrem inneren Zustand entsprechende Welt erwartet. Das Sterben des Menschen, sein Übertritt zunächst in eine aus seinen Gefühlen, Begierden und Vorstellungen erschaffene Traumwelt, und seine durch leitende Geister und Engel unterstützte Jenseitsführung werden in teils angenehmer, teils erschreckender Art beschrieben.

Quelle: Lorber-Verlag, Bietigheim, Bestellungen hier möglich

Schlussbemerkung

Jakob Lorber hat die umfassendsten und größten Offenbarungen erhalten. Auch als sehr bedeutend können die Schauungen Emanuel Swedenborgs angesehen werden, welche im 18. Jahrhundert eine Art Vorläuferschaft zu den im 19. Jahrhundert gegebenen großen Enthüllungen des Herrn durch Jakob Lorber darstellen.

Ebenfalls sehr Aufschlussreich sind die Einzelkundgaben, die Gottfried Mayerhofer, Max Seltmann und Bertha Dudde niederschrieben.

Bei aller Wortfülle sollte jedoch beachtet werden, dass die Offenbarungen immer mit der rechten Liebe zu Gott gelesen werden müssen, um den Geist Gottes im Menschen zu erwecken und Diesen dann, nach Anleitung durch das Gotteswort, in der Seele auch tatkräftig auszubilden.

Ich danke dem Lorber-Verlag in Bietigheim für die freundliche Genehmigung. Alle Bücher der Neuoffenbarungen Jesu Christi, welche Jakob Lorber, Gottfried Mayerhofer und andere empfingen, sind dort erhältlich. Die Bezugsquellen weiterer Bücher und Schriften erfahren Sie über das Internet.

Ich wünsche allen Lesern viel Freude und Dankbarkeit mit dem Liebelicht aus der großen Gnade unseres geistigen und ewigen Vaters Jesus Christus.

Hanno Herbst   Im Bergfrieden, 25.12.2018